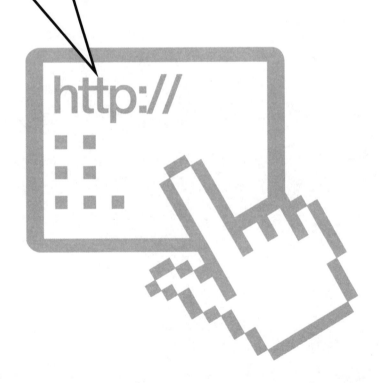

전자투표와 민주주의

-9개국 비교 연구-

전자투표와 민주주의

9개국 비교 연구

류석진 | 강원택 | 김면회 | 김용복 |
임혜란 | 장우영 | 조희정 | 한영빈 지음

인간사랑

정보화가 시대의 화두가 되면서 정치과정에도 이에 상응하는 변화가 일어나고 있다. 참여의 방식이 다원화되고 정치 정보의 생산, 유통 그리고 소비의 각 영역에서 다양한 변화가 일어나고 있으며, 이에 상응하는 권력자원과 양태의 변화 등이 가시화되고 있다. 특히, 민주주의 절차와 제도의 꽃이라 할 수 있는 선거에서도 정보화에 기반한 변화들이 다양하게 일어나고 있다. 미국과 유럽의 국가들은 물론 인도, 브라질 등의 국가에서도 투표의 방식에 정보화의 도구를 이용하여 보다 높은 참여를 유도하고 민의를 정확히 반영하려는 시도가 전 세계적으로 진행되고 있다.

이러한 전자투표에 대한 전 세계적인 관심의 증대는 한국에서도 예외는 아니었고, 이에 대한 체계적인 연구의 필요성이 요청되었다. 다행히도 2005년 한국학술진흥재단의 지원으로 한국을 비롯하여 일본, 호

* 이 저서는 2005년 정부의 재원으로 한국학술진흥재단의 지원을 받아 수행된 연구임 (KRF-2005-079-BS0006).

주, 미국, 영국, 네덜란드, 스위스 등의 전자투표 사례를 연구할 수 있게
되었다. 이 책은 2005년 한국학술진흥재단 기초학문 지역연구 프로젝트
의 일환으로 진행된 "전자투표와 민주주의 : 아시아와 서구 국가의 비교
를 중심으로"(2005-079-BS0006)의 연구 결과물을 집대성한 것이다.

전자투표를 도입하려는 국가들의 정치적 · 기술적 환경, 즉 민주
화의 정도와 정보화 진척의 정도가 다양한 것은 물론이고, 전자투표의
도입을 통해 달성하고자 하는 목적 또한 투표율의 저하 방지, 무효표의
방지, 투표과정의 용이성과 정확도 증진, 개표과정의 비효율성 제거 등
으로 다양하게 나타나고 있다. 본 연구팀은 개별 국가 차원의 접근만으
로는 왜 특정 국가가 특정한 형태의 전자투표를 도입하려는지, 그리고
어떤 국가는 적극적으로 도입하고 어떤 국가에서는 도입 시도 자체가
지체 혹은 좌절되는지를 파악하는 것이 어렵다는 인식 하에 다양한 국
가에 걸쳐 비교 연구를 수행하였다. 전자투표와 관련된 문헌과 외국의
사례를 수십 차례에 걸쳐 공동으로 독해하면서 전자투표와 관련된 이론
적 쟁점을 공유할 수 있었다. 개별 국가의 특이성과 공통점이 무엇인지
를 찾아내기 위해 현지조사를 수행하였고, 이를 비교정치적 관점과 정치
과정론의 관점에 기초하여 분석적으로 조망하기 위한 작업을 수차례의
워크샵과 학술회의를 통해 진행하였다.

이 단행본은 이러한 수십 차례의 공동 세미나와 워크샵, 학술회의

의 결과물이다. 개별 국가의 사례 연구 결과를 단순히 취합한 것이 아니라, 공동의 분석틀과 변수를 추출하기 위한 집합적 노력의 결실이라 할 수 있다. 한국은 서강대 류석진, 미국은 서울대 임혜란, 호주는 숭실대 강원택, 일본은 경남대 김용복, 스위스는 서강대 사회과학연구소 한영빈, 네덜란드는 한국외대 김면회, 영국은 대구가톨릭대 장우영이 담당하였다. 학진 과제의 연구원은 아니었지만 당시 연구 보조원으로 참여했던 서강대 사회과학연구소 조희정 박사의 에스토니아 사례 연구와 숭실대 강원택 교수가 별도로 수행한 아일랜드 사례 연구를 본 연구의 외연과 내포를 확장하기 위해 추가하였다. 이미 학술지에 게재된 논문의 출처는 개별 장에서 밝혀놓았다.

　　가장 기본적인 명제는 전자투표 논의가 어떠한 정치세력 혹은 사회세력에 의해 주도되었는가라는 문제와 기존의 정치과정에 대한 신뢰도, 즉 사회적 자본의 정도가 전자투표의 형태와 도입방식을 결정하는 데 중요한 역할을 한다는 점이었다. 또한 새로운 투표방식의 도입에 따른 정당 혹은 정치세력들의 이해관계와 관료집단의 이해관계, 시장 행위자로서의 기기 및 서비스 공급업체, 그리고 유권자들의 선호 등이 중요한 독립변수로 파악되었으며, 이들의 이해관계와 아이디어 그리고 이를 매개하는 제도가 중요하다는 사실을 밝힐 수 있었다. 아무쪼록 이 책이 전자투표 도입과 관련된 논의가 상당히 진척되고 있는 한국의 사례에 많은 시사점이 있기를 기대해 본다.

이러한 연구를 원활히 수행할 수 있게 뒷받침해 준 한국학술진흥재단 및 관계자 여러분께 진심으로 감사의 말씀을 전한다. 연구가 진행되는 과정에서 날카로운 토론과 건설적인 제안을 통해 연구의 질적 성과를 높이는 데 일조해 주신 인하대 김용호 교수, 고려대 임혁백 교수, 서울대 박찬욱 교수, 김상배 교수, 경희대 윤성이 교수, 송경재 박사, 숭실대 배영 교수, 서강대 이현우 교수, 선거연수원 고선규 교수, 배재대 정연정 교수, 전자통신연구원 전황수 박사, 한국정보화진흥원 황종성 박사, IT 정치연구회 회원 그리고 중앙선거관리위원회 관계자분들께도 감사의 뜻을 표한다. 또한 교정, 편집, 출판을 깔끔하게 처리해 준 도서출판 인간사랑 관계사 여러분과 서강대 정치외교학과 박사과정생 임현용에게 감사하며, 아울러 옥고를 쾌히 전해주신 조희정 박사에게도 감사의 말씀을 드린다. 마지막으로 연구과정에서 행정업무를 담당하면서 연구조교로서 수고한 서강대학교 박사과정생 박홍성, 석주연 그리고 정초원 석사에게도 감사의 마음을 전한다.

2009년 8월
〈전자투표와 민주주의〉 연구팀을 대표하여
연구책임자 서강대학교 정치외교학과 류석진 씀

목차

– 표 목차 –

- 그림 목차 -

제1장
서문

류석진

I. 연구목적

전자민주주의의 총아라고 일컬어지는 전자투표는 1990년대 중반부터 많은 국가들 사이에서 제도적으로 도입되어 왔다. 현재 우리나라를 비롯하여 약 40여 개국이 전자투표를 시행하고 있을 정도로 그 숫자가 크게 증가하였다. 이제 전자투표는 선거과정에서 중요한 투표수단 중 하나로 자리 잡기 시작했다.

일반적으로 전자투표는 근대 사회에서 규모의 정치라는 기술적인 제약으로 인해 불가피하게 탄생된 대의제 민주주의의 문제점을 개선시킬 수 있는 수단이라 여겨지고 있다. 대의제 민주주의는 모든 국민들이 정치적 의사결정 과정에 참여하기 어려운 기술적 문제를 극복하기 위해 자신들의 의사결정 권한을 대리인에게 위임하고 이들이 자신들의 이익을 대표하도록 한 제도이다. 그러나 오늘날의 대의제 민주주의는 대리인들의 관료화, 권위주의화 또는 부패화로 인해 시민들로부터 외면을 받고 있으며, 결과적으로 시민들의 정치적 무관심 또는 정치참여 결핍이라는 문제를 야기하고 있다. 전자투표를 옹호하는 사람들은 전자투표가 투표에 전자적 방식을 구현함으로써 투표율을 제고시키고 무효표를 감소시킬 뿐만 아니라, 궁극적으로 기존의 정치과정을 혁신하여 과거 대리인들에게 위임했던 시민들의 의사결정 권한을 회복하는 직접민주주의를 구현시킴으로써 현재 대의제 민주주의의 문제점을 개선할 수 있다고 보고 있다.

그러나 이와 같은 전자투표와 민주주의 간의 상관관계는 보다 구체화되어야 할 필요가 있다. 왜냐하면 모든 국가들에서 전자투표의 도입목적, 과정 및 결과들이 동일한 형태로 나타나고 있지 않기 때문이다. 현재 각 국가들은 전자투표의 도입목적 및 과정이 상이한 이유로 인해 저마다 자국의 특성을 반영하는 전자투표제도를 도입하고 있다. 또한 시범적인 전자투표가 어느 정도 실행이 된 현재 각 국가들에서 나타나고 있는 정치사회적 결과 역시 판이한 형태로 진행되고 있다. 따라서 전자투표와 민주주의 간의 상관관계에 대한 일반론이 보다 명확하게 규명되기 위해서는 각 국가별 '제도적 특성'과 '사회적 산출효과'들이 체계적으로 고찰되어져야 하며, 이러한 특수성들을 포함할 수 있는 상관관계가 정립될 필요가 있다.

그러나 현재 국내의 연구들은 전자투표를 단지 정보통신기술 발전에 조응하는 보편적 기술방식으로 보는 협의의 의미로 이해하려는 경향이 강하다. 그 결과 전자투표 도입과정의 사회정치적 역동성과 채택된 전자투표의 제도적 특성이 간과되는 문제를 안고 있다. 따라서 본 연구는 기존의 인식틀로는 전자투표에 대한 체계적인 연구가 어렵다고 판단하고, 이와 같은 기존 연구의 한계를 인식하고 전자투표를 기술과 제도 간의 구성적 상호작용의 산물로서 이해하는 분석을 하고자 하였다. 전자 투표라는 기술적 방식의 채택은 단지 기술발전에 대한 사회적 반응이라 는 단선적 차원에만 그 논의를 한정시킬 수 없으며, 사회적 이해와 요구 를 맥락화해서 이해해야 그 제도적 특성을 파악할 수 있다는 것이 본 연 구의 기본적인 관점이다.

　　본 연구는 전자투표에 대한 분석을 시도함에 있어 다음과 같은 두 가지 측면에 대한 분석을 강조하고자 한다. 첫째, 전자투표의 도입이 기술발전의 내적 논리체계를 한 축으로 하고 사회적 이해, 아이디어 및 담론을 다른 한 축으로 하는 양 영역 간의 상호 간 길항구조 속에서 이루 어진다는 것이다. 둘째, 그 결과 각 국가별 전자투표는 상이한 제도적 특 성을 가지게 됨으로써 그 사회적 산출효과 또한 다양한 전자민주주의의 내용과 과정으로 나타날 것이다. 이러한 두 연구문제를 효율적으로 고찰 하기 위해서는 양 차원을 포괄하는 종합적 분석틀에 의거할 필요가 있 으며, 국가별 사례의 비교 분석 방법이 매우 적실할 것으로 판단된다.

II. 연구의 필요성

　　본 연구는 전자투표와 민주주의의 상관관계를 실증적인 사례들 에 대한 비교분석을 통해 분석하고자 하였다. 즉 전자투표를 기술과 제 도 간의 구성적 상호작용의 산물로 인식하면서 각 국가들의 전자투표 도입과정들이 실제 사회적으로 어떻게 구성되며 어떠한 결과들을 산출하고 있는가를 비교 분석하고자 하는 데 주된 목적이 있다. 이런 연구목적을 가진 본 연구가 필요한 이유는 다음과 같다.

첫째, 기존 전자민주주의 발전 모델의 한계 때문이다. 기존의 전자민주주의론은 한마디로 기술과 정치의 선순환론(positive feedback)으로 요약될 수 있다. 즉 기술발전이 민주주의 발전과 정비례 관계를 갖는다는 입장이다. 이러한 명제는 정치과정의 변화를 촉진하는 요인으로서 기술의 위상을 제고시키고는 있지만 매우 단선적이고 기계적인 설명방식을 취하고 있기 때문에 전자적 투표방식이 어떠한 방식으로 의사결정 내용 및 과정을 재구성해 나가는지, 즉 기술과 제도 간의 구성적 상호작용에 대한 분석을 어렵게 하고 있다. 실제 현실에서 전자투표는 단순히 기술적이고 도구적인 누적효과에 그치지 않고 보다 본질적인 효과를 산출하는 단초를 제공하고 있다. 즉, 전자투표는 시민의 참여 및 이에 대한 정부와 정치집단의 반응을 연쇄적으로 증진시킴으로써 정치과정을 재구조화하면서 'e-거버넌스'로 발전되어 가는 양상을 보이는 측면이 존재한다. 이러한 변화는 정치적 행위의 무게중심을 대리인에서 직접적인 참여로 이동시키는 거버넌스 패러다임의 전자민주주의 모델로 발전시키는 것이다. 따라서 이와 같은 전자투표의 본질적인 산출효과를 이론적으로 설명하는 데 난점을 지닌 기존의 전자민주주의 모델은 새롭게 수정될 필요가 있다.

둘째, 전자투표 문제가 학술적·정책적으로 매우 중요한 논제임에도 불구하고 각국의 전자투표 도입 전략, 제도적 특성 및 사회적 산출효과를 체계적으로 비교 고찰하는 연구가 거의 없다는 점이 본 연구의 필요성을 크게 부각시키고 있다. 우선 전자투표 도입의 전략 및 제도적 특성을 다룬 국내외 선행 연구들은 전혀 발견되지 않고 있다. 다만 이미 시행되고 있는 각국 전자투표 방식의 기술적 특성에 대한 논의가 주를 이루고 있을 뿐이다. 또한 전자투표의 사회적 산출효과에 대한 연구 역시 전자투표 시행에 따른 도구적 기대효과에 대한 논의에만 집중되는 경향을 보이고 있다. 이렇게 볼 때 전자투표를 단순히 기술적으로만 이해하고 있는 현재의 연구경향은 기술과 제도 간 구성적 산물의 성격을 갖는 전자투표의 특성을 간과하고 있고, 전자투표에 대한 체계적이고 종합적인 분석을 가로막는 장애요인이 되고 있다.

　　셋째, 국내 전자투표의 시행 및 추진에 관한 효율적인 전략을 재고해야 할 필요성도 본 연구의 의미를 높이고 있다. 주지하듯이 중앙선관관리위원회에서는 전자투표 시행계획을 발표한 바 있다. 그렇지만 전자투표는 초기 도입 및 전환비용과 사회적 위험도가 큰 투표방식이기 때문에 신중을 기해야 한다는 점이 간과되어서는 안 된다. 2009년 현재 발표된 계획이 어떻게 추진될 것인지에 대한 정부의 명확한 방향과 일정도 밝혀지지 않고 있는 상태이다. 그리고 각 국의 전자투표를 도입하는 배경, 정치사회적 기반 및 정책적 목표가 상이하기 때문에 전자투표의 시행방식, 제도화 수준 및 중점적으로 의도되는 효과 또한 차이를 낳고 있다는 점이 고려되어야 한다.

　　예컨대, 2000년 대선에서 투개표 에러 문제가 부각되어 투표방식의 엄밀성을 요구하는 여론이 급등했던 미국의 경우에는 전자투표가 긍정적으로 확산될 것이라는 전망과 함께 이를 역전시키는 결정도 각 주별로 이루어지고 있다. 하락하는 투표율 상승을 목적으로 지방선거에서 전자투표를 대폭 도입했던 영국은 기대에 못 미치는 투표율 상승효과에 비해 추가적 선거관리 비용이 지나치게 과도하여 전자투표에 대한 긍정론과 회의론이 교차하고 있다. 일본의 경우는 국가적 차원에서 도입되지는 않았으나 주로 경제적 측면에서 키오스크 시스템과 전자집계가 투개표의 효율성을 높이고 선거관리 비용을 절감시킨다는 긍정적인 확산 전망이 제기되고 있다. 이 밖에 여러 나라에서 전자투표가 장차 현재의 시범투표를 벗어나 전국 단위의 주요 선거에 총체적으로 도입되고, 그 방식도 투표소 기반에서 웹기반으로 옮겨지는 과정에서 기술적인 문제와 정치사회적 파급효과 및 관련 법제와 전담기구의 개편 등을 둘러싼 다양한 논의들이 보다 복잡하게 전개될 것으로 보인다. 따라서 전자투표의 로드맵을 구축하는 과정에서 장단기 산출효과의 명확한 검토, 도입 및 전환 비용의 산정, 기술적 리스크의 억지, 제도 환경의 개선 등이 명확히 제시되어야 한다.

III. 연구방법과 연구대상

　　본 연구는 기술결정론적 시각을 극복하고 기술−제도 간 구성적 상호작용론이라는 분석시각을 통해 연구를 수행하였다. 기술결정론은 그동안 정보화를 주제로 한 사회과학의 기존 연구동향의 지배적 인식틀로 자리 잡아 왔다. 주지하듯이 현대 사회에서 기술의 지위와 역할은 비약적으로 증대되었으며, 다른 어떤 요인들보다도 사회변동에 강력한 영향을 미치고 있다. 이러한 이유로 기술결정론적인 사고는 정보화를 추진하는 정책결정 집단이나 IT 시장의 지배적인 가치관으로 정착되었고, 학계의 정보화 연구 집단에도 적지 않게 만연되어 있다. 그러나 분석시각으로서의 기술결정론은 크게 두 가지 취약성을 가지고 있다. 첫째, 기술을 주요 설명변수로 차용함으로써 자연스럽게 기술 외적인 요인들을 부차화시키고 있고, 둘째 보다 근본적인 문제점으로 기술을 사회로부터 독립된 변수로 간주하고 있다.

　이 같은 기술결정론의 인식론적 한계는 전자투표 연구에 있어서도 전자투표의 사회적 채택과정 및 기술방식에 접합되는 제도적 특성을 간과하는 결과를 낳고 있다. 더욱이 전자투표 그 자체는 기술발전 논리에 포획된 투표방식으로 한정되고 있다. 이 때문에 국내외를 막론하고 전자투표 도입과정의 메커니즘이나 채택된 전자투표의 제도적 특성에 대한 분석은 전혀 이루어지고 있지 않다. 과연 각 국의 다양한 전자투표의 양태를 단순히 기술적 방식의 차이로만 그 특성을 이해할 수 있는가? 정보통신기술이 발전된 사회일수록 보다 완성된 전자투표 방식을 가지는가? 그렇다면 한국 사회는 충분한 기술적 능력을 가지고 있음에도 불구하고 왜 전자투표 도입이 지체되어 왔는가? 정부, 정당, 시장, 시민 등과 같은 다양한 행위자들의 경쟁적 논리체계는 전자투표의 도입과 활용으로부터 왜 괴리되어 있는가?

　이러한 여러 가지 문제의식은 기술결정론에 반하는 인식론적 도전으로 받아들여져 온 기술의 사회적 구성론(social constructivism of technology)의 맥락에 맞닿아 있다. 사회적 구성론은 기술의 탈맥락적·자연사적 발전과 중립적 인공물로서의 기술의 존재를 부정한다. 반면 기술의 사회정치적 선택성을 강조한다. 그렇지만 사회적 구성론은 기술의 내적 발전 논리를 전혀 고려하지 않음으로써 사회구조결정론으로 환원된다는 비판에 직면해 왔다. 따라서 이 연구에서는 사회적 구성론의 도전적 문제인식을 수용하되 기술 자체를 종속변수로만 한정하는 문제점을 극복하기 위해 구성적 상호작용론의 시각을 연구방법으로 도입하였다. 즉 전자투표를 기술과 제도의 상호작용의 결과로 인식하여 분석의 시각을 정치하게 다듬고자 한 것이다.

　둘째, 본 연구는 전자투표를 각각 종속변수와 독립변수로 설정하는 이원적 분석영역을 설계하였다. 이같이 분석영역을 세분화하는 이유는 전자투표의 도입과 시행의 양 측면을 체계적으로 고찰하기 위해서이다. 우선 전자투표를 종속변수로 설정하는 분석영역에서는 정치제도, 주요 도입배경, 사회적 이해관계 및 정보통신기술 발전 수준을 중심으로 전자투표의 제도화 과정을 살펴본다. 그리고 전자투표를 독립변수로 설정하는 분석영역에서는 전자투표 시행에 따른 사회적 산출효과를 살펴본다.

셋째, 본 연구는 주요 국가별 사례에 대한 비교 연구를 통해 전자투표의 제도적 가변성(유지, 전환, 철회와 같은)의 문제를 실증적으로 고찰한다. 현재 세계적으로 전자투표의 시행 연혁은 20년이 채 되지 않았으며, 이 기간 동안 각 국은 단계적인 실험을 거쳐 문제점들을 교정하면서 전자투표를 제도화했다. 더욱이 인터넷 및 모바일 투표와 같은 RVEM (Remote Voting by Electronic Means)방식은 매우 장기적이고 신중한 도입과정을 거치고 있다. 이 외에 이미 기술적 시행 능력을 갖춘 많은 나라들도 섣부르게 전자투표를 도입하기보다는 타국의 시행상 문제들을 주의 깊게 관찰하고 있다.

이 같은 현황은 전자투표의 도입 및 전환 비용과 기술상의 리스크가 크며, 효용이 누적적으로 검증되어야 한다는 점을 역설한다. 인도의 경우 2000년 총선에서 투개표 장치의 결함으로 심각한 사회갈등을 겪은 바 있다. 주지하듯이 어느 사회나 이와 같은 기술적 위험은 상존해 있으며, 그러한 위험에 심각하게 노출될 경우 전자투표의 확대가 가로막히거나 종국에는 철회될 수도 있다. 특히 우리나라와 같이 전통적으로 투개표 결과에 대한 불신이 높은 나라에서 전자투표상의 결함이 노정된다면 그에 따른 후폭풍은 예측하기 어려울 정도로 클 것이다. 중요한 사실은 이러한 결함의 범위가 단지 기술적 측면에만 국한되지 않고 투표의 자율성 침해와 매표 행위, 정보격차(digital divide), 정치적 이해득실의 심화 등 사회정치적 차원의 문제와도 광범하게 결부되어 있다는 점이다.

본 연구는 이 같은 제도적 가변성을 전제로 하여 사례별 특성을 밝히는 것은 물론, 장차 우리나라에서 전자투표를 도입하고 활용하는 데 있어 실천적으로 기여하고자 비교 연구를 수행하였다. 비교 연구의 대상은 미국, 영국, 스위스, 네덜란드, 에스토니아, 아일랜드, 호주, 일본, 한국이다.[1] 사례 선정의 주된 근거는 전자투표의 제도화 수준으로 전자투표 제도를 반복적으로 시행하여 그 효과성이 어느 정도 검증되어 우리나라가 벤치마킹할 수 있는 국가들을 대상으로 하였다. 여기에 더해 대륙별 균형성(미국, 유럽, 아시아, 오세아니아)을 감안하였다.

IV. 책의 구성과 각 장의 개요

이 책은 총 10장으로 구성되어 있다. 1장은 이 책의 연구목적 및 연구방법론을 정리하고, 각 사례의 연구성과를 간략히 정리하였다.

2장에서 임혜란은 기술의 사회구성론적 관점에서 미국의 전자투표 시행에 따른 논란과 미국 내 정치사회적 대응을 분석하고 있다. 미국은 2000년 플로리다 주의 펀치카드 방식의 투표기기가 문제가 되면서 현대식 투표방식인 전자투표를 수용하였다. 그러나 이후 2004, 2006년 선거에서 전자투표의 혼란과 오류 사례가 증가했으며, 민주주의 가치를 훼손시킨다는 인식 하에 시민단체의 비판과 제소 그리고 학계 및 컴퓨터 관련 전문가 집단에 의한 비판적인 담론이 급증하자 많은 주에서 전자투표 도입을 유보하거나 폐기하기에 이르렀다. 미국에 대한 사례 분석을 통해 임혜란은 전자투표의 도입은 IT 기술발전에 따른 자연스런 발전과정의 결과일 수 있으나 사회적 공론화를 거치지 않은 섣부른 도입은 경제적·정치적·사회적 의미에서 많은 비용과 혼란을 가져올 수 있다고 결론짓고 있다. 따라서 전자투표 도입 이전에 다양한 사회적 연구와 논쟁과정을 거침으로써 사회공동체의 합의와 신뢰를 쌓을 필요가 있다고 주장한다.

3장에서 장우영은 영국의 사례를 중심으로 전자투표 정책의 현황과 특성 및 문제점을 분석하고 있다. 영국은 1990년대 중반부터 정부와 의회 간 합의, 법제정비 및 전담기구의 신설 등을 통하여 체계적으로 전자투표 도입을 준비해 왔다. 그리고 2001년부터 2008년까지 시범투표(electoral pilot schemes) 확대와 반복적인 사업 검증을 통하여 전자투표의 제도화에 성공하였다는 평가를 받아왔다. 그러나 2008년 런던 지방선거에서 발생한 다양한 전자개표 오류 사태로 인해 정부가 전격적으로 시범투표를 철회하기에 이르렀다. 장우영은 영국에서 전자투표가 철회된 직접적인 유인은 정치·경제적 요인 때문이 아니라 법적·기술적 측면 때문이라고 한다. 특히 투개표 과정에서의 기술적 오류는 민주적 투표의 원칙을 크게 위협하는 것으로 국민들의 신뢰를 확보하지 못했다는 점에 주목한다. 장우영은 영국에서 발생한 이러한 일련의 제도 형성과 철회과정을 통해 전자투표 정책에 대한 면밀한 재검토가 필요하다고 보고 있다. 특히 전자투표 로드맵을 전혀 이행하지 못하고 있는 우리나라로서는 영국의 경험에서 정책적 교훈을 체득할 가치가 매우 크다고 할 수 있다.

4장에서 한영빈은 스위스 연방정부 주관 하에 실시된 '전자투표 시범 프로젝트'가 가져온 정치사회적 파급효과에 대해 분석하고 있다.

스위스는 2000년대 초 자국의 투표율을 제고시키기 위해 제네바, 취리히, 네샤텔 등 3개 캔톤을 중심으로 전자투표 시범 프로젝트를 추진했다. 그러나 결과적으로 보았을 때 전자투표가 투표율을 제고시켰다는 뚜렷한 근거가 발견되지는 않았다. 오히려 비용, 정보격차 및 보안의 문제 등 여러 가지 면에서 정치권으로부터 비판을 받았으며, 그 결과 2011년까지 전자투표 비율을 연방 차원의 경우 전체 투표자의 10% 이내, 그리고 캔톤의 경우 전체 투표자의 20% 이내로 한정하는 내용을 담은 법안을 발효시켰다. 따라서 한영빈은 현재 스위스 전자투표와 관련된 쟁점은 경제적·기술적 차원의 문제가 아니라 정치권의 도전 문제에 봉착해 있다고 보고, 이를 해결하지 못할 경우 스위스 전자투표의 미래가 밝지 않다고 보고 있다.

5장에서 김면회는 1990년대 후반 이후 상대적으로 빠르게 진행되던 네덜란드의 전자투표제 도입과 확산과정이 급속하게 냉각된 요인을 분석하고 있다. 김면회는 이를 기술적인 문제와 사회적 합의 도출의 어려움 또는 부재에서 찾고 있다. 특히 2006년 10월 네덜란드의 한 TV 방송국이 공개적인 시연회를 통해 전자투표 과정의 조작 가능성을 확인시킨 이후 네덜란드 정부 당국이 전자투표제를 금지한 사례는 전 지구적 차원에서 전자투표제가 빠른 속도로 확산될 것으로 전망한 낙관론자들의 입지를 더욱 약화시키는 요인으로 작용할 것이라고 보고 있다. 전자투표제의 중단 사태를 몰고 온 2006년의 네덜란드 사례는 국민 주권의 원리를 보다 내실 있게 실현하기 위한 기술적 기제로서 그 정당성을 강조해온 전자투표가 오프라인 중심의 기존 투표방식이 견지하고 있는 민주주의의 실현을 위한 기본 정신과 원칙을 최소 요건으로 올바르게 계승하고, 더 나아가 이보다 한층 진일보한 형태로 심화시킬 수 있는가라는 근본적인 문제를 다시 한 번 부각시키고 있다. 따라서 전자투표제의 도입을 위해서는 시민사회와의 사회적 합의가 사전에 충분하게 그리고 매 단계마다 다차원적으로 이루어져야 한다. 네덜란드 사례는 정치과정에 전자투표 방식이 공식적으로 제도화되기 위해서는 기술적·경제적인 조건의 충족만으로는 가능하지 않고, 정치사회 영역에서의 합의와 정치과정에서의 의견 수렴작업이 동시에 수반되어야 한다는 교훈을 주고 있다.

6장에서 강원택은 경제성장과 정보화의 발전이 아일랜드 사회에 미친 영향과 그 정치적·사회적 결과에 대해 분석하고 있다. 특히 아일랜드의 전자투표제도 도입을 둘러싼 논란에 대해 살펴보고 그 특성을 거버넌스 차원에서 논의하고 있다. 전자투표 도입이 아일랜드에서 논의된 까닭은 개표과정이 복잡한 선거제도의 탓도 있지만, 정보화 산업의 발전에 따른 새로운 기술에 대한 사회적 수용성의 증대와 아일랜드의 경제사회적 변화·발전에 대한 자부심의 결과이기도 했다. 즉 정보화의 진전에 따른 사회적 변화의 결과라고 할 수 있다. 그러나 의욕적으로 출발한 아일랜드 정부의 전자투표 도입 제안은 사회적으로 상당한 반발을 경험하면서 애당초 계획과는 달리 실시가 상당 기간 동안 지연되게 되었다. 강원택은 이러한 아일랜드의 경험이 정보화라는 기술적·사회적 변화와 이에 따른 새로운 제도 도입이 자동적으로 수용되는 것이 아니라, 정책과정의 다양한 행위자의 참여와 협의가 필요하다는 거버넌스 개념의 중요성을 일깨우는 사례라고 보고 있다.

7장에서 조희정은 에스토니아의 인터넷 투표를 그 외의 전자민주주의 프로그램과 함께 고찰하여 기술·정책·ICT 정치문화의 병행이 전자투표의 성공적 도입 기반이 될 수 있음을 고찰하고 있다. 연구결과 조희정은 다음과 같이 논의하고 있다. 첫째, 북유럽 신흥 독립국가의 국가발전 전략에서 ICT의 역할이 매우 중요하고, 둘째 앞의 국가정보화 전략과 연관되어 인터넷 투표에 있어서 정부의 주도적 역할과 이에 대한 시민사회의 동의가 중요하며, 셋째 정책 추진에 있어서 전자민주주의에 대한 강조가 필요하며, 넷째 소규모 단위 중심의 인터넷 투표의 전략 등 기술·문화·정치 부분에 걸친 다각도의 정책 추진이 인터넷 투표의 성공적 도입을 촉진한다는 것이다. 그리고 결과적으로 공공기술의 성공적인 도입을 위한 조건은 정부의 강한 추진력만큼 시민사회의 선호와 ICT 정치문화의 발전, 그리고 정부의 열린 거버넌스 정책 추진이 중요하다는 결론에 도달하고 있다. 즉 일부 정책 주체의 역할이나 능력이 아니라 모든 정치적 행위자의 역할과 능력, 그리고 선호의 일치가 중요한 정책 성공의 조건으로 제시될 수 있으며, 이것이 정책 형성의 'e-거버넌스'를 의미한다는 것이다.

8장에서 강원택은 호주에서 전자투표를 고려하게 된 원인과 호주 사회 내에서 이루어진 그간의 논의과정을 추적하고 있다. 특히 호주 ACT(Australian Capital Territory) 지역에서 전자투표 방식을 도입하는 정책적 결정이 내려지게 된 배경과 원인을 선거제도의 특성과 관련하여 살펴보고 있다. 호주에서는 2001년 처음으로 전자투표 방식이 도입되었고 이후 2004년, 2008년 선거에서 계속하여 시행되었다. 호주에서 전자투표가 도입된 직접적인 이유는 다른 국가들과 달리 호주만이 가지고 있는 선거제도의 독특성에 있다. 호주는 투표방식과 승자결정을 위한 개표 방식이 다소 복잡한 탓에 선거관리 차원에서 효율성과 정확성을 높이고자 전자투표 도입에 관심을 가지게 된 것이다. 그러나 호주는 아직까지도 연방정치 차원에서 전자투표 도입을 적극적으로 검토하고 있지 않으며, 주 수준에서도 ACT를 제외한 다른 주에서는 아직 시도되지 않고 있다. 강원택은 그 이유가 전자투표에 대한 사회적 신뢰도가 높음에도 불구하고 굳이 현재의 방식을 바꾸어야 할 필요를 느낄 만큼 사회적인 공감대가 형성되지 않았기 때문이라고 보고 있다. 따라서 향후 호주에서 전자투표가 크게 확대되지는 못할 것이라고 전망하고 있다.

9장에서 김용복은 일본의 전자투표제가 어떠한 요인에 의해 도입되었으며 어떠한 문제점과 해결해야 할 쟁점들이 있는지를 고찰하고 있다. 일본의 정보화 추진은 1990년대 중반에 시작이 되었다. 2000년 이후에 일본 정부는 IT혁명을 적극적으로 추구하였으며, 2001년에는 'e-Japan 전략'을 결정하기도 하였다. 그리고 2002년 드디어 지방선거에서 전자투표를 본격적으로 도입하기 시작하였다. 일본이 전자투표를 도입한 이유는 투표과정에서 무효표가 없어지고 유권자의 의사가 보다 정확하고 신속하게 정치에 반영되도록 하기 위함이었다. 그러나 이러한 전자투표의 도입은 몇 가지 문제점과 해결해야 될 과제를 낳기도 하였는데, 김용복은 투표과정의 안정성과 신뢰성 확보, 투표결과에 대한 익명성 확보, 전자투표기의 검사 및 인정기관 설립, 기록매체를 보존하는 문제 그리고 경제적 비용 등의 문제가 그 대표적인 것이었다고 보고 있다. 그리고 김용복은 일본의 사례 분석을 기반으로 우리나라의 전자투표 도입에 주는 시사점을 도출해내고 있다.

마지막 10장에서 류석진은 우리나라의 전자투표 도입과정에서 나타나고 있는 중요한 특징들에 대해 분석하고 있다. 이 특징들은 3가지 정도로 요약할 수 있다. 첫째, 한국의 전자투표 도입목적이 예산과 인력의 효율적 사용과 투표율 하락 방지에 초점이 맞추어져 있다는 것이다. 그러나 류석진은 예산과 인력의 효율적 사용을 위한 전자투표 도입은 정당화되기 어렵다고 판단하고 있다. 둘째, 전자투표가 투표참여를 얼마나 유발할 것인가라는 효과성에 대해 그 결과는 미지수라고 보고 있다. 셋째, 민주화가 진행된 후에도 수없이 제기된 부정선거 의혹의 사례를 보았을 때 한국 사회에서 새로운 투표방식의 전면적인 도입은 오히려 투표에 대한 국민들의 신뢰를 약화시킬 가능성이 높다는 것이다. 따라서 한국 사회에서 전자투표 추진이 원활하게 진행되기 위해서는 정책의 입안단계에서부터 정부-정치권-시민사회-시장의 다양한 세력이 공동의 장에서 논의를 거쳐 도입의 필요성에 대한 최소한의 사회적 합의를 도출해내고, 이 과정에서 투표의 기본 원칙이 훼손되지 않고 유지될 수 있는 방안이 무엇인지에 대한 논의가 필수적이라고 보고 있다. 그리고 민간이나 지자체 수준 혹은 정당에서 다양한 전자투표 사례를 면밀하게 검토하는 작업을 거쳐 예상되는 문제점들에 대한 확실한 대응책을 준비하고, 이를 통해 유권자와 정치권이 가질 수 있는 불신의 구조를 제거하여 전자투표에 대한 사회적 자본을 확대 재생산할 필요성을 강조하고 있다. 전자투표를 도입하기 이전에 이러한 과정을 충분히 거칠 때 전자투표 도입과정이 보다 원활해지고 그 효과가 극대화된다는 주장이다.

| 주 |

1. 본래 2005년 한국학술진흥재단에 신청하였던 당시의 비교 연구 대상국은
   미국, 영국, 스위스, 네덜란드, 호주, 일본 그리고 한국 등 7개국이었다. 이 책
   에서는 비교 연구의 지평을 넓히고 연구결과의 풍부함을 더하기 위해 에스
   토니아와 아일랜드를 추가하여 총 9개국을 비교 연구하였다.

제2장

미국의 전자투표와 민주주의[*]
전자투표를 둘러싼 논란과 정치사회적 대응

임혜란

I. 서론

　　미국 사회는 2000년 대통령 선거 당시 플로리다 주의 펀치카드 투표방식이 문제를 야기하면서 새로운 현대적 투표방식으로 교체할 필요성을 절감하게 되었다. 당시 문제의 펀치카드는 투표용지의 복잡함과 종이 부스러기로 인한 부정확한 투표집계 등으로 재검표 과정에서 약 18만 표가 공식적으로 집계되지 못하는 결과를 가져 왔다. 36일 동안 당선자를 결정하지 못한 채 수검표 작업과 해외 부재자표 개표 등의 논란을 거친 후 결국 대법원의 최종 판결로 부시 후보의 대통령 당선이 확정되었다. 미국 정부와 정당은 투표방법을 현대적으로 개선해야 한다는 '선거개혁'의 필요성을 제기하였고, 당시 플로리다 주의 재검표 사건을 미국 '민주주의의 위기'로 규정하기도 하였다.

이후 2004년 대선부터 전자투표가 본격적으로 도입되기 시작했다. 전자투표의 도입목적은 기존의 레버머신 또는 펀치카드 방식에서 무효표 비율이 높게 나타나고 있었기 때문에 전자투표 방식의 도입을 통하여 무효표를 방지하고 유효 투표율을 제고시키는 데 있었다. 미국의 2000년 선거에 가장 많이 사용되었던 펀치카드(34%)는 2004년 18%로 급감하였으며, 대신 옵티컬 스캔이 27%에서 32%로, DRE(Direct Recording Electronic Voting System) 전자투표기 사용이 10%에서 22%로 증대하였다.[1] 2006년 선거에서는 전체 유권자의 39%가 DRE를 사용했다. 이 상황을 진단해 보면 미국 사회에서 전자투표가 보다 본격화되고 있는 것처럼 보일 수 있다.

그러나 사실 미국은 전자투표 도입을 전후로 하여 전자투표의 안전성을 두고 지속적인 논란을 거듭해 왔다. 2008년 대통령 선거 전에도 전자투표의 사용 여부를 두고 또 다시 혼전을 거듭했다. 예컨대 플로리다는 15개의 카운티에서 이미 사용해 왔던 DRE를 전면 폐기하고 옵티컬 스캔으로 전환하기로 했다. 덴버 역시 DRE에서 옵티컬 스캔으로 바꾸기로 했으며, 캘리포니아는 전자투표기에 대한 대대적 검토 분석 이후 2008년 대통령 선거에서는 보다 많은 주민이 옵티컬 스캔을 사용하게 될 것으로 전망했다(Weiss 2008). 보다 획기적인 현상으로 메릴랜드와 버지니아 주는 아예 DRE 전자투표기를 전면 폐기하고 2010년까지 종이 투표를 기반으로 한 방법으로 복귀할 것이라 결정했다. 메릴랜드가 6천 5백만 달러를 들인 DRE 기기를 포기하기로 결정했다는 사실은 미국이 전자투표를 수용한 것과는 정반대의 방향으로 가고 있다는 것을 의미한다(Davenport 2008).

그렇다면 미국 사회에서 이미 채택된 전자투표기의 사용을 왜 다시 거부하는 움직임을 보이고 있는가? 경제적 비용이 상당히 큰 DRE 기기를 폐기하거나 혹은 종이기록지를 부착하는 방법 모두 상당한 경제적 비용을 감수하는 것임에도 이러한 비효율적 결정을 내리게 된 원인은 무엇인가? 전자투표기의 사용을 전면적으로 수정하게 된 데에는 어떤 요인이 중요한 영향을 미쳤는가? 본 연구는 이에 대한 이론적·경험적 논의를 통해 미국 사회의 전자투표 도입이 민주주의 발전과 위기에 어떤 영향을 주었으며, 미국의 정치사회는 어떠한 대응을 하고 있는지 분석해 보고자 한다.

이하 본 연구의 구성은 다음과 같다. 제2절에서는 본 연구에서 제기한 문제를 분석하기 위한 개념 및 이론적 논의를 제시한다. 제3절에서는 미국의 전자투표 도입과정 및 변화 추이를 간단히 제시한다. 제4절에서는 전자투표 도입이 반대방향으로 수정되는 데 영향을 미친 정치사회적 대응, 특히 학계 및 컴퓨터 전문가 집단의 비판, 다양한 시민단체의 대응, 그리고 정부의 대응과정을 제시한다. 제5절은 본 연구의 결론으로 요약과 함의를 제시한다.

II. 정보기술의 수용과 민주주의

정보기술의 발전 및 수용과 민주주의와의 관계에 대한 대표적인 두 가지 이론으로 기술결정론과 기술의 사회구성론이 있다(김용철·윤성이 2005 ; 송위진 2006 ; 유석진 2004). 우선 기술결정론적 관점은 과학기술의 발달이 개별 사회에 동일하게 전파되어 결정론적으로 영향을 미치게 된다는 시각이다. 기술결정론적 관점에는 낙관론과 비관론이 있다. 낙관론은 정보기술의 발전과 수용이 그 사회의 정치적 참여를 증진시킴으로써 직접민주주의의 발전을 가능하게 할 수도 있다고 본다. 정보화 지수는 각 나라의 정보화 발전 및 활용 정도를 합리적으로 반영하는 지수로 컴퓨터, 인터넷, 통신, 방송 등에서 PC보급, 인터넷 이용자 수 등 여러 항목의 정보화 지표에 의해 결정된다. 많은 나라들은 개별 국가가 얼마나 정보기술을 수용하고 활용하고 있는가를 나타내는 지표인 정보화 지수에서 높은 점수를 받기 위해 노력하기도 한다. 예컨대 전자정부 건설을 위한 경쟁 등이 그 대표적인 경우이다. 또 다른 정보기술 발전과 정보화 활용 정도를 반영하는 지수로 NRI(Network Readiness Index)가 있는데, 이는 ICT의 일반적 환경, 개인의 접속률 정도, 정부, 기업의 활용도 및 혜택 등을 반영한다.

미국은 2006년도 ICT 활용 정도(NRI) 순위에서 1위를 차지할 정도로 정보화 발전에 큰 노력을 경주해 왔다. 미국은 국가정보기반사업(NII)의 일환으로 전자적 참여의 활성화를 통해 참여민주주의를 확대시키고자 했었다. 미국은 1970년대 이후 낮은 투표율로 인해 대의제의 본질인 대표성의 위기를 경험하고 있었으며, 2000년대에 들어와서도 여전히 50% 미만이라는 투표율의 하락을 경험하고 있었다. 그런 배경에서 전자투표의 도입은 투표율을 제고할 수 있을 것이라는 막연한 기대를 갖게 하기도 했다. 한때 미국에서도 인터넷 투표의 가능성과 정치적 함의에 대한 낙관론적 시각이 지배하기도 했다. 그러나 이러한 낙관론은 곧바로 인터넷 투표의 문제점을 지적한 비관론에 의해 잠재워지게 된다(Alvares and Hall 2004). 비관론에 따르면, 정보기술의 발전과 수용 그 자체는 동시에 디지털 디바이드와 같은 사회적 양극화의 문제를 심화시키기도 한다. 뿐만 아니라 정보기술의 수용과 정치영역에서의 활용은 개인정보의 프라이버시 문제, 보안의 문제 등에 부정적인 영향을 미치게 되어 오히려 민주주의의 정신에 위배되는 결과를 가져올 수 있다.

2000년 플로리다 재검표 이후의 혼란을 해결하기 위한 전자투표의 도입은 투표방식의 선진화와 시민의 정치적 참여의 증가를 가져올 것이라는 낙관론을 가져왔다. 그러나 전자투표를 시행하게 됨에 따라 많은 주에서 개인의 정치적 자유와 평등이 훼손될 수 있다는 문제가 다양한 시민단체 및 전문가 집단에 의해 제기되자 이는 바로 전자투표기의 전면적 보완 및 수정과정에 영향을 미치게 되었다. 기술결정론에 따르면 정보화가 진전될수록 낙관론이 우세하고, 비판이 거세지면 비관론이 우세해진다는 일반적인 설명은 가능하다. 그러나 이 이론은 왜 사회구성원이 기술발전에 서로 다른 반응을 보이는지 설명해 주지 못한다. 따라서 기술결정론적 시각으로는 2000년 플로리다 재검표 이후 미국 사회가 전자투표 및 전자민주주의에 대한 낙관론에 지배받게 되다가 전자투표를 사용하고 난 이후 다시 현실론적 비관론에 빠지게 된 이유를 설명할 수 없다.

기술 수용 및 변화에 대한 또 다른 대표적 이론인 기술의 사회구성론에 따르면, 어떤 사회세력의 이해관계에 의해 어떠한 방식으로 정보기술의 활용이 추동되느냐에 따라 정보기술의 수용이 민주주의에 미치는 영향이 결정될 수 있다(유석진 2004). 연방정부, 정당, 의회라는 권력의 핵심 주체가 투표기기 개혁과정을 주도하다 보면 보다 표준화된 투표기의 도입을 선호하게 될 것이다. 투표기기 업체가 그 개혁과정에 주된 목소리를 내면 그들의 정치경제적 이해를 반영해 조속히 전자투표를 수용하라는 결정을 받아들일 가능성이 크다. 만일 권력의 비핵심 주체가 투표기기 개혁과정에 적극적으로 참여할 수 있다면 보다 지역 차원에 맞는 다양한 선택을 내리거나 또는 개인의 자유와 평등의 원리를 실현할 수 있는 투표기기를 선택할 가능성이 크다. 컴퓨터 관련 전문가가 결정과정에 주도적 목소리를 낸다면 전자투표 수용은 보안(Security)이라는 차원에서 많은 문제를 가져올 수 있다고 하면서 전자투표 수용의 반대 의견을 개진할 것이다.

　　기술의 사회구성론적 관점에 따르면 기술 수용은 어떤 세력의 이해관계에 따라 어떠한 방식으로 이루어지는가 하는 정치사회적 맥락을 중시하는데, 본 연구도 이 관점을 따르고자 한다. 이러한 관점에서 볼 때 미국의 전자투표 수용이라는 결정과 기술 수용 이후 보완 및 수정 등은 개별 이해집단의 정치적 갈등관계에 의해 영향받는다고 할 수 있다. 즉 미국 전자투표 시행방식의 변화는 특정 집단의 지속적인 비판과 반대에 의해 가능해질 수 있다. 전자투표를 도입하기로 한 결정은 정당과 의회의 주도적인 제도적 개혁 및 전자투표기 제조업체의 강력한 로비에 의해 영향받았다. 전자투표기 사용에 대한 전면적 보완 및 수정현상은 학계 및 컴퓨터 전문가 집단의 꾸준한 비판적 연구, 그리고 시민단체의 노력에 의해 가능해졌다고 설명할 수 있다. 결국 미국이 한때 전자투표를 수용하기로 했지만 다시 수정 및 보완하는 방향으로 변화를 보이게 된 원인으로 서로 다른 사회세력들의 주도적 역할을 지적할 수 있다.

III. 미국 전자투표의 도입 및 변화 추이

1. 미국 전자투표의 도입

미국 선거에서 투표방식의 변화 추이는 [표 2-1]에 제시되어 있

[표 2-1] 미국 선거에서 투표방식의 활용 변화

(%, 인구대비 비율)

	1980	1996	2000	2004	2006
종이투표	9.8	1.7	1.3	1.7	0.38
펀치카드	32.7	20.7	17.8	12.2	10.18
레버머신	43.9	37.3	34.4	18.6	3.03
옵티컬 스캔	9.8	27.5	27.5	32.2	40.79
DRE	2.3	7.7	10.7	22.6	39.06
기타	10.4	8.1	8.1	15.5	6.55

출처 : Caltech/MIT voting technology project (2001) ; EAC, "A Summary of the 2004 Election Day Survey" (2005) ; Election Data Services (2006).

다. 이 표에서 볼 수 있듯이 1980년 이후 미국은 다양한 투표기기를 사용해 왔으며 특히 그 사용비율의 정도는 선거 때마다 변화해 왔다. 1980년대 가장 많이 활용된 투표기기는 펀치카드와 레버머신이었다. 1996년과 2000년 선거에서는 레버머신과 옵티컬 스캔의 사용이 증대되었다. 2004년에는 문제가 되었던 펀치카드 사용이 감소되었고 전자투표가 본격적으로 수용됨에 따라 옵티컬 스캔과 DRE 사용이 증대하였다. 2006년 선거에서는 등록한 유권자의 39.06%가 DRE 기기를 사용할 만큼 그 활용비율이 증가했다. 전자투표의 신뢰성과 안전성에 대한 논란이 거세지고 있음에도 불구하고 DRE 활용 비율이 증가한 이유는 연방선거지원법(HAVA) 제정 이후 선거개혁기금이 제공됨으로써 많은 주에서 DRE 기기를 구입했기 때문이다.

그러나 2008년 대통령 선거를 앞두고 미국 사회는 또다시 전자투표에 대한 심각한 논란이 일어났으며, 많은 주가 이미 사용 중인 DRE 기기를 포기하고 새로운 재정을 들여 옵티컬 스캔을 구입하겠다고 했다. DRE 기기를 보완하는 방향으로 가기보다 아예 DRE 기기를 전면 교체하고 새로운 기기를 구입하고자 하는 결정은 전자투표의 확산이 아니라 오히려 역의 방향으로 흘러가는 것이다.

　　미국이 2000년 이후 전자투표를 본격적으로 도입하게 된 이유는 다음과 같은 4가지 요인에서 살펴볼 수 있다. 첫 번째 이유는 투표기기에 대한 신뢰성 문제와 연관되어 있다. 미국의 투표기기 변화의 역사는 기존 투표기기의 '신뢰성' 위기와 밀접하게 연관되어 있다. 미국은 19세기 종이투표를 사용했다. 선거 관련 요원들이 투표 박스를 잃어버리는 실수를 범하게 되면서 그 다음으로 사용하게 된 기기가 '레버머신'이었다. 레버머신은 모든 투표기록을 기계적으로 기록하는 장점이 있지만 의미있는 재검이 가능하지 않다는 단점이 있었다. 1960년부터 미국 사회는 '펀치카드' 기기를 사용하게 되었다. 투표자들은 투표용지에 구멍을 뚫는 방식으로 투표했으며, 재검이 가능했다. 이 기기는 큰 문제 없이 오랫동안 사용되었다가 2000년 선거에서 큰 혼란을 가져왔다. 부시-고어 선거에서 '펀치카드' 기기는 종이 부스러기(hanging chads)의 문제를 가져왔으며, 투표자들의 의도(voter intent)에 대해 논란을 불러일으켰다. 이와 같은 정치사회적 혼란은 기존 투표기기의 신뢰성을 떨어뜨리는 결과를 가져왔고, 투표기기를 선진화시켜야 할 계기를 만들게 되었다.[2]

　　둘째, 투표기기의 변화에 본격적 추진 계기가 된 것은 제도적 변화이다. 2002년 의회는 연방선거지원법(HAVA)을 통과시켰다. HAVA는 기존의 구형 투표기기인 펀치카드 및 레버머신을 새로운 투표기기로 전환할 수 있도록 39억 달러를 배정했다. 2000년의 플로리다 재검표 사태 이후 2004년 전자투표의 시행시기까지 초기에는 인터넷 선거를 포함하여 전자투표 시행에 대해 다소 긍정적이고 낙관적인 반응이 지배적이었다. 더구나 이러한 낙관적인 반응에 HAVA와 같은 선거지원법이 제정되면서 선거개혁의 제도적 기반을 마련할 수 있었으며, 이는 전자투표의 빠른 수용을 가능하게 해 주었다. 연방의회는 투표기 개선지원 비용을 배정했고, 이 국고지원액의 사용 시한은 2006년의 각 주 예산 날짜와 연동되어 있었다. 따라서 많은 주와 수십 개의 카운티 정부는 서둘러 DRE 기기를 구입하였다.

셋째, 미국의 선거관리제도는 연방정부를 중심으로 각 주의 주무장관(Secretary of State)을 선거관리 책임자로 하는 분산적이고 독자적인 관리체계를 그 특징으로 한다. 또한 주무장관을 포함한 선거관리 공무원들은 정당에 기반을 두고 선출되기 때문에 미국 선거과정은 정당적 특성에 의해 많은 영향을 받는다.[3] 미국의 전자투표 도입과정을 보면 주별로 다양하게 진행되어 왔으며, 이는 연방제를 기축으로 하는 정치체제의 특성과 무관하지 않다. 선거관리 및 전자투표 추진 기관은 연방선거위원회(Federal Election Commission), 주 선거관리위원회(State Election Office), 카운티 선거위원회(County Election Office)가 그 주축이 된다. 미국의 분산적인 선거체제는 모든 주에서 전자투표를 일괄적으로 채택하는 데 부정적 영향을 미쳤다. 그럼에도 불구하고 HAVA의 재정적 지원으로 인해 많은 주는 새로운 전자투표 기기를 일괄적으로 채택할 수 있었다.

그러나 문제는 각 주와 지방 차원에서 새로운 투표기기를 선택할 때 선택의 대안이 다양한 것도 아니었으며, 이에 대한 심도 있는 선행 연구가 실시되지도 못했다. HAVA는 투표기기 전환을 위한 지원 비용을 배정했지만 어떤 투표기기로 전환할 것인가에 대해서는 아무런 가이드라인도 제시하지 않았다. 각 지역 선거관리 공무원들은 어떤 투표기기가 보다 정확하고 안전한가에 대한 기본적인 연구를 통해 새로운 투표기기를 선택할 책임이 있었다. 그러나 지역 선거관리 분야에 대한 무관심, 선거관리 공무원의 역량 및 자원 부족은 그러한 환경과 여력을 만들어 주지 못했다(Thompson 2008). 많은 경우 전자투표에 대한 사전적 연구와 테스트가 선행되지 않은 채 전자투표를 채택한 것이다. 플로리다 선거의 악몽은 컴퓨터를 이용한 투표기기가 가장 신뢰할 수 있고 바람직한 대안으로 여겨졌을 뿐이었다.

넷째, 전자투표 제조업체들의 시장 확보를 위한 적극적 홍보 및 로비를 들 수 있다. 각 주와 카운티 선거관리 공무원들이 뚜렷한 대안을 갖고 있지 않은 상황에서 전자투표 공급업체의 적극적인 로비는 주별로 DRE 구입에 결정적 영향을 주었다고 볼 수도 있다. 전자투표 도입을 찬성하는 또 다른 사회단체는 장애자 권리를 주장하는 NGO들이다. 이들의 강력한 주장에 따라 HAVA의 301조에 2006년부터 장애인들을 위한 투표기기의 접근성이 강조되었고, 각 선거구는 최소한 한 대의 DRE를 구비하도록 명시된 바 있다.

요약하자면, 2000년 플로리다 선거의 악몽, HAVA의 제도적·재정적 지원, 전자투표 기기 제조업자의 적극적 시장 홍보, 전자투표에 대한 사전적 연구 분석 결여 등은 미국 사회가 2002년 이후 보다 본격적으로 전자투표 기기를 채택하게 한 계기를 만들었다. 무엇보다 중요한 사실은 미국의 전자투표 수용과정에서 연방정부, 의회 및 정당들이 적극적인 역할을 했는데, 이들은 표준화된 투표기기의 수용을 선호했고, 당시 분위기를 이용해 위로부터의 개혁을 시도할 수 있었다. 다양한 사회세력의 논의와 전문가 집단의 의견을 충분히 고려하지 못한 채 위로부터의 선거개혁이 HAVA와 같은 제도적 재정기반과 미국선거지원위원회(U.S. Election Assistance Commission : EAC)[4] 조직의 설립을 통해 추진되었지만, 미국 사회는 전자투표를 보다 전체로 확대시키는 대신 후퇴하는 방향으로 선회하게 된다.

2. 미국 전자투표 도입의 보완 및 후퇴

2003년 이후 사회 내 다양한 전문가 집단으로부터 전자투표 방식
의 문제점에 대한 지적이 쏟아져 나왔다. 예컨대 California Task Force Re-
port(2003/10)는 DRE의 안전성에 대해 비판하고, 그 문제를 보완하기 위
해 종이영수증(voter-verified audit trail) 방안을 제시하였다. CRS Report(Con-
gressional Research Service 2003/11) 역시 DRE 기기에 대한 '안전성' 문제를
집중적으로 논의하였다. DRE 기기는 기기 오류 및 조작 등을 점검하기
위해 재검표할 수 없는 문제를 갖고 있었다.[5] 컴퓨터 관련 전문가들의
다양한 연구결과(Rubin et al. 2004) 전자투표는 안전과 신뢰성에 있어 많
은 문제를 소지하고 있음이 밝혀지고 있는 가운데 각 지역에서 많은 사
고가 발생하였다.

2004년 11월 선거에서 노스캐롤라이나 카터레트(Carteret) 카운티
에서는 전자투표 기기 사용에 의해 4,438표를 잃게 되었다. 전자투표 기
기 제조업체인 유니렉트(Unilect)는 전자투표 기기가 10,500표까지 저장
할 수 있다고 했지만 실제는 3,005표만 저장하였고, 선거요원들은 이러
한 문제가 있는 것을 전혀 인식하지 못했다. 왜냐하면 메모리가 꽉 찬 이
후에도 전자투표 기기는 계속 표를 받아들이는 데 아무런 문제를 보이
지 않았기 때문이다. 그러나 결과적으로는 표를 잃게 된 것이다. 전문가
들로부터 문제제기가 더욱 빈번해지고 실제 선거에서도 문제점이 드러
나자 각 주는 전자투표 도입을 유보·수정하기 시작했다. 네바다 주는
2004년 7월 최초로 연방선거를 위한 전자투표 기기는 투표자 인증 종이
기록지(Voter-Verified Paper Audit Trail : VVPAT)를 구비한 것이어야 함을 요
구했다. 캘리포니아는 2004년 4월 전자투표 기기에 대한 보안문제가 개

선될 때까지는 터치스크린 기기를 사용하지 말 것을 결정했다. 2005년 연방선거개혁위원회(Commission on Federal Election Reform)에서는 DRE의 종이기록지 부착 등을 포함한 미국 선거개혁을 위한 다양한 정책제안을 제시하였다. 2006년에도 컴퓨터 전문가들은 전자투표 기기에 대한 보안 테스트를 통해 다양한 방법으로 소프트웨어를 공격하거나 전자투표 개표에 대한 해킹이 가능함을 보여주었다(Thompson 2006 ; Hursti 2006 ; Fellen 2006 ; Commission on Federal Election Reform 2005).

또한 2006년 9월 예비선거에서 전자투표기를 시범 도입한 몇몇 주에서는 예상보다 심각한 부작용을 경험하였다. 메릴랜드 주에서는 컴퓨터가 정당 기표를 잘못 판독하거나 투표기의 메모리 카드가 전송이 안 되는 상황이 빚어졌고, 몽고메리 카운티에서는 직원의 조작 미숙으로 12,000여 명의 유권자가 종이투표지에 기표해야 하는 일이 속출했다. 2006년 9월, 메릴랜드 주지사 로버트 어리치(Robert L. Ehrlich)는 투표자들로 하여금 2006년 11월 선거에서 전자투표기를 사용하는 대신 부재자 투표를 사용할 것을 권고했다. 이는 주지사가 2002년 전체 주 차원에서 DRE 기기를 채택한 이후 정책적으로 상당한 궤도수정을 한 결정이었다. 이로 인해 2006년 11월에 있을 중간선거에서 미국의 주정부들이 DRE 기기 사용계획을 철회하는 일이 벌어졌다. 뉴멕시코와 코네티컷 주에서는 전자투표기 사용계획을 백지화했으며, 펜실베니아 주에서는 유권자들에게 종이투표 선택권을 부여하는 법안이 제출됐다. 플로리다 주역시 DRE 방식을 철회하고 옵티컬 스캔을 채택할 것을 발표했다. 2006년 중간선거에서 DRE는 전체 유권자의 39.06%가 사용했다. 2006년 선거에서는 디볼드, 시쿠오이아, 하트 인터시빅 등의 3개사 제품이 사용되었다.

오하이오 주에서는 투표 운영요원의 미숙, 스캐너 이상으로 투표용지를 못 읽는 경우가 발생했다. 인디애나 주에서는 전자투표기 오류, 직원의 운영 미숙 등으로 투표시간을 연장하는 사태가 발생했다. 일리노이 주, 켄터키 주 역시 투표소 직원의 운영 미숙으로 많은 불만이 제기되었다. 콜로라도 주 덴버에서도 전자투표기와 스캐너 이상으로 투표시간 연장을 요청하였다. 테네시 주에서는 기계 고장으로 수작업에 의한 투개표 작업이 진행되어 투표시간을 연장하였다. 텍사스 주에서는 투표에러가 보고되었고, 펜실베니아 주에서는 전자투표기 오작동으로 인해 수작업에 의해 투개표 작업이 진행되어 투표시간이 연장되었다. 플로리다 주에서는 스크린상에 후보자를 제대로 보여주지 못하는 오류가 발생되었지만 투표시간 연장을 결정하지는 않았다. 그 외에도 내시빌, 마이애미, 필라델피아, 콜로라도, 미주리, 테네시, 텍사스, 플로리다, 오하이오, 유타 주 등에서도 전자투표기 오류로 투표가 지연되는 등 많은 문제가 발생하였다. 펜실베니아, 콜로라도, 인디애나 등 일부 주에서 투표시간을 연장하는 사태가 벌어졌다(조희정 2007).

　　이처럼 민주당의 압승으로 끝난 미국 중간선거에 사용된 전자투표기의 잦은 오작동으로 인해 미국 사회는 선거 이후에도 그 책임 소재를 놓고 정부, 시민단체, 장비업체의 치열한 공방이 불가피하게 되었다. 이번 사태를 놓고 '장비와 기술결함'이라는 주장과 '선관위의 무관심과 투표자 부주의'라는 의견이 팽팽히 맞서고 있다. 전자투표기 공급업체는 이번 결함이 시스템이 아니라 사람의 실수에 있다고 주장했다. 각각의 유권자가 자신의 투표용지를 제출하기 전에 투표 참관단이 시스템에 삽입하는 투표 카드가 적절하게 프로그래밍되어 있는지를 선거 관계자들이 확인하는 작업을 소홀히 했기 때문이라는 것이다. 또 다른 결함은 유권자가 터치스크린 방식을 너무 세게 터치하고 한번 선택 후 연이어 선택하는 등 작동법을 제대로 몰라서 생긴 오류라고 주장했다. 공급업체를 비판하는 측에서는 전자투표기의 내부 시스템이 제대로 알려지지 않아 오류의 원인이나 해결방식을 찾는 데 더욱 혼란이 가중되었다고 분석한다. 선거 관계자들의 반응은 수많은 지역에서 처음으로 신기술을 이용해 치러진 선거에서 이러한 문제는 매우 사소한 것이라고 강조한다. 문제가 있는 특정 시스템 혹은 수많은 특정 시스템에서 시스템적인 문제는 발생하지 않았다는 것이다. 『종이 대 전자적 투표기록』의 저자인 마이클 샤모스(Michael Shamos 2004)는 DRE의 실패라는 것은 대부분 부적절한 교육훈련에 있다고 지적한다. 제조업자협회의 데이비드 베언 집행이사는 "이제 막 태어난 아이를 집어던지려 하는 것은 분명히 섣부른 행동"이라고 반발했으며, 조지아 주 케네소 주립대학 소속 '전자시스템센터'의 메를킹 집행이사 역시 "전통적 종이투표 방식 또한 상당한 오류와 부정의 경험을 갖고 있다"고 반박했다(연합뉴스 2008/01). 다음으로는 전자투표를 둘러싼 논쟁을 중심으로 사회의 이해집단, 즉 시민단체, 전문가 집단, 그리고 정부의 대응을 살펴보기로 한다.

IV. 전자투표를 둘러싼 논란과 정치사회적 대응

1. 시민단체

전자투표 공급업체를 포함한 전자투표 찬성 집단들은 전자투표의 문제가 투표자와 투표 운영자들의 교육 훈련 부족에 있다고 논의한다. 그러나 전자투표를 반대하는 시민단체들은 기술과 프로그램 자체의 문제라고 지적하며 이는 민주주의의 기본 가치를 위협한다고 비판한다. 전자 프론티어 재단(Electronic Frontier Foundation), 유권자의 권리보호 그룹인 전자보호연맹(Election Protection Coalition) 등은 이번 결함이 이미 예견된 사태였다며 프로그램 자체 결함에 무게를 두었으며, 사실 예견한 것보다 훨씬 더 상황이 심각하다고 했다.

2000년 플로리다 주에서 펀치식 투표용지로 인해 재검표 사태가 일어났었지만, 2006년 중간선거의 전자투표 사용 이후에도 같은 주 새러소타 시(Sarasota, FL)에서 터치스크린 투표기와 관련하여 권리옹호 단체와 유권자가 소송을 제기하는 사태가 일어났다. 그들은 선거관리 당국이 이용한 터치스크린식 투표기의 선별 관리가 엉성했다며 재투표를 요구했다. 미국 방식을 지지하는 사람들(People for the American Way), 투표자 행동단체(Voter Action), 미국 인권연맹(American Civil Liberties Union : ACLU), 플로리다 지부 전자 프론티어 재단(EFF)을 포함한 권리옹호 단체 4곳에서 새러소타 시의 유권자를 대표해 제소를 단행했다. 새러소타 시에서 실시된 하원 의원 선거에서 1만 8,000표 이상이 최종 집계 결과에 반영되지 않았다는 것이 제소의 이유였다.

그들은 불완전 기표(undervote) 수가 같은 기간 동안 근접한 시에서 이용한 타사의 투표기가 집계한 것과 비교해 볼 때 비정상적으로 많다고 지적했다. 권리옹호 단체들은 2주간의 부재자 투표 기간 동안 투표자나 선거운동원으로부터의 불평이 다수 전해졌음에도 불구하고 전자투표 제조사 일렉션 시스템 & 서비스(Election System & Service)는 'iVotronic' 터치스크린식 투표기의 고장에 대한 적절한 조사와 확인, 보고를 게을리했다고 비판했다. 플로리다 주 ACLU 지부의 경영진 담당자 하워드 시몬은 "이번 선거를 결정지은 것은 투표자가 아니고 결함이 있는 투표기 같다"고 말했다(ZD net 2006/11/24). 새러소타 시 선거관리 당국의 재집계는 공화당의 번 뷰캐넌(Vern Buchanan)이 369표 차로 민주당의 크리스틴 제닝스(Christine Jennings)를 이긴 것으로 인정했다. 그에 따라 제닝스도 선거에 이용된 터치스크린식 투표기의 조사를 재판소에 제소하면서 1만 8,000표 이상 소실된 원인이 투표기에 있음을 강조했다.

심지어 조지아 주에서도 시민단체들이 전자투표가 위헌이고 비합법적이라고 제소한 상황이다(VoterGa : non-partisan coalition). 조지아 주는 주 전체 차원에서 단일한 형태의 전자투표 시스템을 도입하는데 성공한 주이다. 조지아 주에서 가장 규모가 큰 시민단체인 Voter GA는 인증할 수 없고 재검할 수 없는 전자투표는 받아들일 수 없음을 주장하였다. 제소 근거로는 첫째, 정확성의 문제이다. 조지아 법에 의하면 전자투표 기기는 정확성을 요구하지만 전자투표기에는 정확한 기록을 확인할 수 있는 장치가 없다. 둘째, 재검표의 문제인데, 조지아의 전자투표는 재검이 불가능하다. 왜냐하면 전자투표기를 통해서는 선거인의 의도를 알 수 있는 물리적 증거가 없기 때문이다. 셋째, 조지아 주 헌법에 의하면 모든 선거는 투표용지(ballot)에 의해 수행되어야 한다. 2002년 전자투표가 실행되었을 때 조지아 주 법은 모든 선거가 전자투표 기기를 사용하는 경우를 제외하고서만 투표용지(ballot)에 의해 수행될 수 있다고 수정하였다. 그러나 주 법은 헌법을 우선할 수 없다. 선거는 전자기록에 의한 것이 아닌 투표용지(ballot)에 의해 행해져야 한다. 넷째, 조지아 헌법은 '투표방식(method of voting)'을 '국민에 의한 선거(elections by the people)'라고 정의한다. 현재 국민들은 자신들의 선택을 투표용지상에서 확인할 수 없으며, 투표가 제대로 되었는지 재검과정에도 참여할 수 없게 되었다. '국민에 의한 선거' 기능이 국민들로부터 비헌법적으로 제거된 상황인 것이다. 다섯째, 법에의 동등한 보호(equal protection)의 문제로, 헌법은 어떤 사람도 법에 의한 동등한 보호로부터 차별화될 수 없다고 규정한다. 조지아 부재자 투표는 인증되고 감사되고 기록을 볼 수 있는 표준적 투표 행위를 할 수 있다. 그러나 일반 투표자는 그러한 권리조차 가질 수 없다. 여섯째, 비밀투표(ballot secrecy)의 문제이다. 전자투표의 종이 기록 기기 계획은 합법적이지도 않으며 위헌이다. 왜냐하면 헌법은 모든 선거가 비밀투표에 의한 것임을 강조하기 때문이다. 디볼드 사의 종이기록지 기기 개발은 선거 운영요원들이 투표자가 어떤 후보를 선택했는지 확인하는 것을 가능하게 한다. 일곱째, 기기 정확성의 문제이다. 투표가 행해졌을 때 옵티컬 스캔은 육안으로 확인이 가능하여 투표소에서 수정이 가능하지만 DRE로는 확인할 수 없다. 이처럼 시민단체들은 전자투표가 민주주의의 기본가치인 신성한 투표행위 자체를 위협하고 있다고 비판한다(www.atlantaprogressivenews.com 2007/09/05 검색).

조지아 주의 주무장관인 케런 헨델(Karen Handel)은 2007년 4월 투표자 인증 종이 기록(VVPAT) 프로젝트 계획에 대해 본래 전체 주 차원에서 종이기록지 장치를 부착하는 법안을 고려했으나 재정상의 비용과 비밀투표의 원리를 보장하지 않는다는 점을 고려하여 3개 선거구에만 한정해서 시행하도록 했다(Atlanta Progressive News). Voter GA 단체도 종이기록지 기기는 비밀투표에 역행하는 비헌법적이며, 정확성을 보장하지 않는다는 점에서도 문제가 있음을 비판했다. 조지아 주는 2002년 현재 DRE 기기 구입에 많은 비용을 들였으며, 당시 DRE 기기는 프린터가 부착된 것이 아니었다. 조지아 주는 성급한 결정을 보류하기 위해 종이기록지 프린터 부착 문제에 대해 좀 더 신중한 연구가 필요하다는 입장이다. 왜냐하면 프린터 부착 기기 역시 많은 고장과 더불어 다양한 문제점이 나타날 수 있다는 논의가 있기 때문이다.[6]

이와 같은 다양한 시민단체들은 전자투표가 민주주의의 기본정신인 개인의 신성한 투표 권리 자체를 훼손하고 있다고 비판했으며, 현

재 많은 제소가 이뤄진 상태이다. 이러한 시민단체들의 실질적인 비판이
전자투표의 궤도수정에 상당한 영향을 주었을 것으로 판단된다.

2. 전문가 집단

컴퓨터 과학자들은 확인 목적을 위한 종이투표를 하지 않은 상태
에서 전자투표 시스템만을 도입하는 데 오랫동안 의구심을 표명해 왔다.
종이투표가 없다면 투표 총계가 프로그래머의 실수 또는 악의적인 목적
에 의해 뒤바뀔 수 있다고 생각하기 때문이며, 이 경우 문제를 추적하기
는 더욱 어렵다. 2006년 8월 뉴욕 대학의 브레넌 사법센터(Brennan Center
for Justice)는 전자투표 시스템의 보안성에 대해 다음과 같은 연구 분석을
시도했다. DRE, 투표자 검증의 종이추적을 결합시킨 DRE 방식, 모두가
보안상의 취약성을 노출하고 있다. 박빙의 승부결과를 바꾸기 위하여 소
프트웨어 시스템을 쉽게 공격할 수 있으며, 특히 무선으로 작동되는 부
품이 내장된 투표 기계는 더욱 다양한 공격에 무방비 상태가 될 수 있다.
현재 뉴욕과 미네소타만이 모든 투표 기계에서 무선 작동 부속의 사용
을 법으로 금하고 있다. 브레넌 사법센터는 이러한 전자투표 기기의 취
약성이 미국의 국가, 주, 지방선거의 존엄성과 민주주의를 위협하고 있
다고 했다(www.brennancenter.org 2006/11/15 검색). 전자투표의 보안성에 대
해 로욜라 로스쿨의 리처드 해이슨 교수는 "법률적 근거가 불확실한 정
권이 탄생할 수 있다"고 우려한 바 있다. 2006년 9월 정보기술정책 연구
소(Center for Information Technology Policy) 소장인 에드워드 펠튼(Edward Fel-
ten) 교수는 투표결과를 조작하기 위한 소프트웨어(vote-stealing software)를
직접 시연해 보이기도 했다. 전문 프로그래머는 해킹 등을 통한 표 조작

[표 2-2] 투표기기 유형에 따른 잔여투표율

(%)

	2000년(대통령)	2002년(주지사)	2004년(대통령)
full face DRE	1.6	2.2	1.2
Scrolling DRE	–	1.2	1.0
중앙개표 옵티컬 스캔	1.8	2.0	1.7
지역개표 옵티컬 스캔	0.9	1.3	0.7
혼합(한 방법 이상 사용)	1.1	1.5	1.0
nationwide **잔여투표율**	1.8	1.5	1.1

2000년 : 1,755 카운티, 2002년 : 1,270 카운티, 2004년 : 2,215 카운티.
출처 : Norden(2006).

가능성을 지적하였다(Felten 2006).

　　2006년 브레넌 사법센터는 2004년 선거결과에 기반하여 다양한 전자투표 기기의 정확성을 잔여투표율(residual vote rate) 등의 지표를 통해 비교 분석하였다. [표 2-2]에 따르면, '지역개표 옵티컬 스캔(Precinct Count Optical Scan : PCOS)'과 'Scrolling DRE' 기기가 '전면 DRE(Full-face DRE)' 기기와 '중앙개표 옵티컬 스캔(Central Count Optical Scan)'보다 잔여투표율이 1% 미만으로 비교적 낮아 보다 정확한 결과를 가져온다.[7] 브레넌 사법센터의 지속적인 비판과 제안으로 2008년 1월 뉴욕에서는 '전면 DRE' 기기를 채택하지 않기로 했으며, 2009년 레버머신을 대신할 새로운 기기 채택에는 좀 더 신중한 연구와 테스트 과정을 거치기로 했다(www.brennancenter.org 2007/09/15 검색). [표 2-3]에 따르면, 기표유형에 따라서도 잔여표 비율이 달라지지만, 어느 기표유형이든 간에 중앙개표보다는 지역개표 옵티컬 스캔의 잔여표 비율이 훨씬 낮다. 이는 지역개표 옵티컬 스캔이 투표자의 실수를 현장에서 정정할 수 있는 반면 중앙개표 옵티컬 스캔은 실수를 정정할 기회가 없기 때문이다.

[표 2-3] 옵티컬 스캔 기기 및 기표유형에 따른 잔여투표율

(%)

	기표유형	
	Darken an oval	Connect an arrow
지역개표 옵티컬 스캔	0.6	0.9
중앙개표 옵티컬 스캔	1.4	2.3
nationwide 잔여투표율	1.0	

출처 : www.brennancenter.org

　　조사기관인 폴만 연구소(Poleman Institution)의 여론조사에 따르면, 정보기술 보안 전문가들이 일반 대중보다 전자투표의 정확성과 안전성에 대해 더 불신하는 것으로 나타났다. 전문가 집단의 81%가 전자투표 시스템의 보안성과 신뢰에 대해 '거의 신뢰할 수 없거나 전혀 신뢰하지 않는다'고 응답했으며, 일반인의 경우 조사대상의 25%만이 강한 부정의 뜻을 보였다. 일반 시민의 79%는 전자투표 기기가 전통적인 투표방법보다 더 정확하다고 믿고 있었다(ZD net 2006/08/18). 결국 전문가 집단의 연구분석 결과에 의한 주장과 담론들은 미국 전자투표 도입과 궤도수정에 상당한 영향을 미치고 있음을 알 수 있다.

　　미국의 전자투표 채택과 정책의 궤도 변화라는 과정에 일반 시민은 그리 큰 영향을 주지 못했다. 선거 이후 출구조사에 의한 분석에 따르면, 전자투표를 사용한 많은 시민들은 이에 대한 높은 신뢰도를 보이고 있다. 서베이에 응한 전자투표 사용자의 90% 이상은 이 기기에 대한 신뢰를 갖고 있었으며, 10% 정도만 문제가 있다고 했다(Election Science Institute 2006). 또 다른 연구결과에 따르면 DRE 기기에 대한 전문가들의 염려와는 달리 일반 시민들은 전자투표에 대한 상당히 높은 만족도와 신뢰도를 표명하고 있었다. 특히 DRE보다 안전하고 정확하다고 전문가들

이 제시하는 옵티컬 스캔을 서로 비교해 볼 때, 일반 시민들은 이 둘에 대한 부정적 평가는 거의 같았지만 긍정적 평가는 DRE 기기가 훨씬 더 높았다(Herrnson 2008, 47-48). 전자투표에 대한 관심은 일반 시민보다는 보다 직접적인 이해관계가 달려 있는 공급업체나 정치인들의 경우가 더 크다. 또한 컴퓨터에 해박한 지식을 갖고 있는 전문가 집단들이 보다 안전에 대한 염려를 지속적으로 반영했다.

일반 시민과 전문가 집단의 전자투표에 대한 평가가 다른 이유는 전문가들이 안전(security)에 초점을 두고 일반 시민들이 사용편이성(usability)에 강조점을 두기 때문이다(Herrnson 2008, 65). 헐슨에 따르면 기존 연구들이 '보안' 문제에만 지나치게 초점을 두고 있었지 '사용편이성'에 대한 관심은 부족하다고 비판했다. 보다 균형된 시각의 분석이 필요하다는 것이다. 일반 시민 가운데에도 민주주의의 수호를 위한 개인의 자유와 권리를 강조하는 시민사회 집단인 NGO 단체들이 보다 적극적으로 전자투표 기기의 문제점을 법적으로 제기하였다. 일반 시민들이 투표참여에도 큰 관심을 보이지 않고 있는 상황에서 전자투표가 제기하고 있는 문제에 그리 큰 관심을 나타내지 않는 것은 어쩌면 당연한 일인지도 모른다. 일반 시민의 사용편이성에 대한 문제도 중요하지만 투표기기에 대한 안전성과 신뢰성은 매우 중요한 요인일 수 있다. 따라서 전자투표에 대한 신뢰를 구축하기 위해 정부는 다양한 노력을 기울일 필요가 있다. 다음으로는 주정부 및 연방정부, 의회의 대응을 살펴봄으로써 전자투표를 채택했던 방향을 수정해 나가는 과정을 제시해 보기로 한다.

3. 주정부, 연방정부 및 의회

미국의 많은 주에서는 2008년 대선전을 앞두고 전자투표 및 개표기 사용을 놓고 또 다른 불신이 확산되고 있다. 2007년 10월 오하이오 주와 콜로라도 주 선거관리위원회 핵심 관리는 전자투개표 방식의 문제점을 제기하였다. 콜로라도는 전자투개표 도입에 이미 많은 비용을 쏟아부었고, 세코이아 보팅 시스템(Sequoia Voting Systems Incs.) 및 하트 인터시빅(Hart InterCivic Incs.)이 제작한 광학방식의 개표기 역시 보안상의 허점 및 에러가 발생했음이 확인되었다. 캘리포니아, 오하이오, 플로리다 주는 종이 투표용지를 전자식으로 집계하는 옵티컬 스캔을 사용하기로 했다.

플로리다 주는 1998년 해외부재자의 편의를 위해 인터넷 투표를 도입한 경험이 있으며, 선거과정의 현대화에 대한 높은 의지를 지니고 있다. 1998년에는 플로리다 투표 시스템 표준을 발표하여 새로이 구입하는 기기는 이 표준에 맞춰 구입해야 함을 강조했다. 2002년 예비선거에는 유권자의 60%가 DRE 및 옵티컬 스캔을 사용하였다. 그러나 2006년 선거에서는 스크린상에 후보자를 제대로 보여주지 못하는 오류가 발생함에 따라 이후부터는 DRE 기기를 전면 폐지하고 옵티컬 스캔을 사용하기로 결정했다.

캘리포니아 주는 2000년 11월 4개 카운티에서 실험적으로 인터넷 시범투표를 실시하였고, 2002년 11월에는 미국 전역에서 최초로 새크라멘토 카운티의 6개 지역에서 투표기록지가 결합된 터치스크린 투표를 실험하였다. 이때 투표자들이 투표기록지를 받기 전에 투표소를 떠나거나 투표기록을 갖고 나갈 경우 집계에 어려움이 있는 등 문제가 발생하였다. 2003년 10월 주지사 보궐선거에서 유권자의 9.3%만이 전자투표를 이용하였는데, 일부 카운티에서는 종이기록지를 사용하지 않아 투표결과 조작 가능성에 우려가 제기된 바 있다. 캘리포니아 주에서는 DRE 사용에 관한 입법을 추진하였다. 우선 2005년까지 투표자가 확인한 투표결과를 용지에 기록으로 남기는 장치를 장착하지 않은 어떠한 전자투표기도 구입할 수 없도록 했다. 2004년에는 2006년까지 자신의 투표를 확인할 수 있도록 종이기록지를 발급하는 전자투표기를 구입하도록 했다. 이에 대한 반론 역시 제기되었는데, 프린터의 고장이나 프린터 잉크의 교환 및 그로 인한 비용의 증가 등으로 인해 실제 전자투표의 비용 측면에서의 이익이 상쇄됨을 지적하고 있다.

오하이오 주의 쿠야호가 카운티(Cuyahoga County)는 2008년 대통령 예비선거에서 전자투표 기기 대신 옵티컬 스캔 기기를 사용하기로 결정했다. 오하이오는 HAVA에 따라 DRE 기기를 구입했으나 2004년 부시(President Bush)와 케리(Sen. John F. Kerry)의 경쟁에서 투표기기에 의한 문제를 경험한 이후 보다 안전하고 신뢰성 있는 옵티컬 스캔 기기로의 전환을 결정했다(Washington Post 22, Dec, 2007). 그러나 미국인권연맹(American Civil Liberties Union : ACLU)은 오하이오 주 가운데 가장 큰 쿠야호가 카운티(Cuyahoga County)를 상대로 소송을 제기했다. 왜냐하면 새로운 투표기기는 각 지방선거구(precinct level)에서 표가 집계되는 것이 아니라 중앙선거구에서 집계되어 투표자가 자신의 실수를 정정할 기회를 갖지 못하기 때문이라는 것이다. 지방선거구에서 표를 집계하는 경우 실수를 정정할 기회가 부여된다(Washington Post 2008/01/17). 오하이오 주의 경우를 보면 투표기기를 둘러싸고 전반적인 사회적 신뢰가 떨어져 있으며, 이에 대한 논란이 끊임없이 진행되고 있음을 알 수 있다. 메릴랜드 주는 DRE의 종이기록지 기기를 요구하는 법안통과가 재정적자 등으로 인한 문제로 난항을 겪다가 2010년까지 종이투표를 기반으로 하는 투표방식으로 복귀하도록 결정이 되었다(Washington Post 2007).

　　조지아 주무장관이었던 콕스(Cox)는 무효표가 1998년 4.8%, 2000
년의 3.5%에서 2002년 0.8%로 줄었다는 점에서 투표의 정확성이 증가
했다고 강조했다. 조지아 주의 경우 전자투표에 대해 논란이 없는 것은
아니지만 그 정도가 적은 이유는 다음과 같다. 조지아는 대통령 선거에
서 치열한 접전지역으로 고려되지 않기 때문에 언론의 주목을 덜 받았
다. 디볼드 사의 최고 경영진이 공화당을 지지하는 상황에서도 민주당인
콕스(Cox)를 비롯한 정치인들이 전자투표 방법을 적극 지지하고 있다는
점이 주목할 만하다.[8] 다른 주에서는 민주당 지지자들이 공화당이 표를
빼앗아갈 수도 있음을 의심하는 정당경쟁 인식이 존재한다. 2003년 8월
오하이오 주 전자투표기를 납품한 디볼드 사의 최고 경영진은 오하이오
주 관계자에게 보낸 편지에서 "오하이오 주가 내년에 반드시 부시 대통
령 지지의 투표를 모을 수 있도록 하겠습니다"라고 한 것이 정치적 논란
을 일으킨 바 있다(한겨레 2005/01/01).[9] 미 대선의 승패를 가를 최대 접전
지역이었던 플로리다, 오하이오, 펜실베니아 등은 민주당과 공화당 지지
자 간에 전자투표 기기를 둘러싸고 투표수 조작 가능성이라는 음모론도
팽배해 있다. 그러나 조지아 주는 상대적으로 정치적 음모론의 논의가
적다. 조지아의 전자투표에 대한 주된 비판은 종이기록지 기기가 부착되
지 않았다는 데 있다. 종이기록지를 부착한 전자투표 기기를 사용한 주
는 네바다인데, 프린트되는 종이가 너무 작아 돋보기를 제공해야 하는
불편함을 감수하고 있다.[10] 조지아 주는 프린트 기기는 보다 기술이 발
전되는 시점에서 부착할 수 있음을 시사하고 있다.

　　2006년 11월 미국의 중간선거 이후 투표기록지 발급에 관한 논란
이 본격화되었다. [표 2-4]에서 볼 수 있듯이 지난 2년 동안 30개 주에
서는 종이기록을 의무화하도록 법을 개정하였다. 연방정부 차원에서는

HAVA의 개정을 통해 종이기록지에 관한 조항을 추가하는 방안을 고려하고 있으며, 각 지방정부 차원에서 종이기록지를 의무화한 주도 있다. 미 정부와 의회는 2008년 미국 대선부터는 투표기록지를 장착하지 않은 전자투표기는 사용하지 못하도록 2007년 중 법 개정을 추진하고자 했다. 그러나 이 법안을 추진했던 민주당 상원의원들은 전자투표 시스템을 막기 위한 시도를 당분간 연기했다. 그 핵심 의원인 파인스타인(Dianne Feinstein)은 2008년 대통령 선거전까지 추진하려 했던 법안을 2010년 선거전까지 미루기로 했다. 왜냐하면 시간이 다소 촉박한 상황에서 법을 바꿀 때 혼란을 가져올 수 있다고 생각했고, 좀 더 신중한 연구와 분석을 통해 합리적 방향으로 결정할 필요가 있다고 생각했기 때문이다(www.news.com 2007/10/29 검색).

[표 2-4] 미국 주별 VVPAT(Voter-Verified Paper Audit Trail) 도입 범례(2007.6)

법적 의무화	일부 의무화	제안단계	논의 없음
30	1	9	10

하원 의원 러시 홀트(Rep. Rush Holt)의 이름을 딴 '홀트법'(H.R. 811)의 정식 명칭은 '유권자 신뢰와 접근성 증진에 관한 법(Voter Confidence and Increased Accessibility Act)'으로 2002년의 HAVA를 개정하기 위한 것이다. 이 법안의 주요 내용은 투표기록지 부착을 통해 유권자들이 자신들의 표에 대해 정확히 확인하고, 올바른 재검표를 통해 감사가 가능하게 하며, 전자투표 기기에 대한 유권자의 신뢰성 확보를 위해 소스 코드를 공개하고 각 주의 감사위원회 설치를 의무화하는 것이다. 또한 투표를 교란할 수 있는 무선정보 장치나 인터넷 연결 장치를 금지시키고 있다. 2007년 5월 하원 행정위원회(House Administration Committee)는 이 개정안

을 승인했다. 그러나 이 법안은 자금지원 문제로 인하여 의회에서의 채택이 지연되고 있다. 따라서 뉴저지 주의 민주당 하원 의원 홀트는 새로운 법안을 상정하고 있는데, 이는 개별 주가 종이기록을 제시하는 투표 기기로 전환할 경우 연방정부가 배상(reimbursement)해 주도록 하는 법안이다(Martinez 2007).

앞의 [표 2-4]에 의하면 종이기록지 전자투표 기기가 법령에 따라 확산되고 있지만 모든 주가 시행단계에 있는 것은 아니며, 종이기록지 프린터의 오류에 대한 논란도 증대하고 있다. 혹자는 "DRE에 종이기록지 기기를 부착하는 것은 제트 비행기에 깃털을 다는 것과도 유사하다. 그렇게 함으로써 기분은 조금 나아지는지 모르지만 더욱 안전해지는 것은 아니다"라고 말하기도 했다.[11] 프린터 기기 부착은 오히려 프린터의 고장 등의 문제를 일으킬 수 있다. 2006년 노스 캐롤라이나 길포드 카운티(Guilford Country, North Carolina) 선거에서 전자투표 기기에 부착된 프린트 기기의 9% 정도가 문제를 일으켰다고 한다(Herrnson 2008, 149). 따라서 전자투표 기기를 둘러싼 보안책에 대한 논의 역시 논란을 불러일으키고 있다. 결국 DRE 자체를 보완하는 차원에서 제기된 종이기록지 부착의 문제는 재성석 이슈 외에도 고장과 같은 또 다른 문제를 제기하고 있다.

종이기록지 프린터가 필요하다는 주장에 대해 반대하는 집단은 주로 투표공급업체와 주 선거관리 공무원들이다. 이들은 전자투표 기기를 많은 돈을 들여 구입했던 주체로서 전자투표 시스템을 고수하는 데 큰 이해관계가 걸려 있다. 또한 이들이 종이기록지가 필요하다고 인정한다면 이는 곧 자신들이 수익을 들여 사들인 전자투표 기기가 잘못된 결정이었음을 수긍하는 일이 되기 때문이다. 종이기록지 프린터와 관련한 법을 상하원의 공화당 다수가 반대하자 이에 대한 노력은 연방정부 차원에서 각 주차원으로 내려갔다(Cohen 2007). 2005년 뉴저지와 코네티컷에서는 종이영수증 프린터를 요구하는 법을 통과시켰다. [표 2-4]에서 볼 수 있듯이 30개의 주에서 종이영수증 프린터를 법적으로 의무화하고 있다. 메릴랜드는 6억 5천만 불을 지불하고 구입한 기기를 폐기하기로 결정하고 보다 안전한 방법으로 돌아갈 것을 결정한 바 있다. 향후 미국의 투표방식의 변화는 이미 많은 돈을 들여 전자투표 기기를 사들인 집단과 옵티컬 스캔을 사용하기로 결정하거나 또는 DRE 기기 자체를 폐기하는 방식으로 가는 집단 간의 논쟁과 싸움에 의해 영향을 받을 것이다. 이미 사들인 기기를 폐기하는 방식은 경제적 대가가 너무 크기 때문에 당분간은 논란이 있더라도 전자투표를 보완하는 방식인 종이영수증 프린터의 법적 의무화 등으로 문제를 마무리하려는 움직임도 지속될 것 같다.

V. 결론

　　본 연구는 미국의 전자투표 시행 이후 미국 내 여러 집단들의 정치사회적 대응을 살펴보았다. 전자투표 도입을 둘러싼 논쟁과 그에 따른 정치사회적 대응은 전자투표 도입을 확대시키기보다는 그와 반대로 전자투표 도입을 유보 혹은 퇴보시키는 방향으로의 전환을 가져왔다. 이러한 전자투표 도입 및 전환배경에 대한 설명은 다음의 [그림 2-1]과 같이 요약될 수 있다.

　　본 연구의 분석결과 전자투표의 도입과 궤도 수정과 관련하여 다

[그림 2-1] 미국 전자투표의 수용과 도입 보완 및 후퇴

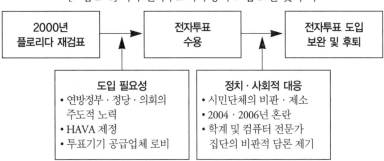

음과 같은 3가지 함의를 제시해 볼 수 있다. 첫째, 전자투표가 안정적으로 도입·정착될 수 있는 조건은 무엇인가? 일반적으로 전자투표는 전자민주주의의 가능성과 연계되어 논의되었으며, 이는 사회전반의 신뢰문제와 결부되어 논의되어 왔다. 정당 간 정치적 반목이 크고 시민사회와 정부 간 쌍방향의 신뢰가 형성되어 있지 못하면 전자민주주의의 가능성은 그리 낙관할 수 없다. 마찬가지로 전자투표의 발전과 확대문제도 개별 사회의 신뢰가 밑받침되어야 한다고 논의된다. 예컨대 전자정부 순위에서 1위로 평가받았던 대만은 전자투표의 가능성이 전무한 상황이다. 왜냐하면 정치사회 내 정당 간, 정부와 시민사회 간 신뢰의 정도가 매우 낮기 때문이다. 전자정부가 실현되었다고 해서 전자투표의 발전가능성을 낙관할 수만은 없다. 전자투표야말로 시민의 신성한 투표결과를 조작할 수 있는 위험성을 내포하고 있기 때문에 대만과 같은 사회에서는 추진을 위한 논의조차 되고 있지 못하다.

미국은 일반적으로 사회적 신뢰가 높은 사회라고 인식되기 때문에 전자투표의 도입과정을 낙관적으로 예측할 수 있었다. 또한 미국은 2000년 플로리다 재검표와 같은 사회적 혼란을 경험했기 때문에 선거기기의 현대화 계획이 HAVA와 같은 법·제도적 지지를 받아 더욱 가속화

될 수 있는 좋은 여건이었다. 그러나 전자투표의 도입에 대한 초기의 낙관론은 사회 내 전문가 집단의 연구와 담론 제기로 인해 일거에 사라지게 되었다. 전자투표 도입에 대해 반대 의견을 제시하는 시민단체들은 이 문제가 '신뢰(trust)'의 문제라기보다 '완전성(integrity)'의 문제라고 강조한다. 미국에서 전자투표가 확산되지 못하는 이유는 미국의 사회적 신뢰 정도가 낮기 때문이 아니다. 투표방식의 보안과 신뢰성(reliability)에 대한 기술적 발전 없이는 전자투표에 대한 정보기술 전문가 집단의 신뢰수준도 높아질 수 없다.

둘째, 전자투표 방식이 이에 대한 사회적 공론화 및 전문가 집단의 안전성에 대한 사전적 연구 분석 없이 서둘러 채택될 경우, 채택 이후 경제적 비용 및 정치사회적 혼란이 예상된다. 미국의 선거체제는 미국 정치체제의 특징인 연방제에 기반을 두고 있기 때문에 분권화된 다양한 선거 시스템을 그 특징으로 하고 있다. 분권화된 선거제도는 일률적인 새로운 투표기기의 도입을 어렵게 한다. 그럼에도 불구하고 HAVA 제정 이후 전자투표 기기 도입은 각 주에서 보다 빠르게 채택되어 2006년 선거에서는 유권자의 39%가 DRE 기기를 사용하였다. HAVA의 재정적 지원 아래 많은 주들이 DRE 기기를 전격적으로 받아들이게 되었지만, 전자투표 기기에 대한 다양한 전문가 집단의 연구결과 DRE의 보안성 및 신뢰성에 대해 심각한 문제가 있음이 드러났다. 실제 2006년 중간선거에서 투표기기의 오작동 등 다양한 문제가 속출하는 사태가 벌어졌다. 많은 주가 DRE 기기 구입 등으로 상당한 경제적 비용을 감당해야 했음에도 불구하고 민주주의의 핵심인 선거행위를 안전하게 하기 위해 많은 주는 종이기록지 발급이 안 되는 DRE 기기의 사용을 금하고 옵티컬 스캔을 사용하도록 하는 정책으로 선회했다.

2000년의 플로리다 선거 혼란과 같은 상황을 방지하기 위해 제정된 HAVA는 오히려 사태를 악화시켰다고 비판받게 되었다(www.voanews. com 2006/05/12 검색). 주 차원에서 시행되는 전자투표의 안전성에 대한 충분한 사전적 분석 없이 연방정부의 재정적 지원 아래 전격적으로 채택되었기 때문에 경제적 비용과 정치사회적 혼란을 가져왔다. 최근 DRE 기기에 종이기록지 프린터를 부착하는 방법, 또는 아예 옵티컬 스캔으로 되돌아가는 방법 등을 놓고 여러 주는 다양한 논쟁을 하고 있다. 앞서 언급했듯이 종이기록지 프린터 역시 많은 고장을 일으킬 수 있기 때문에 적절한 대안이 아닐 수 있다. 중앙개표 옵티컬 스캔 역시 실수를 정정할 수 있는 기회가 없기 때문에 지역개표 옵티컬 스캔이 보다 나은 선택일 수 있다. 현재 어떠한 투표기기도 완벽하지 않기 때문에 플로리다 선거에서와 같은 오류 가능성이 또 다시 일어나지 말라는 법은 없다. 정책결정론자들은 투표기기 개혁을 위해 성급한 결정보다는 충분한 사회적 연구 분석과 테스트를 통한 검증 하에 최선의 대안을 선택해야 할 것이다.

셋째, 투표의 신성한 권리와 개인의 자유를 중시하는 미국 사회의 이념과 역사는 논란을 가져온 전자투표에 민주주의의 운명을 맡기지 않았다. 최근 미국은 정당 간 이념과 정책이 극단으로 양분되어 있는 상황이나, 선거결과는 양당의 극소한 차이로 결정되는 경향이 증가하고 있기 때문에 신뢰도가 낮은 전자투표 기기의 사용은 양당 간 결과에 대한 승복을 더욱 더 어렵게 하고 있다. 2000년 플로리다 재검표 사태를 '민주주의의 위기'로 규정했다면 2006년 중간선거 이후 전자투표 기기의 작동오류와 보안의 문제점이 제기되면서 미국은 현재 또 다른 '민주주의의 위기'를 경험하고 있다. 정보기술이 정치사회를 긍정적으로 급변화시킬 수 있는 가능성은 많지만, 동시에 숙고되지 않은 다급한 낙관론은 민주주의의 위기를 가져다 줄 수도 있다. 그러나 전자투표가 민주주의의 가치를 훼손할 수 있다는 염려 하에 미국은 전자투표에 대한 궤도 수정

을 하고 있다. 전자투표에 대한 미국 사례는 전자투표를 수용하려고 하
는 다른 국가들에게 상당한 시사점을 준다고 할 수 있다.

| 참고문헌 |

김용철·윤성이. 2005. 『전자민주주의 : 새로운 정치 패러다임의 모색』. 서울 : 오름.

송위진. 2007. 『기술정치와 기술혁신』. 서울 : 한국학술정보.

유석진. 2004. "정보사회와 정치." 김세균 외 편. 『현대정치의 이해』. 서울 : 인간사랑.

임혜란. 2006. "미국 전자투표 도입과정의 주요특징과 결정요인." 『국제·지역연구』 Vol. 16, No. 4.

조희정. 2006. 『미국의 전자투표와 기술 수용 정치 : 브라질·에스토니아와 비교를 중심으로』. 서강대학교 대학원 정치외교학과 박사논문.

조희정. 2007. "미국 중간선거에서의 전자투표." mimeo.

중앙선거관리위원회. 2006. "전자 투·개표 실시현황."

Alvarez, R. Michael and Thad E. Hall. 2004. *Point, Click & Vote : The Future of Internet Voting*. Washington D. C. : Brookings Institution.

California Internet Voting Task Force. 2000. "A Report on the Feasibility of Internet Voting." Sacramento, California : California Secretary of State Bill Jones.

The Caltech/MIT Voting Technology Project. 2001. "Residual Votes Attributable to Technology : An Assessment of the Reliability of Existing Voting Equipment." March 30.

Card, David and Enrico Moretti. 2007. "Does Voting Technology Affect Election Outcomes? Touch-Screen Voting and the 2004 Presidential Election." *The Review of Economics and Statistics*. Nov. 89 (4).

Cardinale, Matthew. 2006. "Georgia Lawsuit Filed over E-Voting Questionability." *American Chronicle*. Sunday, July 29.

Chan, Sewell. 2006. "Voters Find Some Machines Harder to Use." *The New York*

Times. August 28.

Cohen, Adam. 2007. "The Good News (Really) About Voting Machines." *The New York Times*. Jan. 10th.

Commission on Federal Election Reform. 2005. "Building Confidence in U.S. Elections." Report of the Commission on Federal Election Reform.

Davenport, Christian. 2008. "Paper Ballot Has Md.'s, Va's Vote : 2 States Plan to Ditch Electronic Machines, part of a Rapid National Reversal." *Washingtonpost* October 30.

EAC. *A Summary of the 2004 Election Day Survey*. 2005.

Election Science Institute. 2006. "DRE Analysis for May 2006 Primary Cuyahoga County, Ohio."

Feldman, Ariel J. J. Alex Halderman, and Edward W. Felten. 2006. "Security Analysis of the Diebold AccuVote−TS Voting Machine." Sep. 13.

Felten, Edward. 2006. "Security Analysis of the Diebold AccuVote−TS Voting Machine." Center for Information Technology Policy at Princeton University.

Griggs, Brandon. 2008. "Voting machines could bring Election Day glitches" (http://www.verifiedvotingfoundation.org 2008/10/30).

Herrnson, Paul. S. 2008. *Voting Technology : The Not−So−Simple Act of Casting a Ballot*. Washington D.C. : Brookings Institution.

Hursti, Harri. 2006. "Security Alert : Critical Security Issues with Diebold TSx" (www.blackboxvoting.org).

Kohno, Tadayoshi, et al., 2004. "Analysis of an Electronic Voting System." IEEE Symposium on Security and Privacy Feb. 27.

Latest Georgia Headlines. "Georgia's e−voting system will get biggest test on Tuesday" (www.accessNorthGa.com).

Martinez, Michael. 2007. "Rep. Holt To Offer New Election Reform Proposal." *National Journal*. December 10th.

Norden, Lawrence et al., 2006. The Machinery of Democracy : Usability of Voting Systems (www.brennancenter.org).

Nyden, Paul J. 2008. "Va., Md., will drop machines used for electronic voting" (http://wvgazette.com/News Oct 31).

Rubin, Aviel D. et al., 2004. "Analysis of an Electronic Voting System." IEEE Symposium on Security and Privacy. May.

Saltman, Roy G. 2006. *The History and Politics of Voting Technology : in quest of Integrity and Public Confidence*. Palgrave MacMillan.

Thompson, Clive. 2008. "Can You Count on Voting Machines?" *New York Times Magazine*. Jan. 6th.

Thompson, Herbert. 2006. "Expert Calls for Increased E-Voting Security" (www.computerworld.com).

U.S. Election Assistance Commission. 2005. Fiscal Year 2005 Annual Report.

Weiss, Todd R. 2008. "States ready e-voting systems as Election Day Approaches." Computerworld October 2nd (www.verifiedvotingfoundation.org).

Voting Machines ProCon.org "Historical Timeline of Electronic Voting Machines and Related Voting Technology" (http://www.countthevote.org).

www.georgiaunfiltered.blogspot.com

http://verifiedvotingfoundation.org

http://www.voanews.com

http://www.voterga.org (Voters Organized for Trusted Election Results in Georgia).

| 주 |

* 이 글은 『국제지역연구』 Vol. 18, No. 1 (2009년 봄), pp. 97-125에 게재된 논문을 수정 · 보완한 것임.
1. DRE는 투표행위 자체를 직접 전자기기에 기록하는 방식이고, 옵티컬 스캔 방식은 유권자가 전자 펜으로 기표하면 광학장치(optical scanner)를 이용해 이를 해독하고 집계하는 방식을 말한다.
2. 사실 선거 관련 공무원들은 펀치카드의 문제점 등에 대해 잘 알고 있었다고 한다. 단지 그 어느 누구도 개혁을 위한 공동의 노력을 기울이지 않았을 뿐이다. 개혁을 위해서는 재정부담 등의 문제가 있었기 때문이었다. "there was no chorus for change" (Saltman 2006, 36).
3. 2000년 플로리다 선거에서 플로리다 주무장관인 케서린 해리스(Katherine Hariis)는 공화당 위원으로서 부시 캠페인의 공동의장을 맡기도 했었다. 플로리다 선거감시단(supervisors of elections : SOEs) 역시 공화당 소속이기 때문에 선거과정에 정당의 영향력이 없지 않음을 알 수 있다(Saltman 2006, 3-7).
4. EAC는 연방선거의 행정에 대한 기술지원, HAVA 기금의 지출, 새로운 투표 기기의 인증 및 테스트 등을 지원한다.
5. DRE 제조업자는 소프트웨어 코드가 사적 특허 정보라는 점에서 공개검증 (public scrutiny)을 할 수 없다고 강조했다. 그러나 Hopkins Study (2003)의 선거개혁 운동가가 디볼드 사의 소프트웨어 파일을 인터넷에서 발견하고 안전성 여부에 대해 다음과 같이 분석하였다 : 디볼드 사의 소프트웨어 코드는 심각한 보안결점을 지니고 있으며, 이는 투표인, 선거관리인, 그리고 인터넷 해커 등에 의해 침입이 가능하다.
6. 조지아 주에서는 전자투표 기기를 선행연구와 테스트도 없이 너무 성급하게 구입하기로 결정했다는 비판들이 있다. 그런 상황에서 종이 기록지 프린터를 전격적으로 도입한다는 것은 또 다른 실패를 가져올 수 있다고 한다. 정치인들은 메릴랜드에서 2006년 선거에서 종이 프린터 부착 전자투표 기기 사용으로 인하여 12,000표가 손실되었던 사례를 들고 있다["Gail Bucker re-

sponds to VoterGA." Georgia Politics Unfiltered (www.Georgiaunfiltered.blogspot.
com 2006/10/17 검색)].

7. 잔여투표(residual−vote rate)는 과잉표(overvote)와 불완전기표(undervote) 모
   두를 포함하는 지표이다. Full−face DRE는 한 화면에 모든 선거 후보자가 다
   보이는 기기이며, Scrolling DRE는 ATM 기기처럼 여러 페이지로 연속해서
   볼 수 있는 차이가 있다. 뉴욕 시의 법이 모든 후보자가 투표용지 한 장 또는
   한 화면에 다 보여야 한다는 'full face' ballot 법칙 때문에 Full−face DRE의
   채택가능성이 높았다. DRE 기기가 full face ballots의 기능까지 합쳐질 때 문
   제는 저소득층 및 히스패닉 인종 내 투표의 잔여율이 매우 높아진다는 문제
   가 있다. 너무 많은 정보를 한 화면에 보여줌으로써 오히려 정보를 못 볼 여
   지가 많다(Chan 2006).

8. Latest Georgia Headlines. "Georgia's e−voting system will get biggest test on
   Tuesday" (http://www.accessNorthGa.com 2007/11/10 검색).

9. 일본의 진보적 월간잡지인 세까이는 "미 대선의 진정한 승자가 누구인가"라
   는 기사를 통해 미국의 전자투표 기기를 통한 부정선거 가능성을 보도한 바
   있다.

10. 네바다는 투표자들이 투표 이후 프린트 종이를 확인 · 검토해야 하는데 많은
    사람들이 그렇게 하지 않았다고 한다. 그런 의미에서 종이 기록지 기기 부착
    의 의미를 상실했다(Saltman 2006).

11. "putting a paper trail system on a direct recording electronic voting machines, is
    analogous to putting feathers on a jet airplane. It might make you feel better, but
    it won't make things any safer." Chris Thomas, Director of Elections in the Office
    of the Michigan Secretary of State (Herrnson 2008, 149에서 재인용).

제3장

영국의 전자투표 쟁점과 제도 철회[*]

장우영

I. 서론

오늘날 대의제 민주주의는 그 존립의 근거인 대표성과 효율성 측면에서 심대한 도전해 직면해 있다. 정치 무관심에 따른 투표율의 감소, 정치 불신으로 인한 대표와 시민 간의 괴리, 시민 이해의 중개 및 정책 실패, 고비용 저효율의 정치과정 등은 대의제 민주주의의 보편적 위기를 드러내는 징후들이다. 각 국가별 편차가 있을지라도 대의제 민주주의에 대한 신뢰 저하는 범세계적 현상으로 나타나고 있다. 더욱이 이러한 불신은 종종 대의제도에 대한 거부감을 증폭시키며 경쟁적 민주주의 모델들에 대한 논의를 가열하고 있다. 이 같은 문제상황에 대응하기 위하여 각 국의 정부를 비롯한 정치집단들은 제도의 혁신을 골자로 하는 자구책들을 강화하고 있다. 이러한 면에서 2000년대 급속히 발전된 ICTs (Information and Communication Technologies)는 대의제 민주주의의 보완 도구로 활용될 수 있다는 희망을 불러일으켜왔다.

대의제 민주주의의 위기를 타개하기 위한 정부와 정치집단의 ICTs 활용은 다양하게 나타나고 있다. 예컨대, 웹과 모바일을 활용한 서비스 제공, 여론수렴, 캠페인 및 정책 거버넌스는 현대 정치의 새로운 단면들이다. 이 가운데 전자투표(e-voting) 실험 또한 주목되는 현상으로 주요 국가들에서 빠른 속도로 제도화되고 있다. 전자투표는 현재 30여 개의 국가에서 시행되고 있는데, 기술방식의 차이는 있을지언정 공히 대의제 민주주의의 보완재 역할을 목표로 하고 있다.[1] 우리나라도 지난 2005년 중앙선거관리위원회가 전자투표 시행 로드맵을 발표한 바 있다. 전자투표제도의 도입은 단기적으로 투표율 증대, 투개표의 정확성, 선거관리의 혁신, 선거관리 비용 절감 등을 목표로 하고 있다. 그리고 장기적으로는 대의 중심의 정치과정을 시민참여와 양립시키는 방향으로 재구조화하거나, 온라인 시민공론장을 활성화하여 'e-거버넌스(governance)'를 촉진하는 데 기여할 수 있다.

전자투표는 잠재적 위험이 큰 기술과 막대한 도입 비용을 수반한다. 반면 전자투표의 기대효과가 충족될 수 있을지 가늠하기 어려우며, 선거 파행—투개표 오류와 선거부정 등—이 초래된다면 정치적 분열과 민주주의의 위기를 가중시킬 수도 있다. 이러한 딜레마 때문에 전자투표의 시행은 광범한 사회정치적 합의를 전제로 한다. 단적으로 우리나라의 경우 세계 최상위의 ICTs와 인프라를 구축하고 있음에도 사회정치적 합의 도출의 실패로 전자투표를 도입하지 못하고 있다. 사실 완전무결한 기술은 존재하지 않는다. 따라서 전자투표 기술 자체의 완결성 못지않게 일정한 기술적 오류를 수용할 수 있는 사회적 임계 수준이 대단히 중요하다. 즉 기술에 대한 신뢰와 사회구성원 간 신뢰가 동시에 요구되는 것

이다. 이러한 면에서 전자투표의 도입이나 철회는 기술 자체의 내재적
발전논리를 넘어 기술의 사회정치적 구성의 맥락에서 보다 심도 있게
이해할 수 있을 것이다.

이 연구는 영국의 사례를 중심으로 전자투표 정책의 현황과 특성
및 문제점을 분석한다. 영국은 1990년대 중반부터 정부와 의회 간 합의,
법제정비 및 전담기구의 신설 등을 통하여 체계적으로 전자투표 도입을
준비해 왔다. 그리고 2001년부터 2008년까지 시범투표(electoral pilot sche-
mes) 확대와 반복적인 사업 검증을 통하여 전자투표의 제도화에 성공하
였다는 평가를 받아왔다. 그렇지만 2008년 런던 지방선거에서의 광범한
전자개표 오류 사태로 인해 정부가 전격적으로 시범투표를 철회하기에
이르렀다. 이러한 일련의 제도 형성과 철회과정은 전자투표 정책에 대한
면밀한 재검토와 전망을 요구하기에 충분하다. 특히 전자투표 로드맵을
전혀 이행하고 있지 못한 우리나라로서는 영국의 경험에서 정책적 교훈
을 체득할 가치가 매우 크다고 할 수 있다. 이 연구는 구체적으로 다음의
두 문제를 고찰하고자 한다. 우선 전자투표의 도입과 철회를 촉진하는
조건과 요인은 무엇인가 하는 점이다. 다음으로 전자투표 시행상의 쟁점
과 이에 대한 사회적 반응은 어떻게 표출되는가 하는 점이다.

II. 전자투표의 효과와 쟁점

전자투표는 유권자 등록에서 투개표와 검표에 이르는 제반 선거
과정에 전체 또는 부분적으로 디지털 처리과정을 포함하는 선거관리 방

식을 뜻한다(조희정 2007). 기술구현 수준을 기준으로 전자투표는 PSV (Poll site Voting) 방식과 RVEM(Remote Voting by Electronic Means) 방식으로 분류할 수 있다. PSV는 종이투표와 마찬가지로 지정된 투표장소에서 시행되기 때문에 전자투표의 궁극적 목표 단계는 웹과 모바일 기반의 RVEM이라 할 수 있다. 전자투표는 단기적으로 대의성과 효율성 증진 그리고 선거관리 비용절감 효과를 창출할 것으로 기대된다. 그리고 장기적으로는 정치과정을 재구조화하고 e-거버넌스를 강화하는 효과를 낳을 것으로 기대된다(김혁 2005 ; 장우영 2006). 현 단계에서 전자투표가 종이투표를 완전하게 대체할 수 있으리라고 보기는 어렵다. 그것은 전자투표가 종이투표 등과 함께 유권자들이 선택할 수 있는 여러 대안적 방식들 중 하나로 인식되고 있기 때문이다. 그리고 전자투표가 기술적 위험과 논쟁을 내포한 투표제도라는 점도 종이투표와의 병행 실시를 유지시키고 있다.

위기상황에서는 그에 대응하기 위해 취해진 행위들이 새로운 제도를 형성시킨다. 부연하면 위기상황에서 정치의 문제는 종래의 규칙을 통해 자원을 배분하기보다는 규칙을 새롭게 형성하는 쪽으로 초점이 이동한다. 그리고 성공적으로 위기가 극복되면 새롭게 형성된 게임의 규칙은 고착되는 경향을 띤다(Krasner 1984, 1988). 전자투표는 대의제 민주주의의 위기에 대한 대응으로서, 그것의 시행은 이러한 제도 형성 및 변환 논리와 궤를 같이 한다. 요컨대, 전자투표는 여타 사회제도들처럼 인간 행동에 제약과 기회를 부과하는 새로운 정치적 규칙으로 이해할 수 있다. 따라서 전자투표 시행에 내재된 기대효과가 클수록 그것의 도입은 용이할 것이다. 그리고 전자투표는 지속 · 발전 · 철회의 제도적 가변성을 띠게 된다. 즉 현재시점(t1)의 전자투표제도가 PSV라고 가정한다면, 미래 시점(t2)에서 그것은 (1) 그대로 지속되거나 (2) RVEM으로 발전되거나 (3) 철회될 수 있다. 이러한 변화는 초기 전자투표 방식의 시행을 통해 누적적으로 검증된 효용(비용 대비 편익)의 크기에 달려 있다.

전자투표는 기술적 위험도가 크며 도입 · 전환에 막대한 비용이 소요된다. 그리고 시민의 정치참여 관념(idea)과 정치집단 간 세력구도를 변화시킬 가능성도 적지 않다. 이러한 이유로 전자투표를 도입하거나 그 것의 기술방식을 혁신하는 데 있어 상당한 사회적 논쟁을 촉발할 수 있 다. 이 논쟁의 차원은 광범하고 복합적이어서 특정 측면만을 강조하기가 어렵다. 또한 각 국의 상이한 정치적 전통, 문화, 제도는 전자투표와 관련 된 쟁점의 내용과 강도를 달리하게끔 만든다. 그럼에도 전자투표 시행을 둘러싼 쟁점을 일반화하자면 크게 정치, 경제, 법, 기술의 측면으로 나누 어 논의할 수 있다.

[표 3-1] 전자투표 제도화의 쟁점

	내용
정치	민주적 투표의 원칙, 정치집단 간 이해, 투표율
경제	도입 및 전환 비용, 신뢰 비용
법	프라이버시, 범죄(매표 등)
기술	정보격차, 보안, 투개표 결과 일치, 검표

첫째, 정치적 측면의 쟁점은 다음과 같이 살펴볼 수 있다. 대의제 민주주의 사회에서 투표는 사실상 권력형성의 유일한 절차적 기제이다. 따라서 민주적 투표의 원칙들(직접 · 보통 · 비밀 · 평등)을 훼손하지 않음 으로써 절차적 정당성을 확보하는 것은 전자투표 시행의 일차적 요건이 다(김용철 2003). 그런데 투개표 메커니즘상의 결함이나 오용은 직접 · 비 밀투표의 원칙을 침해할 가능성이 적지 않다. 이 문제는 특히 투표 현장 의 감독이 이루어지지 않는 RVEM 방식에서 심각하게 야기될 수 있다.

다음으로 정치세력 간 득실구조의 변화 가능성도 공방을 야기할 수 있다. 즉 세대, 계층, 성, 이념집단 간 전자투표 참여도가 동일할 수 없기 때문에 편익 배분에서 손실을 예상한 집단의 전자투표 선호도는 떨어지기 마련이다. 이러한 문제는 투표방식이 민주적일지라도 평등하고도 효과적인 투표참여를 저해할 수 있다. 그리고 전자투표의 투표율 증진 효과에 대한 사회적 공감대 형성 정도도 고려할 수 있다. 전자투표는 대개 정부가 도입의 목표를 제시하고 탑다운(top-down) 방식으로 정책을 시행한다. 따라서 기대효과가 충족되지 않을 경우 시민들의 불신이나 거부를 초래할 수 있다.

둘째, 경제적 측면의 쟁점은 다음과 같이 논의할 수 있다. 전자투표는 후보자 등록, 후보자와 기타 각종 신고사항의 처리, 선거인 명부 열람과 공람, 투표용지 인쇄, 투개표에 필요한 선거관리 인력과 시설 등 제반 비용을 절감시킬 것으로 기대된다(박기수 2002). 그렇지만 전자투표는 막대한 초기 도입 비용을 발생시킨다. 투개표 단말기의 보급, 초고속통신망의 구축 및 방화벽 설치 등 하드웨어 개발·구축 및 각종 선거 관련 프로그램 등 소프트웨어의 개발에 비용이 상당히 많이 들 것으로 예상된다(정진우 2003). 더욱이 ICTs가 비약적인 속도로 진화하는 기술이라는 점에서 기기의 감가상각 비용은 물론 새로운 기기로의 교체 비용도 매우 크다. 나아가 전자투표가 PSV 방식에서 RVEM 방식으로 전면적으로 전환되는 단계를 상정한다면, PSV 기기의 경제적 가치가 전면 손실될 뿐더러 RVEM 구축 비용은 더욱 커질 것으로 예상된다. 그리고 경제적 비용 외에 사회적 편익도 중요하게 감안해야 할 문제이다. 여기에서 사회적 편익은 전자투표를 도입·유지하는 데 필요한 비경제적 효용으로 바꾸어 말할 수 있다. 이러한 효용은 사실상 측정하기가 용이하지 않은데, 전자투표에 대한 제도적 수용 및 사회적 신뢰 수준이 그것을 대변해

준다.

셋째, 법적 측면의 쟁점은 다음과 같이 정리할 수 있다. 전통적 투표방식은 투표소에서 이루어지기 때문에 비밀투표의 원칙이 보장되지만, 투표장소가 개방된 투표방식의 경우 그렇지 못하다는 것이다. 특히 다음의 두 가지 상황은 비밀투표의 원칙을 훼손하는 대표적 사례가 될 것으로 추정된다. 하나는 투표 시스템이 외부 공격에 노출되어 투표정보가 열람되는 경우이고, 다른 하나는 제3자가 개입하여 투표자의 투표 내용을 강제하거나 매수할 경우이다. 부정선거를 막기 위해서 휴대전화나 생체정보를 통한 인증방식이 논의되고 있으나 RVEM 방식에서는 신원확인이나 투표 내용의 보안을 완벽하게 지원하는 것은 불가능하다. 아울러 투표자의 익명성 노출과 투표결과 조작이 행해질 수 있다는 우려도 제기되는데, 외부로부터의 개입을 기술적으로 차단할 수 있는 안전성과 공공성을 가진 설계가 요구된다(정진우 2003). 이러한 법적 측면의 쟁점은 대개 기술의 한계로부터 비롯되기 때문에 기술적 측면의 쟁점에 대한 논의를 통해 이해를 심화시킬 수 있다.

넷째, 기술적 측면의 쟁점은 다음과 같이 살펴볼 수 있다. 우선 정보격차(digital divide)는 사회계층 및 집단 간의 투표참여율과 관련하여 불평등한 기회구조의 문제를 초래할 수 있다. 즉 전자투표의 실시는 젊은 층의 투표참여율 증가와 고연령층의 투표참여율 저하, 고학력자의 투표율 증가와 저학력자의 투표율 하락으로 이어질 가능성이 높다. 그리고 이러한 상황은 심각한 정치적 갈등을 야기할 수 있다. 왜냐하면 정보격차로 인한 각 사회계층 및 집단들의 투표참여율 증감은 기존 정치세력의 정치적 위상을 일시에 변화시킬 수도 있기 때문이다(김용철 2003). 따라서 전자투표를 통해 전체 투표율이 상승한다고 해도 그동안 상대적으로 과대대표되어 온 사회경제적 상위계층의 투표율이 하위계층에 비해 비대칭적으로 상승한다면 하위계층의 과소대표 현상은 더욱 심화되며, 이는 투표의 대표성 문제를 유발할 수 있다(정진우 2003).

다음으로 투개표 시스템의 운용과정에서의 보안과 정확성, 그리고 검증가능성의 문제를 검토할 수 있다. 시스템의 보안은 전자투표 시행의 기술적 전제조건이다. 보안은 시스템 안정성을 담보하여 내적 오류와 외적 개입으로부터 투표 내용과 결과를 보전하는 것이 요체이다. 이어 정확성, 즉 투개표 결과의 일치는 전자투표의 절차적 정당성을 확보하는 요건으로 인식된다. 즉 정확성은 투표권을 가진 자만이 투표하고 정확하게 집계 · 개표되는 것을 말한다. 전자투표, 특히 RVEM에서는 모든 과정이 네트워크상에서 연동되어 이루어지므로 정확한 유권자 확인 메커니즘의 구동은 중복투표의 위험을 예방하기 위해서 필수적이다. 마지막으로 검증가능성, 즉 검표의 문제는 다음의 두 측면에서 강조될 수 있다. 우선 투개표 시스템에 대한 유권자들의 불신을 해소하는 것이고, 다른 하나는 조작가능성을 통제하는 것이다. 즉 유권자는 자신의 투표가 정확하게 집계 · 개표되는지 언제든지 확인할 수 있어야 한다. 또한 선거관리 기관에 시스템 통제 권한이 집중되므로 이의 오남용을 방지하고 검증이 가능하도록 설계되어야 한다(박기수 2002 ; 강신범 · 성현철 2005).

III. 영국의 전자투표제도 정초

영국은 정부 시스템 현대화와 투표율 제고를 목표로 전자투표를 도입하였다. 우선 정부 시스템 현대화는 정부 운영 · 관리를 비롯한 공공부문 전반의 혁신을 통하여 국민들에게 질 높은 서비스를 제공하려는 기획을 뜻한다. 정부 시스템 현대화의 요체는 전자정부(electronic government)를 필두로 한 온라인 행정의 전면적인 도입이다. 즉 민원행정 서비스, 기업 서비스, 부처 간 협력을 온라인 기반으로 재구조화하는 것이다. 1999년 블레어(Anthony Charles Lynton Blair) 정부는 정부 현대화 계획(Modernising Government)과 실행계획(Modernising Government in action)을 발표하며 행정효율성 도모 및 대민 서비스 혁신과 고객 중심의 정부 창조를 구체화하였다. 이 계획들에 따르면 전자적 방식을 통한 정부 서비스의 제공은 2005년 50%, 그리고 2008년까지 100%를 달성하게 된다(전자정부특별위원회 2003).

이와 같은 계획은 유럽 정보화의 첨병인 영국의 광범한 ICTs 인프라에 기반하여 시행되었다. 구체적으로 공공 서비스 접근성을 향상시키기 위하여 정부 서비스 혁신팀과 기획 · 감독 조직인 Office of the e-Envoy가 설치되었다. e-Envoy는 특히 영국 정보사회 구현의 청사진인 UK Online을 관장하며 공공부문의 대국민 서비스율을 100%로 높이는 프로젝트를 수행하였다. UK Online은 휴대폰, PC, 디지털 TV, 콜센터, 키오스크 등을 활용하여 서비스 채널을 다각화하였으며, 중앙정부와 동등한 수준의 지방 전자정부를 구축하기 위한 별도의 사업을 완성단계에 진입시켰다(Office of the e-Envoy 2000 ; 2002 ; Prime Minister's Strategy Unit & Department of Trade and Industry 2005).

영국의 전자투표는 이와 같은 정부 시스템 현대화의 핵심 방안인 선거 현대화(electoral modernization) 사업의 일환으로 도입되었다. 선거 현대화는 투개표를 비롯한 선거과정 전반을 하이테크 기술의 기반 위에서 재구조화하는 시도를 뜻한다. 그런데 대개의 국가들이 전자투표 자체를 최상위 정책목표로 설정하고 있는 데 반해, 영국의 선거 현대화는 전자투표를 다채널 투표방식(multi-channel voting)의 하위 셋트 중 하나로 도입했다는 점이 특기할 만하다. 다채널 투표는 세대와 계층 등 사회적 투표 불균형을 상쇄시키기 위하여 전화, 키오스크, SMS, 디지털 TV, 인터넷, 우편, 대리투표(proxy voting) 등의 다양한 방식을 활용한다. 전자투표의 기술적 위험도와 사회적 파급력이 대단히 크다는 점에서 이는 다양한 대안적 투표방식들을 실험하고 최종 도입을 결정하는 전략적 유연성을 부여하였다(장우영 2006).

투표율의 지속적인 하락은 전자투표 도입의 보다 직접적인 이유가 되었다. 70%대 중반을 기록하던 영국의 투표율은 1990년대에 경향적 하락세를 보이다가 2001년 60% 미만으로 급락하였다(House of Commons Library 2004). 이 같은 투표율 하락은 시민의 책무의식 약화와 취약한 투표 편의성 및 접근성에 기인한 것으로 조사되었다. 2001년 총선 이후의 조사결과에 따르면 투표참여에 대한 책무의식은 저연령층에서 확연히 퇴조하였는데, 특히 20대의 투표율은 역대 최저치로 나타났다(The Independent Commission on alternative Voting Methods 2001). 그런데 이에 대한 영국 선거위원회의 조사결과는 정책적 대응의 가능성을 고무시켰다. 즉 비투표자들의 투표 불참 이유로 정치 무관심은 10%에 불과하였던 반면 취약한 투표 편의성과 접근성이 37%로 나타났다. 이 같은 응답률은 유권자 친화적으로 투표방식을 변화시킬 경우 투표율을 제고할 수 있을 것으로 해석되었다.

이러한 배경에서 영국 정부는 '신기술을 활용한 다양한 투표방식 도입, 선거참여 증대, 투개표의 정확성 구현'을 위한 선거 현대화 정책을 추진하기 시작하였다. 정당과 의회 또한 공공부문 개혁과 투표참여 증진에 대한 목표를 같이 하여 의사결정 절차 혁신 및 선거 현대화 입법을 진행하였다. 영국 전자투표는 국민대표법 개정(the Representation of the People

Act 2000)이라는 신속한 제도변환에 의하여 도입될 수 있었다. 국민대표법은 1832년에 도입된 이래 여러 차례의 개정을 통하여 참정권을 확대해 왔다. 이 법은 1800년대 초반 차티스트(Chartists)를 비롯한 노동자 계급의 선거참여 운동의 여파로 제정되어 1900년대에 보통선거권을 제도화하였다. 특히 1928년 개정 국민대표법은 양성 간 평등한 보통선거권을 도입함으로써 영국 의회주의의 위상을 크게 드높이며 보통선거권을 세계적으로 확산시키는 시발점이 되었다. 이후 1969년에는 18세 이상의 유권자들에게 참정권을 부여하여 명실상부한 보통 평등선거가 시행될 수 있었다. 그 결과 이 법은 통합선거법으로서의 위상을 굳건히 하며 도입 당시 5%에서 1970년대에 71%로 유권자 비율을 확대하였다. 요컨대, 국민대표법의 제·개정은 연속적이면서도 안정적으로 영국의 대의제 민주주의를 공고히 하는 데 결정적으로 기여했다.

[표 3-2] 국민대표법 도입·변화

시기	요지
제1차 (1832년)	부패 선거구 폐지 및 산업자본가와 중산층 참정권 부여
제2차 (1867년)	도시노동자와 소시민 참정권 부여
제3차 (1888년)	소작인, 농업노동자, 광산노동자 참정권 부여
제4차 (1918년)	남자 보통선거권(21세 이상) 및 여자 제한선거권(30세 이상) 도입
제5차 (1928년)	양성 간 평등 보통선거권(21세 이상) 도입
제6차 (1969년)	양성 간 평등 완전한 보통선거권(18세 이상) 도입
제7차 (1985년)	해외 주재 국민 및 공무원 투표권 인정
제8차 (2000년)	전자투표, 우편투표, 대리투표 도입

2000년 개정 국민대표법은 전자투표를 비롯한 다채널 투표방식

의 도입을 제도적으로 촉진하였다. 2000년의 법 개정은 현장투표 외에 우편투표와 대리투표를 허용하는 것이 골자였다. 아울러 이 법 제2장 제10조 및 제11조에서 잉글랜드와 웨일즈 지역의 지방자치선거의 경우 선거행정관리담당관(2002년 5월 이전에는 '교통 및 지방자치부장관', 그 이후에는 부총리)의 승인 하에 일반적 투표방식 외에 전자투표 방식을 포함하는 시범투표제도(pilot scheme)를 도입할 수 있는 법적 근거를 마련하였다. 그리고 동법 제10조 제2항은 관계 장관의 승인 하에 지방정부가 일반적인 투개표관리 체계와 다른 (1) 투표방식, 투표장소 및 투표시기, (2) 개표방식, (3) 개별 후보자의 선거 홍보자료의 무료 배달에 관한 시범적 제도를 도입할 수 있도록 허용하고 있다. 같은 조 제3항은 지정 투표일이 아닌 날짜에 투표하는 것과 기표소가 아닌 곳에서 투표하는 것을 허용한다고 규정하였다. 같은 조 제6항과 제10항은 시범투표제도를 도입한 지방자치단체는 투표참여율, 투표시의 고충, 추가 비용 등의 상황과 그에 대한 평가를 주무 장관에게 보고할 의무를 부과하고 있다(김재광 2002).

　　종래의 개정 국민대표법은 참정권자의 범위를 재정의하는 방식으로 유권자 규모를 확대해 왔다. 한편 2000년 개정 국민대표법은 유권자들이 선택할 수 있는 투표방식을 다변화하여 참정권 행사의 편의성을 증진하는 데 초점이 맞추어졌다. 그리고 영국 정부와 의회는 이러한 선거 현대화를 본격적으로 추진하기 위하여 2000년에 선거위원회를 신설하였다. 그동안 지역 분권의 전통 하에서 각 지방정부의 선거행정관리담당관들이 선거관리 업무를 수행해 온 점을 감안한다면 이는 대단히 혁신적인 변화를 의미한다. 선거위원회는 독자적 기능을 수행하는 한편, 정부 부처들과 선거 현대화팀을 설치하여 전자투표 정책을 총괄하기 시작하였다. 선거 현대화팀의 주 업무는 관련 법률 개편 및 정당과 의회의 정치적 동의 획득, 그리고 실무 작업반(working group)의 운영으로 요약된다.

그리고 선거 현대화팀은 기술적 안정성을 기하기 위하여 부문별 이니셔티브와 공동으로 선거등록 시스템과 전자투표 기술 시스템 등을 개발·보완해 왔다.

IV. 영국의 전자투표 시행현황

영국은 2000년 국민대표법 개정 이래 100여 개 지역 선거구에서 200여 회의 전자투표를 시행해 왔다. 즉 전자투표는 시범투표 형식으로 2000년 5월 지방선거에서부터 2008년 5월 지방선거까지 시행되었다. 전자투표는 공직선거에 곧바로 도입되었는데, 정치적 부담이 상대적으로 적은 지방선거에 국한되었다. 전자투표 시행 여부는 선거위원회의 권고와 지방정부의 신청, 그리고 이에 대한 적합성 검토 순으로 결정되었다. 주지하듯이 영국의 전자투표는 선거 현대화의 일환으로 점차 그 투표방식과 기기를 확대해 왔다. 그렇지만 2008년 런던 시장 및 의회 선거에서의 전자개표 오류로 인해 향후의 시범투표 계획이 전격 폐기됨으로써 전자투표 또한 막을 내렸다.

영국은 2000년 5월 지방선거에서 38개 선거구에서 전자투표를 시행하였다. Bury, Salford, Stratford-on-Avon에서 터치스크린 방식의 전자투표가 시행되었으며, 이 지역을 포함하여 Broxbourne, Three Rivers에서 전자개표가 실시되었다. 2001년 Milton Keynes, Bristol, Croydon에서는 전화와 인터넷을 이용한 전자투표가 실시되었다. 그리고 Islington 주민투표에서도 우편, 전화, 인터넷을 이용한 전자투표가 시행되었다. 이

지역에서는 전통적 투표방식을 선택하지 않은 유권자 다수가 우편투표를 이용하였고, 인터넷 투표 2.4%, 전화투표 2.3% 순으로 뒤를 이었다 (김재광 2002 ; 박영철 2002).

2002년 5월 지방선거에서는 30개 지방정부가 다양한 전자투표기법을 시험하였다. 일부 지역은 터치스크린 방식의 투표기기를 시험하였고, 다른 지역에서는 RVEM 방식이 시험되었다. 이 지역들에서는 유권자들이 다양한 기술을 선택적으로 사용할 수 있었는데, 그것에는 IVR (Interactive Voice Response) 기술, PC 기술, SMS(Short Message Service)를 통한 무선기기 기술 등이 포함되었다. 일부에서는 쇼핑센터와 같은 대중 밀집 장소에 키오스크나 PC를 설치하여 투표를 가능하게 하였다(김혁 2005). 키오스크 방식만을 채택한 선거구들에서는 종이투표가 병행되지 않았다. 그 이유는 키오스크 방식이 종이투표 방식에 준할 만큼 기술적 난이도가 낮은 방식이기 때문이었던 것으로 풀이된다.

[표 3-3] 2002년 지방선거 시범투표 현황

지역	투표소/우편투표		인터넷		전화		SMS	
	수	%	수	%	수	%	수	%
Crewe & Nantwich Brough	1,839	83.5	364	16.5	·	·	·	·
Liverpool	3,957	59.4	1,093	16.4	1,162	17.4	445	6.7
St Albans	1,539	49.5	825	26.5	744	23.9	·	·
Shefield	8,881	67.7	2,904	22.1	·	·	1,327	10.1
Swindon	33,329	84.1	4,293	10.8	2,028	5.1	·	·
총계	49,545	76.5	9,479	14.6	3,934	6.1	1,772	2.7

출처 : The Electoral Commission (2002).

[표 3-4] 2003년 지방선거 시범투표 현황

지역	인터넷	전화	SMS	디지털 TV	키오스크	전자개표
Stroud	O	O				
Swindon	O	O		O		
Kerrier	O	O		O		
Vale Royal	O	O				
Shrewsbury & Atcham	O	O		O		
Stratford on Avon	O				O	O
Ipswich	O	O	O			
Norwich	O	O	O			
Shefield	O	O	O		O	
South Somerset	O	O			O	O
St. Albans	O	O			O	
Chorley	O	O				O
Rushmoor	O	O				
South Tyneside	O	O	O		O	O
Basingstoke & Deane					O	
Chester					O	
Epping Forest					O	

출처 : The Electoral Commission (2003).

2003년 지방선거에서는 총 17개 지방정부에서 전자투표를 시행하였다. 2002년 지방선거와 비교해서 투표방식에서는 인터넷 및 전화 투표가 보다 확대되었고 디지털 TV 투표가 새롭게 도입되었다. 구체적인 현황을 살펴보면 인터넷(14개 선거구), 전화(13개 선거구), SMS(4개 선거구), 디지털 TV(3개 선거구), 키오스크(8개 선거구) 등 5개 방식의 전자투표가

시행되었다(The Electoral Commission 2003). 이 가운데 인터넷 투표의 확대
는 영국의 급속한 정보화 발전상의 반영이었다. 시범투표 실시 직전인
1999년 4-6월 영국의 가구당 인터넷 보급률은 14%에 그쳤으나 2003년
10월 58%로 급성장하였다(장우영 2006).

　　2004년부터는 기간의 선거 현대화 전략 조정과 전자투표 방식의
기술적 점검을 사유로 전자투표 시행이 유보되었다. 그렇지만 유권자 선
호도가 높은 우편투표는 지속적으로 시행되었으며, 전자개표도 부분적
으로 실시되었다(The Electoral Commission 2004 ; BMRB 2006). 2007년 5월
지방선거에서는 총 12개 지방에서 전자투표가 시행되었다. 구체적인 현
황을 보면 조기투표(advance voting ; 7개 선거구), 인터넷(5개 선거구), 전화(4
개 선거구), 우편투표(4개 선거구), 상설투표(vote anywhere ; 1개 선거구)의 분
포를 보였다. 이 가운데 상설투표(voting anywhere)는 유권자가 선거구 내
어떤 투표소에서도 전자적 방식으로 투표에 참여할 수 있는 방식을 뜻
한다. 그 밖에 5개 선거구에서 전자개표가 시행되었다.

　　2008년 지방선거에서는 2007년 투표방식의 시행이 더욱 광역화
되었다. 특히 런던의 3,543개 투표소 전역에서 전자투표가 실시되었다
(The Electoral Commission 2008). 그렇지만 런던의 전자투표는 향후 시범투
표의 전격적인 중단이라는 파행을 초래하였다. 즉 개표과정에서 투표용
지 판독 오류를 일으킨 전자개표 시스템의 근본적 결함이 발견되었던
것이다. 이러한 오류는 런던 시장의 당락에는 여파를 미치지 않았지만
전자적 투개표 방식에 대한 불신 여론을 급속히 확산시켰다. 정부의 선
거 현대화 정책과 시범투표에 비판적인 감시활동을 벌여온 ORG(Open
Rights Group) 등의 시민 · 사회단체들 또한 시범투표의 폐기와 종이투표
방식의 회복(retrieval)을 주장했다.

[표 3-5] 2007년 지방선거 시범투표 현황

	조기투표	우편투표	인터넷	전화	전자개표	상설투표
Bedford	○	○			○	
Breckland					○	
Broxbourne	○	○				
Dover					○	
Gateshead	○	○				
Rushmoor			○			
Sheffield	○		○	○		
Shrewsbury	○		○	○		
South Bucks			○	○	○	
Stratford-on-Avon					○	
Sunderland	○	○				
Swindon	○		○	○		○

출처 : The Electoral Commission (2007).

IV. 영국의 전자투표 쟁점과 정책 실패

1. 정치적 · 경제적 쟁점

영국의 전자투표 시행을 둘러싼 정치적 · 경제적 측면의 쟁점은 크게 세 측면에서 논의할 수 있다. 첫째, 전자투표제도에 대한 정치집단과 시민의 수용성이다. 전술했듯이 영국이 전자투표를 도입하게 된 핵심

동기는 투표율의 제고와 공공 서비스의 개혁이었다. 이를 위한 정부와 의회의 정책 기조는 정부 현대화로 요약할 수 있으며, 그 하위 맥락에서 선거 현대화를 통한 선거관리 혁신과 대의제 민주주의의 재활성화를 도모하기 시작하였다. 이를 위해 1990년대 중반부터 초당파적인 협력 아래 선거 현대화 계획과 국민대표법 개정이 이루어졌으며, 선거관리 개혁을 전담하는 선거위원회와 선거 현대화팀이 신설·운용되어 왔다. 그런데 이러한 정책 추진과정에서 노동당과 보수당 간의 정치적 이해득실 갈등은 거의 발생하지 않았다. 즉 전자투표가 도시지역과 저연령층에서 지지도가 상대적으로 높은 노동당에게 더 많은 수혜를 줄 것이라는 가정이 성립될 수 있었지만 우편투표, 조기투표, 대리투표 등 전자투표 외의 다채널 방식들의 병행은 그러한 가정을 상쇄시켰다. 선거 현대화팀의 정치적 설득과 조정 또한 정당 간 협력을 촉진하였다. 그리고 시민사회 일각에서 전자투표의 위험성에 대한 비판이 제기되었지만 유권자들 또한 투표 편의성의 제고 측면에서 긍정적 인식을 드러냈다. 그렇지만 시범투표에 대한 유권자의 인지도는 매우 미약해서 2006년 현재까지도 20%에 불과하였다(BMRB 2006).

둘째, 전자투표가 과연 투표율을 제고하였는가에 대한 논쟁이다. 영국에서 전자투표를 도입한 가장 직접적인 목표는 투표율의 제고였다. 그런데 2002년 지방선거에서 이러한 기대효과는 충족되지 못하였다. 직전 선거와 비교해서 2002년 시범투표 지역의 투표율은 7개 지방에서 상승세를 2개 지방에서 하락세를 나타냈다. 이 가운데 5% 이상의 의미 있는 증가율을 보인 곳은 리버풀(Liverpool), 셰필드(Shefield), 볼튼(Bolton)에 불과했으며, 전국 평균 투표율에 크게 못 미치는 시범투표 지역들도 나타났다. 이러한 결과에 대해 선거위원회는 전자투표가 투표율 제고에 실질적인 영향을 미치지 못하였다고 평가했다(The Electoral Commission 2002 ;

장우영 2006). 2003년의 시범투표는 보다 호전되어 시범투표 지역의 투표율이 전국 평균 투표율을 약 4.5% 상회하였다. 그렇지만 직전 선거에 비해 5% 이상의 의미 있는 증가세를 보인 곳은 사우스서머싯(South Somerset), 슈루즈버리와 아트첨(Shrewsbury & Atcham), 세인트 알반스(St. Albans)에 불과했으며, 촐리(Chorley)와 스트래트퍼드 온 에이븐(Stratford-on-Avon)은 무려 10% 내외의 하락세를 보였다. 아울러 투표율의 증가요인이 전자투표가 아닌 우편투표라는 해석이 상당한 논쟁을 촉발하였다. 투표방식에 대한 유권자 선호도의 변화 또한 부분적으로 이러한 해석을 뒷받침하였다. 즉 선거위원회의 조사결과 유권자들이 선호하는 투표방식은 2001년 '인터넷(21%) → 우편(16%)'에서 2003년 '우편(31%) → 인터넷(28%)'으로 바뀌었다(The Electoral Commission 2003). 그리고 전자투표가 유보되었던 2006년 시범투표에서는 우편투표로 인한 유의미한 투표율 증가가 확인되기 시작하였는데, 뉴햄(Newham)의 경우 2002년 27.0%에서 2006년 34.5%로 상승하였다(The Electoral Commission 2006). 그렇지만 우편투표의 투표율 제고도 균일적이지는 못해서 고연령층에서는 증가한 반면 저연령층에서는 오히려 하락하였다. 이는 시범투표에서의 다변화된 투표방식이 고연령층에게 더 많은 참여기회를 부여했으며, 저연령층의 경우 투표 편의성보다는 시민 책무감이 우선적으로 배양될 필요가 있다는 점을 시사했다.

[표 3-6] 2006년 지방선거 연령대별 투표율

(%)

	18–24	25–34	35–44	45–64	65–74	75+
전체 선거구	22	26	30	39	63	56
시범투표 선거구	9	18	28	43	70	76

출처 : BMRB(2006).

[표 3-7] 2006년 지방선거 투표방식 만족도 비교

(%)

	용이성		편의성		보안성		안전성	
	좋음	나쁨	좋음	나쁨	좋음	나쁨	좋음	나쁨
투표소 투표	89	4	81	10	87	3	80	7
우편투표	74	8	76	8	63	15	37	44

출처 : BMRB(2006).

셋째, 전자투표 도입 비용과 사회적 편익에 관한 논쟁이다. 전자 투표는 고위험과 고비용을 수반하는 기술방식이다. 따라서 그에 상응하 는 사회적 편익이 발생하지 않는다면 전자투표의 도입이나 더욱 발전된 기술방식으로의 전환은 허용되지 않을 것이다. 여기에서 전자투표가 만 들어내는 편익은 투표율 증대, 시민 편의성 및 선거관리 행정 혁신 등으 로 환언된다. 그리고 전자투표의 편익은 다른 투표방식이 창출하는 편익 과 상대적으로 비교 · 평가될 수 있다. 즉 각 투표방식별 비용 대비 편익 의 상대적 크기는 전자투표의 효용가치를 보다 분명하게 드러낸다. 그런 데 위에서 살펴본 바와 같이 전자투표는 투표율 증대에 실질적으로 기 여하지 못한 것으로 나타났다. 반면 기술적 위험도는 다른 비전자적 투 표방식들—우편투표, 조기투표, 대리투표 등—에 비해 월등히 높았다. 이는 도입 비용이나 기술적 위험도가 훨씬 낮은 비전자적 투표방식들이 전자투표의 대체재가 될 수 있는 가능성을 시사하였다. 예컨대, 선거위 원회가 2004년부터 전자투표 시행을 보류하고 이 기간에 우편투표 시스 템을 전략적으로 발전시킨 것도 우편투표가 더 큰 사회적 편익을 창출 하였기 때문이었다. 더욱이 2008년 지방선거에서의 전자개표 오류는 전 자투표의 시스템 불안정성 문제를 고스란히 드러냈다. 그럼에도 우편투 표가 전통적 투표방식보다 더 큰 사회적 편익을 창출했다고 보기는 어

렵다. 2006년 지방선거에서의 유권자 설문조사 결과에 따르면, 보안성
과 안전성 측면에서 우편투표에 대한 만족도가 투표소 투표에 비해 크
게 뒤처진 것으로 나타났다.

2. 법적 · 기술적 쟁점

전자투표 시행에 관련된 법적 · 기술적 측면의 문제는 상호 밀접
하게 연관되어 있다. 가령 법적 측면에서 담보해야 하는 프라이버시 보
호와 선거부정 예방은 보안성, 정확성, 검증가능성 등과 같은 기술적 측
면의 완결도가 충족되어야 한다. 이러한 법적 · 기술적 요구의 본질은 시
민들이 전자투개표 메커니즘의 전 과정에 대하여 신뢰를 가지도록 만드
는 것이다. 영국이 시범투표를 반복적으로 시행해 온 것도 결국 법적 ·
기술적 신뢰를 축적하기 위한 것임에 다름 아니다. 이러한 신뢰는 궁극
적으로 전자투표가 대표 선출과정에서 절차적 민주주의를 정립시키는
데 자산이 되며, 따라서 전자투표 시스템의 통합적 관리와 투명한 운용
은 신뢰 구축의 기반이라고 할 수 있다.

2003년 시범투표 운영에 대한 선거위원회의 보고에 따르면, 전자
투표 시스템의 하드웨어와 소프트웨어는 성공적으로 작동하였고, 어떠
한 심각한 문제도 발견되지 않은 것으로 나타났다. 시험운영 기간 동안
어떠한 부정행위의 증거도 발견되지 않았지만, 다만 프라이버시와 정보
보안에 대해서는 여전히 시민의 우려가 존재하고 있음이 지적되었다(김
혁 2005). 그리고 시범투표가 확산되어 다양한 투표방식이 활용됨에 따라
유권자들의 인식도 변화하였다. 2006년 지방선거에서 유권자들은 투개
표 과정에서 지켜져야 할 우선적 가치에 대하여 편의성 42%, 보안성

29%, 안전성 26% 순으로 응답하였다. 반면 2008년 지방선거에서의 동일한 질문에 대한 응답은 편의성 79%, 안정성 74%, 보안성 71%로 나타나(5점 척도의 백분율 환산) 항목들 간 편차가 크게 줄어들었음을 보여주었다(The Electoral Commission 2008a). 즉 전자투표 시행이 확대되어 가면서 기술적 측면의 잠재적 위험에 대한 우려도 함께 확산되었던 것이다.

전자투표 시행의 법적 · 기술적 문제는 상업적 이해와도 다분히 관련되어 있다. 영국의 지방정부들은 서로 다른 회사의 전자투개표 기기를 도입 · 운용하고 있다. 2007년 지방선거의 경우 [표 3-8]에 보이는 바와 같이 5개의 국내외 회사 제품들이 지역에 따라 개별적으로 사용되었다. 이는 선거관리에 대한 지방정부의 권한을 전적으로 보장하고 있는 영국 정치의 전통에서 비롯되었다. 그렇지만 이로 인해 전자투개표 관리 메커니즘은 통합될 수 없었다. 그리고 지역별 편차 없이 선거관리 인력이 전자투개표 기기들을 통제할 수 있도록 훈련받고 오작동에 능숙하게 대응하는 것도 보장되지 않았다. 아울러 기기의 오류 발생시 그 원인과 성격의 규명은 물론, 사고에 대한 정치적 책임의 주체와 범주도 불명확하였다. 비근한 예로 미국의 경우 2000년대 주요 선거들에서 기기의 오작동 또는 조작 미숙 등으로 지방정부와 시민 · 사회단체 그리고 업제들 간에 공방이 끊이질 않았다. 이러한 공방은 주로 투개표 오류의 원인과 책임 소재에 관한 것이었으며, 그러한 오류가 근본적인 것인지 여부도 논란이 되었다. 특히 미국 전자투개표 기기 시장을 과점하고 있는 디볼드 사의 경우, 이 회사가 공화당에 정치자금을 지원하였던 탓에 기기의 오류 사고를 둘러싸고 심각한 정치적 공방과 억측이 발생하기도 하였다.

전자투표 시스템에 대한 비판적 감시자들의 지적처럼 영국의 전자투표 시스템은 다소 무질서한 선거관리의 문제를 노출하였다. 유권자들 또한 전자투표 시스템을 완전하게 신뢰하지 못하였다. 2003년과 2007

[표 3-8] 2007년 지방선거 전자투개표 시스템 구축 현황

선거구	인터넷 투표 및 전화투표	전자개표	공급사
Beaford		○	Indra
Breckland		○	Indra
Dover		○	OPT2VOTE
Rushmoor	○ (인터넷투표)		ES & S
Sheffield	○		OPT2VOTE
Shrewsbury, Atcham	○		OPT2VOTE
South Bucks	○	○	ES&S
Stratford-on-Avon		○	Software AG
Swindon	○		Tata
Warwick		○	Software AG

출처 : The Electoral Commission (2007).

년 지방선거 실시 직후의 선거위원회의 유권자 설문조사를 살펴보면 다음과 같다(The Electoral Commission 2003 ; 2007). 우선 2003년의 경우 키오스크, 인터넷, 전화, SMS, 디지털 TV의 프라이버시 제공 수준에 대해 응답자들의 32-60%만이 좋다고 답변하였다. 그리고 2007년의 경우 전자개표의 정확도에 대해서는 응답자들의 37%만이 전자개표가 수개표보다 정확하다고 답변하였다. 이는 전자투표 시스템의 상존하고 있는 위험에 대해 유권자들이 점차 민감하게 반응하고 있음을 보여준다.

이러한 잠재적 위험상황 속에서 2008년 런던 지방선거에서 전자개표 사고가 발생하여 전자투표가 철회되는 파국이 발생하였다. 전자개표 과정은 '시스템 구축 → 시스템 초기화 → 종이투표 등록 → 판독 → 확인' 순으로 진행되었다. 그런데 판독 과정에서 광범한 문제가 발생하였다. 너무 민감한 판독장치가 무기표 용지(blank ballot paper)를 기표 용지

로 오인하여 집계하는 사고가 일어났던 것이다. 이와 함께 집계된 표의
전송 오류와 투표용지 수량의 불일치 등의 문제도 함께 발생하였다(ORG
2008). 오류 표는 런던 시장 선거의 당락에 영향을 미치지 않았지만 지역
선거구별로 크고 작은 공방을 불러일으켰다. 영국 언론도 전자투표는 광
범한 선거부정에 노출되어 보안과 투명성을 보증할 수 없다고 비난하였
다(ZD Net UK 2008/07/18). 또한 ORG를 비롯한 감시단체의 공격이 거세
졌으며, 유권자들의 전자투표 시스템 신뢰도도 크게 저하되었다. 결국
2008년 10월 27일 영국 총리는 더 이상의 시범투표를 시행하지 않을 것
이며, 이에 따라 전자투표 계획은 물론 관련된 기술개발도 중지할 것이
라고 천명하였다. 이러한 발표가 잠정적 보류를 뜻한다는 해석도 있지만
공식적으로 8년간의 실험과 함께 전자투표제도는 철회되었다. 아울러
선거위원회는 전자개표의 비용-편익 분석, 법적 변화 모색 및 적절한
안전장치 강구 후에 선거 현대화 계획의 방향을 새롭게 모색할 것을 발
표하였다(The Electoral Commission 2008b).

V. 결론

현대 사회의 정치는 어느 때보다도 기술 의존도가 심화되었다. 그
것은 ICTs의 발전속도가 유례없이 빠르며 파급력과 실용성이 전방위적
이기 때문이다. 더욱이 대의제 민주주의의 대표성과 효율성의 위기가 세
계적으로 고조되고 있는 현상도 ICTs의 정치적 활용을 강력하게 유인해
왔다. 30여 개국의 전자투표 실험은 가장 범용화된 기술 기반의 정치 혁

신 사례들 중 하나이다. 그렇지만 아직까지 전자투표가 기존 투표방식을 완전하게 대체할 가능성은 커보이지 않는다. 또한 그것이 미래의 어느 시점에서 종이투표만큼의 안정성을 확보하게 될지도 가늠하기 어렵다. 이 때문에 전자투표는 기존 투표방식과 병행하여 실시되고 있다. 결국 현재의 전자투표 실험은 단기적으로 선거관리 비용을 증대시키고 있으며, 장기적 전망도 그리 밝다고만 낙관할 수 없다. 여기에서 우리가 얻을 수 있는 분명한 교훈은 기술을 정치제도로 변환하는 데 있어 여러 가변적 요인들이 존재한다는 것이다. 이 요인들은 전자투표 시행을 둘러싼 다양한 쟁점들로 표출되는데, 이 논문에서는 영국 사례를 중심으로 정치적·경제적·기술적·법적 측면의 쟁점들을 고찰하였다.

전자투표를 시행하고 있는 30여 개 국가들 중에서도 영국의 선거 현대화 준비와 과정은 모범적인 정책집행으로 평가받아 왔다. 영국의 시범투표는 매우 체계적이고 지속적이었으며, 분권의 전통을 반영하듯이 지방정부와의 원활한 협력을 통해서 확대되었다. 이런 면에서 2008년의 전격적인 전자투표 철회는 타국에 상당한 파장을 미칠 것으로 예측된다. 각 국의 전자투표에서도 전자투개표 오류는 적지 않게 발생해 왔지만 정치 현대화의 기조와 전자투표의 미래 효용가치는 그것을 상쇄시켜 왔다. 영국의 시범투표 시행과정에서 제기된 정치적·경제적 측면의 쟁점은 전자투표의 존폐 여부를 좌우할 만한 것은 아니었다. 즉 전자투표의 투표율 제고 효과는 가시적이지 않았지만 종래의 투표율 하락을 제어하는데 기여하였다. 그리고 시범투표의 목표가 다채널 투표방식을 실험적으로 발전시키는 것이었기 때문에 전자투표 자체의 비용-편익 구조는 논란을 가열하지 않았다. 따라서 전자투표 철회의 직접적인 유인은 법적·기술적 측면에서 찾을 수 있다. 특히 투개표 과정에서의 기술적 오류는 민주적 투표의 원칙을 크게 위협했다. 그리고 다른 국가들과 마찬가지로 기술적 오류를 법적으로 대응하는 것도 한계를 드러내지 않을 수 없었다. 요컨대, 기술적 오류에 대한 근본적 대응은 시민의 신뢰에서 찾을 수 있는데, 영국은 시범투표가 진행될수록 오히려 기술 위험에 대한 시민의 경각심이 증대되는 역설적 국면에 놓여 있었다. 이러한 영국의 경험은 고위험의 기술체계를 정치제도로 변환시키는 데 있어 그에 대한 사회적 신뢰를 임계 수준으로 확보하는 것이 대단히 중요하다는 점을 일깨워 준다.

| 참고문헌 |

강신범 · 정현철. 2005. "전자투표 사업 현황 및 사례 분석." 『정보보호학회지』 Vol 15, No. 5, pp. 55-66.

김용철. 2003. "인터넷 투표 : 미국의 실험과 한국에서의 전망." 『한국정치학회보』 Vol. 37, No. 5, pp. 127-146.

김재광. 2002. 『전자투표의 도입에 따른 관련 법제 정비방안』. 서울 : 한국법제연구원.

김혁. 2005. "e-Governance 구현을 위한 전자투표의 가능성과 한계." 『NCA CIO REPORT』. 한국정보사회진흥원.

박기수. 2002. "전자투표제의 도입방안." 『인터넷법연구』 Vol. 1, pp. 323-351.

박영철. 2002. 『각 국의 전자투표법제에 관한 연구』. 서울 : 한국법제연구원.

장우영. 2006. "국가정책과 거버넌스 : 영국의 선거 현대화 전략을 중심으로." 『21세기정치학회보』 Vol 16, No. 3, pp. 291-317.

전자정부특별위원회. 2003. 『전자정부백서』.

정진우. 2003. "전자투표의 효과와 문제점에 관한 탐색적 연구." 『행정논총』 Vol. 41, No. 4, pp. 107-125.

조희정. 2007. "해외의 전자투표 추진 현황 연구." 『사회연구』 Vol. 13, pp. 45-72.

British Market Research Bureau. 2006. *The 2006 Local Elections and Electoral Pilot Schemes Report*.

House of Commons Library. 2004. *UK Election Statistics : 1918-2004*.

Krasner, Stephen D. 1984. "Approaches to the State : Alternative Conceptions and Historical Dynamics." *Comparative Politics* 16, pp. 223-246.

_____. 1988. "Soverignty : An Institutional Perspective". *Comparative Political Studies* 21 (1), pp. 66-94.

Office of the e-Envoy. 2000. *e-Government : A Strategic Framework for Public Services* in the Information age.

_____. 2002. *In the Service of Democracy : A Consultation Paper on a Policy for Electronic Democracy.*

Open Rights Group. 2008. *May 2008 Election Report.*

Prime Minister's Strategy Unit & Department of Trade and Industry. 2005. *Connecting the UK : the Digital Strategy.*

The Electoral Commission. 2002. *Modernising Elections : A strategic evaluation of the 2002 electoral pilot schemes.*

_____. 2003. *The Shape of Elections to Come : A Strategic Evaluation of the 2003 Electoral Pilot Schemes.*

_____. 2004. *Public Opinion and the 2004 Electoral Pilot Schemes.*

_____. 2006. *Electoral Pilot Scheme Evaluation : London Borough of Newham.*

_____. 2007. *Local Elections Pilot Schemes 2007 Main Research Report.*

_____. 2008a. *The Greater London Authority Elections 2008.*

_____. 2008b. *London Mayor & Assembly Elections 2008.*

The Independent Commission on Alternative Voting Methods. 2002. *Elections in the 21st Century : from Paper Ballot to e−Voting.*

ZD Net UK. 2008/07/18. *E−voting flawed in London, say campaigners.*

| 주 |

* 이 글은 『한국정책분석평가학회보』 19권 2호(2009년, pp. 255–276)에 게재된 "영국 선거 현대화와 정책실패"를 수정 · 보완한 것임.
1. 각 국가별 전자투표 도입 목적과 시행현황에 대해서는 조희정(2007) 참조.

제4장

스위스의 전자투표와 민주주의의 발전

전자투표의 파급효과를 중심으로

한영빈

I. 서론

오늘날 많은 국가들 사이에서는 정보통신기술(ICTs)을 이용하여 민주주의를 발전시키려는 경향이 존재하고 있다. 흔히 '전자민주주의(e-democracy)'라고 명명되어지고 있는 이러한 경향은 정보통신기술이 정치과정에 적용될 때 정치과정의 투명성이 증대되고, 시민들의 직접적인 참여가 증가할 뿐만 아니라 새롭게 창출된 온라인 공론장을 통해 공론형성의 질이 상승하여 민주주의가 진보할 것이라는 믿음에 기초해 있다 (Peart and Diaz 2007 ; Trechsel 2007). 즉 이들 국가들은 정보통신기술과 민주주의 간에 긍정적인 상관관계가 있다고 믿고 있는 것이다. 이러한 믿음에 기초하여 이들 국가들은 그동안 전자민주주의를 구현시킬 수 있는 전략적인 수단들을 모색해 왔는데, 전자투표(e-voting)[1]는 이 과정에서 부각되기 시작한 대표적인 수단 중의 하나라고 할 수 있다.

이미 1990년대 들어 많은 국가들에 의해 각광을 받기 시작한 전자투표는 현재 약 40여 개국이 전자투표제를 채택하고 있을 만큼 양적으로 크게 증가했는데, 스위스 역시 이러한 경향에 동참하고 있는 대표적인 국가들 중 하나이다. 스위스가 전자투표제를 도입하게 된 배경은 당시 스위스 민주주의에서 가장 큰 문제가 되고 있었던 정치참여 결핍문제와 연관이 있다(Peart and Diaz 2007, 34). 스위스는 그동안 매우 낮은 투표율이 지속되고 있는 문제를 안고 있었는데, 스위스 정부는 전자투표를 도입하여 시민들의 정치참여를 증대시키면서 투표율을 제고시키고자 하였다. 이런 목적을 가진 스위스의 전자투표는 2000년도 정보화 국가 전략 중의 하나로 채택되면서 본격적으로 논의되기 시작했으며, 정부가 추진한 '전자투표 시범 프로젝트'에 제네바(Geneva), 네샤텔(Neuchâtel), 취리히(Zürich) 등 3개 캔톤이 참여하면서 전자투표가 시행되기 시작하여 현재에 이르고 있다.[2)]

스위스의 전자투표 도입과 관련하여 제기될 수 있는 문제는 과연 스위스가 전자투표라는 수단을 통하여 소기의 목적을 달성하였는지 여부이냐. 즉 선자투표의 도입이 실제로 시민들의 정치참여를 증가시켜 투표율을 제고시킴으로써 스위스 민주주의의 문제를 해결함과 동시에 민주주의 발전에 기여를 하였는가라는 문제를 제기할 수 있다. 사실 이러한 문제제기에 대해 스위스 내에서는 전자투표가 실행되기 전부터 두 개의 상반된 시각이 존재하고 있었다. 낙관론적인 입장은 전자투표의 도입이 투표율을 최대 9%까지 끌어올려 스위스 민주주의의 문제 해결과 발전에 커다란 기여를 할 수 있을 것이라고 예측하였지만, 비관론적인 입장은 전자투표가 투표율에 미치는 영향이 기껏해야 최대 2% 정도에 불과하기에 민주주의 발전에 별다른 기여를 하지 못할 것이라고 보았다

(Braun 2004, 47).

이 글의 목적은 스위스 연방정부 주관 하에 실시된 '전자투표 시
범 프로젝트'[3]에 대한 실증적인 내용분석을 통하여 이와 같이 상반된 예
측 가운데 어떤 것이 더 타당성이 있는 시각이었는지를 검증하는 데 있
다. 이러한 목적을 달성하기 위해 본 연구는 다음과 같이 구성된다. 제2
절에서는 본 연구에서 제기한 문제와 관련된 이론적 논의를 기술하고자
한다. 제3절에서는 스위스 전자투표의 도입배경 및 현황을 간단히 기술
하고자 한다. 제4절에서는 스위스 전자투표가 미친 파급효과에 대한 종
합적인 내용분석을 통해 전자투표와 민주주의의 상관관계를 분석하고
자 한다. 그리고 제5절에서는 본 연구의 결론으로 요약과 전망을 제시하
고자 한다.

II. 정보통신기술과 정치참여 : 이론적 논의

역사적으로 볼 때 기술혁신으로 인한 커뮤니케이션 방식의 발전
은 항상 정치 · 사회적인 문제를 해결할 수 있는 새로운 수단으로 각광
받아 왔다. 예를 들어 19세기에 전신환(telegraph)이 발명되었을 때 생시몽
주의자들은 이 기술이 동서 간의 교류를 발전시키고 보편화시킬 수 있
는 커뮤니케이션 수단이라고 확신했다. 컴퓨터가 나오기 시작한 1970–
1980년대에 와서는 학자들 사이에서 이 기술이 정치에서 시민들의 심의
및 직접참여를 가져와 민주주의를 급격하게 바꿀 수 있다고 생각했다
(Laudon 1977 ; Barber 1984). 그리고 1990년대 이후에는 인터넷이 일반화되

자 이에 고무된 학자들은 이것이 민주주의 과정 및 정부의 효율성을 크게 변화시킬 것이라고 확신했다(Trechsel 2007 ; Castells 2001).

그러나 기술혁신에 대한 이런 열정이 무비판적으로 받아들여진 것만은 아니었다. 정보통신기술은 젊은 층, 고소득층, 교육 수준이 높은 계층, 대도시에 거주하는 사람들에게는 유리하지만 노년층, 저소득층, 교육 수준이 낮은 계층 및 소도시 · 농촌에 거주하는 사람들에게는 불리하게 작용하는 측면이 있었다. 따라서 일련의 학자들은 정보통신기술이 정보격차(digital divide) 문제를 유발시켜 오히려 민주주의를 후퇴시킬 가능성이 존재한다고 생각하여 이 기술에 대해 회의적인 입장을 견지하기도 했다(Schiller 1996). 또한 정보통신기술은 현재의 기술 수준에서 보았을 때 프라이버시와 보안의 문제를 완벽하게 보장할 수 없을 것이라는 문제도 제기되었다(Rubin 2009). 이 경우 해커들의 공격이나 바이러스의 침투 등으로 정보가 조작되거나 훼손될 가능성이 존재하며, 이것은 정치과정의 발전보다는 퇴화를 가져온다고 본 것이다. 한편으로 정보통신기술은 심의민주주의를 퇴색시키는 경향이 존재하기에 이 기술을 받아들이는 데 신중을 기해야 한다는 주장도 제기되었다(Arterton 1987). 즉 이들은 민주주의의 본질이 숙의와 토론을 거치는 과정인데 정치과정이 단순 '클릭' 방식으로 변화된다면 수준 높은 토론문화가 불가능하여 저급한 민주주의가 탄생할 것이라고 보았던 것이다.

현재 스위스에서 도입되고 있는 전자투표와 관련해서도 이러한 논쟁들이 존재하고 있다. 스위스의 '전자투표'가 기본적으로 '원격 전자투표(remote e-voting)', 즉 인터넷 및 SMS라는 수단을 매개로 하는 투표방식에 초점을 맞추어 도입되고 있다는 사실을 감안할 때(Braun and Brändli 2006) 전자투표와 관련된 논쟁은 과연 인터넷 및 SMS라는 정보통신기술이 투표율 제고 및 민주주의 정치과정에 얼마만큼 기여할 수 있

을 것인가라는 문제와 연관이 되어 있다. 이에 대해서는 전자투표가 투
표율을 제고시킬 것이라고 확신하는 주장부터 전자투표는 공공의 특성
을 갖는 선거를 개인화(privatization)시키고 유권자들이 타인들의 견해를
고려하지 않게 만드는 경향이 있기에 심의민주주의를 퇴화시키는 문제
만을 유발시킬 것이라는 주장까지 다양한 견해들이 제시되고 있지만 일
반적으로 볼 때 긍정론, 회의론 및 절충론의 세 가지 시각으로 구분될 수
있다.

우선 긍정론적인 시각을 가지고 있는 사람들은 다음과 같은 몇
가지 이유로 인해 인터넷과 SMS 기술이 정치참여를 증가시킬 수 있다
고 보고 있다(Norris 2003 ; Houston et al 2005 ; Ward et al 2005). 첫째, 인터넷은
전통적인 매스 미디어인 신문, 라디오 및 텔레비전과는 다른 커뮤니케이
션 방식을 도입시켜 정치과정을 혁명적으로 바꾸어 줌으로써 시민들의
참여를 증대시킬 수 있다고 보고 있다. 즉 인터넷은 전통적인 미디어가
가지고 있는 단방향, 저속 및 수직적 커뮤니케이션이란 특성을 양방향,
고속 그리고 수평적 커뮤니케이션으로 전환시켜 주는 기능을 하는데, 이
런 새로운 커뮤니케이션 방식이 시민들의 참여를 증대시킨다고 믿고 있
는 것이다. 둘째, 인터넷과 모바일은 공간적인 제약을 극복할 수 있는 장
점이 있는데 이것이 정치참여를 증대시킬 수 있다고 보고 있다. 인터
넷·모바일 기반의 RVEM 방식은 투표소로 직접 이동하지 않고도 가정
에서 손쉽게 투표를 할 수 있게 함으로써 투표율을 높일 수 있다는 것이
다. 셋째, 인터넷이란 수단은 모든 정보에 대해 사람들이 손쉽게 접근할
수 있는 가능성을 열어줄 뿐만 아니라, 이런 정보들을 바탕으로 사이버
공간과 같은 공론장에서 시민들 혹은 후보자와 투표자 간의 직접적인 의
사소통을 가능하게 하여 궁극적으로 사회 및 정치적 이슈에 대한 관심
과 참여를 높이게 될 것이라고 보고 있다. 마지막으로 모바일을 통한 전

자 컨설트는 젊은이들에게 큰 효과를 보여 이들이 민주주의 정치과정에 참여를 하도록 유도할 수 있는 좋은 수단이 될 것이라고 믿고 있다.

하지만 이러한 낙관적인 시각과는 달리 인터넷 및 모바일 기술이 정치참여에 커다란 영향을 미치지 않을 것이라는 회의론적인 시각도 팽배해 있다(Bimber 1998 ; Gibson et al 2003 ; Griffin et al 2006 ; Oostveen and Besselaar 2004). 첫째, 이들은 인터넷이 정치적으로 무관심하거나 활동이 적은 사람들을 전향시켜 주는 것이 아니라, 이미 현실에서 적극적인 정치활동을 하는 사람들을 새로운 모양의 형태로 포장시켜 주는 것에 불과하다고 보고 있다. 따라서 이들은 인터넷 및 모바일 기술 자체가 정치참여와 직접적인 인과관계를 갖는다는 주장에 매우 부정적인 입장을 견지하고 있다. 이들은 기술 자체보다는 기술 외적인 사회적 변수들과의 관계를 더 중시하고 있다고 할 수 있다. 둘째, 모바일 기술을 이용한 전자 컨설팅이 젊은이들의 정치참여를 증가시킬 수 있다는 주장에 대해서도 부정적인 입장을 보이고 있다. 왜냐하면 많은 경험적 사례 분석들은 SMS 문자 메시지를 통한 컨설팅이 젊은이들의 정치참여를 증진시키는 데 있어 많은 제약들을 가지고 있음이 드러났기 때문이다.

마지막으로 늘 수 있는 것은 절충적인 입장을 견지하고 있는 시각이다(Wellman 2001). 이들은 인터넷 및 모바일을 사람들의 일상생활에 통합되어 있는 것으로 보면서 온라인 활동을 전통적인 오프라인 활동의 연장선상에서 이해하려고 하고 있다. 이 경우 이들은 온라인 커뮤니케이션이 전통적인 미디어를 보완하지만 이를 대체하지는 못한다는 입장을 가지고 있다. 즉 인터넷과 모바일은 전체 투표율 및 정치참여를 증가시킨다기보다는 기존의 투표방식에 새로운 투표 채널을 열어주어 시민들로 하여금 투표방식 선택의 폭을 넓혀주는 효과만이 있을 뿐이라는 것이다.

    이상에서 본 전자투표와 정치참여와의 관계는 여러 가지 중요한 의미들이 담겨 있음에도 불구하고 그 이론적인 논의들이 매우 일반론적인 수준에서 전개되고 있다는 문제를 가지고 있다. 따라서 세 개의 시각들은 모두 실증적인 차원에서 구체적으로 검증을 거쳐야 될 필요가 있다. 현재 많은 국가들에서 전자투표가 실행되었으며, 그 결과들이 하나 둘씩 나오고 있기에 이 작업은 어느 정도 가능한 단계에 와 있다. 이 글에서 보고자 하는 스위스 전자투표에 대한 분석 역시 이런 맥락에서 바라볼 수 있다.

III. 스위스 민주주의의 문제와 전자투표 현황

    스위스에서 전자투표 도입의 필요성이 대두되기 시작한 이유는 이미 오래 전부터 나타나기 시작한 투표율 하락 및 우편투표제의 문제와 연관이 있다. [그림 4-1]에서 볼 수 있듯이 스위스는 1970년대 이래 오랜 기간 동안 투표율이 매우 저조한 상태에 머무르고 있었다. 이러한 문제를 해결하기 위해 스위스는 1979년부터 우편투표제를 전국적으로 확산시켜 투표율을 높이려고 노력하였으며, 그 결과 1997년 이후에는 모든 캔톤에서 우편투표가 가능하게 되었다.[4] 하지만 우편투표제는 투표율을 증가시키는 데 커다란 효과를 보지 못하였으며, 오히려 여러 가지 문제만을 유발시키는 결과를 가져오면서 다른 수단을 찾을 필요성이 크게 대두되었다.[5]

    스위스 정부는 당시 국가경쟁력을 높이기 위해 추진되고 있었던

[그림 4-1] 스위스의 투표율

출처 : 스위스 통계청.

'정보화 사회로의 이행'이란 전략 속에서 우편투표제를 대신하여 투표율을 제고시킬 수 있는 수단을 발견했는데, 그것이 바로 전자투표제의 도입이었다. 1998년 전자정부의 실현을 위한 전략적 수단으로 논의되기 시작한 전자투표는 2000년도에 들어와 스위스 정부가 전자투표를 국가의 핵심 프로젝트로 지정하면서부터 본격적으로 도입되기 시작했다. 세계적으로 가장 분산된 연방체제를 갖고 있는 스위스 정치체제의 특성상 전자투표의 도입은 연방정부 차원이 아닌 캔톤이 자발적으로 참여하는 형태로 진행되었다. 연방정부는 단지 가이드라인을 제시하고 금융적으로 도움을 주는 역할만을 담당하였다고 할 수 있다. 그러던 중 정부가 80%의 비용을 부담하기로 약속하며 주관한 '전자투표 시범 프로젝트'에 제네바(Geneva), 네샤텔(Neuchâtel), 취리히(Zürich) 등 3개 캔톤이 참여하면서 스위스에서 전자투표가 실제로 실행되기에 이르렀다. 2006년까지 시범적으로 진행된 이 전자투표 프로젝트에서 각각의 캔톤들은 통일된 형태가 아니라 자신들의 고유한 특성을 갖는 별개의 전자투표제도를 구축하였고, 이를 기반으로 그동안 여러 번에 걸쳐 전자투표를 시범적으로 실시해 왔다([표4-1] 참조).

[표 4-1] 3개 캔톤에서 시범 프로젝트 기간 동안 실시된 전자투표[6]

연도	선거 실시 지역	결과
2003. 01. 07	Anieres	63.7% 투표율, 323명(44%) 인터넷 투표
2003. 11. 17	Cologny	59%의 투표참여율, 432명(29%) 인터넷 투표
2004. 04. 02	Carouge	44%의 투표참여율, 1,024명 인터넷 투표(25.9%)
2004. 05. 28	Meyrin	39%의 투표참여율, 788명(22%) 인터넷 투표
2004. 09. 03	Aniere, Carouge, Cologny, Meyrin	57.1%의 투표참여율, 2,723명(21.8%) 인터넷 투표
2004. 10. 08	Vandoeuvres	59.5%의 투표참여율, 240명(32%) 인터넷 투표
2004. 11. 05	Anieres 외 7개시	43.9%의 투표참여율, 3,755명(22.4%) 인터넷 투표
2005. 04. 08	Anieres 외 13개시	44.15%의 투표참여율 7,911명(20.35%) 인터넷 투표
2005. 09. 25	Canton Neuchâtel	1,178명 유권자 중 68.8% 인터넷 투표
2005. 10. 30	Canton Zürich	41.5% 투표율 1,461명(37.28%) 인터넷 투표
2005. 11. 27	Canton Zuerich (Bertschichkon, Bülach, Schlieren)	1,154명 유권자 중 22.1% 인터넷 투표
2005. 11. 27	Canton Neuchâtel	1,345 유권자 중 55.1% 인터넷 투표
2006. 04. 02	Canton Zürich(Buelach)	20.7% 인터넷 투표

연방정부 차원의 시범적 기간이 끝난 후 스위스 내에서는 전자투표 결과를 둘러싼 중간평가가 진행이 되었으며, 현재에도 이 평가는 진행 중인 상태이다. 일각에서는 전자투표가 여러 가지 편익을 가져다 주

었다는 주장이 나오고 있다. 예를 들어 전자투표의 도입이 투표 집계의 신속성 및 정확성을 증가시켜 투표제도의 효율성을 높여주었다고 평가되고 있다. 또한 웹사이트를 통한 후보자의 정보 습득이 유권자로 하여금 풍부하고 신속한 정보를 얻게 함으로써 보다 합리적인 투표행태를 유발시킨 결과를 가져와 민주주의 발전에 기여했다고도 평가되고 있다. 반면 부정적인 목소리도 나오고 있는 상황이다. 예를 들어 전자투표는 비용적인 측면에서 초기 투자가 많이 들어갔는데, 이를 만회하기 위해서는 10년이라는 세월이 소요된다는 분석결과가 나오면서 비용 대비 효율성이 떨어지고 국가의 재정적 부담만 증가시켰다는 지적을 받고 있다. 한편으로는 전자투표의 투명성 문제가 여전히 해결되지 않았다는 지적도 있었다. 실제 제네바의 선거투표 시스템 구축과정에서 사적 기업인 HP와 Wisekey에 크게 의존하면서 데이터의 측정, 해석 및 보관에 대해 정부가 통제하기 어려운 측면이 발생하는 문제가 있기도 하였다(Geser 2002). 그렇다면 전자투표와 정치참여의 관계는 어떻게 나타났는가? 이하에서는 3개 캔톤의 전자투표 결과에 대한 내용분석을 통해서 전자투표가 정치참여를 증가시키고 투표율을 제고시켜 민주주의 발전에 기여했는지 여부에 대해 살펴보고자 한다.

IV. 전자투표의 정치사회적 파급효과

1. 제네바 사례[7]

전자투표와 관련하여 시범적인 프로젝트를 실시한 3개의 캔톤 가운데 제네바는 가장 활발하고 성공적인 경우였다고 이야기되고 있다.[8] 제네바는 앞의 [표 4-1]에서 볼 수 있듯이 2003-2006년 동안 다른 2개의 캔톤보다 월등히 많은 총 8개의 시범적 전자투표를 실시했다. 총 8번의 투표에서 커다란 기술적인 문제는 발생하지 않았으며, 평균 투표율도 51.3%를 차지할 정도로 비교적 높은 수치를 보이고 있다. 또한 투표 방식에서 인터넷을 사용한 비율도 평균 27.1% 정도를 차지하면서 전자투표 방식이 제네바에서 어느 정도 성공적으로 자리를 잡고 있는 듯한 모습을 보이고 있다. 비교적 성공적이라고 평가받고 있는 제네바의 전자투표에 대해서 현재까지 두 번의 설문조사가 실시되었다. 전자투표가 미친 정치·사회적인 파급효과를 분석한 이 설문조사는 2004년 4월과 5월에 실시된 투표와 2004년 9월에 실시된 투표에 대한 것인데, 여기서 나타난 분석내용들은 전자투표가 정치참여 및 투표율에 어떤 영향을 미쳤는지를 어느 정도 명확하게 보여주고 있다.

먼저 2004년 봄 Carouge와 Meyrin에서 실시된 설문조사는 정치참여와 관련하여 다음과 같은 몇 가지 특징이 발견되었다(Christin and Trechsel 2004 ; Canton Geneva 2004 ; Canton Geneva 2005). 첫째, 전반적으로 볼 때 비교 가능한 데이터를 수집하기 어려운 관계로 인하여 인터넷의 사용이 시민들의 정치참여를 증가시키는 요인이라는 점을 증명하기 어려웠다. 둘째,

그럼에도 불구하고 부분적으로는 긍정적인 측면이 젊은 층, 특히 18-29세 연령층에서 발견되었다. 전반적으로 투표를 하지 않는 경향으로 인해 이들이 비록 30-39세 연령층보다 온라인 투표율이 낮게 나타나고 있지만, 2004년 봄 선거의 투표자들에서 이들이 차지하는 비율이 10%에까지 육박하는 모습을 보였다. 이것은 전자투표가 도입되지 않았을 때 보인 평균 7-8%에 비하면 상승한 것으로, 전자투표가 젊은 층의 투표율을 증가시킨 효과가 있다는 것을 보여주는 대목이라고 할 수 있다. 마지막으로 나타난 특징은 투표를 거의 하지 않거나 잘 하지 않는다고 대답한 12-25%의 설문 응답자들 중 80%가 전자투표제가 일반화될 경우 더욱더 자주 투표할 용의가 있다고 대답했다는 점이다. 이는 전자투표가 투표에 잘 참여하지 않던 사람들의 일부분을 투표로 끌어들일 가능성이 있다는 희망을 보여주었다.

두 번째 설문조사는 2004년 9월 26일 Aniere, Carouge, Cologny, Meyrin에서 실시된 투표에 대한 것이었는데, 이 조사에서도 정치참여와 관련하여 3가지 정도의 특징이 발견되었다(Christin and Trechsel 2005 ; Geneva.ch. 2005).[9] 첫째, 일반적인 수준에서 전자투표가 투표율 제고에 직접적으로 얼마만큼 영향을 주었는가를 측정하기가 어려웠다. 왜냐하면 2004년 봄 선거에 대한 설문조사에서와 마찬가지로 비교 가능한 데이터의 부족으로 말미암아 양자 간의 일관된 상관관계를 찾아내기 어려웠기 때문이다. 다만 전자투표가 투표를 전혀 하지 않거나 간헐적으로 하는 사람들을 투표행위로 끌어들일 수 있는 가능성이 있다는 것은 어느 정도 유추될 수 있었다. 투표를 전혀 하지 않거나 간헐적으로만 한다고 응답한 사람들 가운데 55.5%가 온라인 투표를 했으며, 이들 중 90% 이상이 미래에 온라인을 통해 투표를 계속할 것이라고 응답한 부분이 바로 이런 가능성을 보여주는 것이다.

둘째, 전자투표의 도입이 정치참여 형태에 어떠한 영향을 미쳤는
지는 어느 정도 분석이 가능했다. [표 4-2]은 2004년 9월 선거의 투표
채널을 보여주고 있는데, 우편투표는 70% 이상을 차지할 만큼 투표자
들 사이에서 여전히 가장 인기 있는 투표 채널로 자리 잡고 있음을 알 수
있다. 반면 인터넷 투표는 2번째에 위치되어 있으면서 약 20% 선을 유
지하고 있는데, 이로 말미암아 볼 때 가까운 시일 내에 인터넷 투표가 기
존의 우편투표를 대체할 가능성은 많지 않아 보인다. 그러나 이전까지
제네바 유권자들의 약 95% 정도가 우편투표를 할 정도로 우편투표 비
율이 높았음을 감안할 때 9월 선거에서 나타난 72.8%라는 우편투표율
수치는 매우 낮은 편에 속하는 것이다. 그리고 이것의 의미는 기존의 평
균비율과 9월 선거의 비율을 교차시킨 [표 4-3]을 통해 알 수 있는데,
이 표는 기존의 우편투표자 가운데 약 17% 정도가 인터넷 투표로 전환
하고 있음을 보여주고 있다. 이렇게 볼 때 전자투표는 투표율 제고와 관
계없이 우편투표율을 잠식해 가는 경향이 있다고 볼 수 있다.

[표 4-2] 제네바 유권자의 투표 채널

투표방식	전화문의		실제 투표율
	%	N	
우편	72.8	416	72.5
인터넷	21.6	123	21.8
투표소	5.7	32	5.7
합계	100	571	100.0

출처 : Christin and Trechsel(2005, 11).

셋째, 전자투표에 영향을 주어 정치참여를 유도할 수 있는 요인은

[표 4-3] 평상시 투표방식과 2004년 9월 26일 투표방식

2004년 9월 26일 투표	평상시 투표 채널			
	투표소	우편투표	인터넷 투표	합계
투표소	76.0%	2.0%	5.3%	5.5%
우편투표	12.0%	81.2%	5.3%	73%
인터넷 투표	12.0%	16.8%	89.5%	21.5%
합계	100.0%	100.0%	100.0%	100.0%

출처 : Christin and Trechsel(2005, 12).

인구 · 정치 · 경제적인 조건보다는 사회기술적인 조건에 있다는 것이
밝혀졌다. [표 4-4]는 2004년 9월 선거에서 전자투표에 영향을 미칠 수
있는 변수들과 투표행위와의 상관관계를 회귀분석을 통해 측정한 것이
다. 이 표를 보면 우선 연령, 성별, 교육 및 소득 수준과 같은 사회 · 경
제 · 인구학적인 범주의 요인들과 커다란 상관관계가 없는 것으로 드러
나고 있다. 일반적으로 남성, 낮은 연령층, 높은 교육 그리고 높은 소득
수준에 있는 사람들이 여성, 노년층, 낮은 교육 수준 및 낮은 소득 수준을
가지고 있는 사람들에 비해 전자투표를 많이 하는 경향이 보이고 있으
나, 회귀분석은 이것이 정치참여 증가와는 커다란 직접적인 관계가 없는
것임을 보여주고 있다. 다음으로 정치적 측면과 연관이 있는 모든 변수
들 역시 정치참여와 관계가 없음을 보여주고 있다. 즉 좌-우 성향, 정치
토론, 정치제도 신뢰도, 정치가 신뢰도, 그리고 정부의 신뢰도 등과 같은
정치적인 변수들은 모두 정치참여 증감문제와 관련하여 유의미한 영향
력이 없는 것으로 나타나고 있다.[10] 이에 비해 정보통신기술과 연관된
변수들은 정치참여와 높은 상관관계가 있는 것으로 나타나고 있음을 볼
수 있다. 즉 컴퓨터에 대한 지식이 많을수록, 인터넷에 빨리 접속할 조건
이 갖추어져 있을수록, 기존의 매스 미디어보다는 인터넷을 통한 소통방

[표 4-4] 정치참여와 상관관계에 대한 회귀분석 결과

Independent variables	B	s.e.	sig.
연령(10년 단위)	−.172	.176	.329
성별	−.092	.250	.712
교육 수준	.547	.449	.223
소득 수준	.186	.096	.054
좌–우 성향	−.094	.250	.706
정치토론	−.314	.192	.102
정치제도 신뢰	.195	.300	.515
정치가 신뢰	.356	.305	.243
정부 신뢰	.226	.361	.530
컴퓨터 지식 수준	.612	.253	.015
인터넷 사용률	.205	.110	.063
인터넷 접속 페이지	−.336	.487	.489
인터넷 연결방법	1.096	.445	.014
인터넷 정보에 대한 신뢰	−.117	.362	.747
인터넷 커뮤니케이션에 대한 신뢰	−.720	.307	.019
인터넷 거래에 대한 신뢰	−.322	.226	.154
전자투표 과정에 대한 신뢰	−1.234	.345	.000
Constant	−3.622	2.123	.088

Pseudo R^2 (Nagelkerke) : .423 ; n = 178 ; in bold = sign. at 95% level
출처 : Trechsel(2007, 15).

식에 더 많은 신뢰도를 가지고 있을수록, 그리고 전자투표 과정 자체에 대한 신뢰도가 높을수록 정치참여를 할 가능성이 높다는 상관관계가 발견되고 있다.

2004년 9월 선거에 대한 분석은 2004년 봄에 실시된 설문조사와

비교해 볼 때 하나의 커다란 차이를 보이고 있다. 즉 후자의 경우 전자투표가 젊은 층에 영향을 주어 이들의 정치참여를 증가시킬 가능성이 어느 정도 존재한다고 분석되었지만 후자의 경우는 연령과 특별한 상관관계가 없다는 것이 분석되어졌다는 점이다. 이런 점을 고려할 때 연령과 관련되어 어느 정도 논란의 여지가 있지만 제네바 전자투표에 대해 일반적으로 다음과 같은 결론을 내릴 수 있다. 첫째, 전자투표와 정치참여의 직접적인 인과관계는 여러 가지 제약조건으로 말미암아 밝혀내기가 어렵다는 점이다. 둘째, 전자투표는 투표방식을 변화시키는 측면이 있다는 점이다. 셋째, 전자투표로 이끄는 것은 연령, 소득, 교육 및 정치적인 성향과 커다란 연관이 있는 것이 아니라 인터넷, 컴퓨터 및 모바일과 같은 정보통신기술에 대한 확신(confidence)이라는 점이다. 그리고 마지막으로 모든 투표 채널, 즉 인터넷 투표, 우편투표 및 투개소 투표는 정치적으로 중립적이라는 점이다. 이렇게 볼 때 전자투표는 개인적 선택의 문제이며 개인적인 삶의 방식의 한 지표가 될 뿐이라고 할 수 있다.

2. 취리히 사례

취리히는 제네바 다음으로 전자투표에 적극적인 도시였다. 2001년 3월 포괄적인 전자정부 프로젝트의 일환으로 추진된 취리히의 전자투표는 2002년까지는 디자인 단계, 2003년에는 테스트 단계, 2004년에는 시범 프로젝트 완성과 실시단계 그리고 2005년부터는 투표(Abstimmen)뿐만 아니라 선거(Wahlen)까지 전자화가 가능하도록 계획을 세웠다. 취리히 프로젝트의 특징은 전략적인 측면에서 빅뱅방식(Big-Bang Approach)을 취했고, 다른 지역과는 달리 인터넷 이외에 핸드폰 SMS를 이용한 전자투표 방식의 도입을 추진했다는 점이다(Salzmann 2004).[11] 취리히는 2004년 12월 취리히 대학생들을 대상으로 시범적 전자투표를 실시한 후 2005년 10월 최초로 공식적인 전자투표를 도입하였으며, 시범기간 동안 총 3번의 전자투표를 실시하였다.

　　취리히에서 전자투표가 어떤 효과를 가져왔는지에 대해서는 2005년 11월 27일 실시된 선거에 대한 여론조사에서 어느 정도 나타나고 있는데, 이는 다음과 같은 몇 가지로 요약될 수 있다(Serduelt and Trechsel 2006).[12] 첫째, 취리히의 전자투표가 투표율을 제고시키는 데 기여했는가라는 질문에 대한 분석은 제네바의 경우와 비슷하게 나타났다. 우선 제네바와 같이 비교 가능하고 지속적인 데이터를 확보하기 어려웠기 때문에 직접적인 인과관계를 밝히는 데에는 한계가 있었다. 한편 제네바와 마찬가지로 긍정적으로 평가될 수 있는 부분이 발견되기도 하였다. 전자투표를 한 취리히의 설문 응답자 74명 중 5%가 전자투표가 아니었다면 투표를 하지 않았을 것이라고 대답했다는 사실이 긍정적으로 평가될 수 있는 부분이다. 또한 투표를 잘 하지 않는다는 사람 가운데 34.9%가 전자투표를 사용하여 선거에 참여한 것으로 밝혀졌는데, 이것 역시 항상 투표를 하는 사람들의 전자투표율 21.9%와 비교하여 볼 때 전자투표가 정치참여에 긍정적인 역할을 하였다는 것을 볼 수 있는 측면이라고 할 수 있다(Gerlach and Gasser 2009, 9). 그럼에도 불구하고 이것이 지속될 것인지 아니면 단순히 호기심 때문에 이들이 투표한 것인지 알 수 없는 관계로 전자투표가 미래에 정치참여를 증가시킬 수 있는지에 대해서는 명확한 분석을 할 수 없었다.

　　둘째, 전자투표가 정치참여 형태의 변화에 미친 영향을 분석할 수 있었는데, 이 또한 제네바의 경우와 유사하게 나타났다. [표 4-5]에서 볼 수 있듯이 설문 응답자 300명이 가장 선호하고 있는 투표 채널은 여전히

[표 4-5] 2005년 11월 27일 유권자의 투표방식

투표 채널		숫자	질의(%)	실제 투표(%)
	인터넷	61	20.3	20
	SMS	13	4.3	4
	Urn	36	12.0	11
	우편	190	63.3	65
	합계	300	100.0	100

출처 : Serduelt and Trechsel(2006, 7).

우편투표인 것으로 나타나고 있다. 65%에 달하는 우편투표율은 제네바에 비해 낮은 수치이기는 하지만, 2번째로 선호되고 있는 20%의 전자투표율에 비해 압도적임을 알 수 있다. 그러나 취리히에서는 제네바와 달리 전자투표가 우편투표를 능가하는 예외적인 현상도 발견되고 있다. 베르트쉬콘(Bertschikon)이라는 시골지역의 경우가 대표적인 사례인데, 이 지역 유권자들의 총 43%(인터넷 투표 27%, SMS 투표 16%)가 전자투표 방식을 선택함으로써 37%의 우편투표 비율을 능가하고 있는 모습을 보이고 있다(Gerlach and Gasser 2009, 9). 더욱이 투표 채널 선호도와 관련하여 기존 평균비율과 2005년 11월 선거의 비율을 교차시킨 [표 4-6]을 보면 24.3%의 투표자가 기존의 투표소 및 우편투표 방식에서 전자투표로 옮겨가고 있는 경향이 있음을 보여주고 있다. 이는 제네바의 분석에서도 나타났듯이 전자투표가 속도와 관계없이 투개소 및 우편투표와 같은 기존의 투표방식을 잠식하면서 투표방식을 변화시키고 있음을 보여준다.

　　셋째, 전자투표에 영향을 주어 정치참여를 유도할 수 있는 요인은 제네바에서와 유사하게 정보통신기술에 대한 신뢰도가 결정적이라는 분석이 나왔다(Gerlach and Gasser 2009, 9). 우선 연령, 성별, 교육 및 소득 수

[표 4-6] 평상시 투표방식과 2005년 11월 27일 투표방식

2005년 11월 27일 투표	평상시 투표 채널		
	Urn	우편투표	합계
전자투표	27.8%	23.6%	24.3
Urn	57.4%	2.1%	12.2
우편투표	14.8%	74.4%	63.5
합계	100.0%	100.0%	100.0%

출처 : Serduelt and Trechsel(2006, 14).

준과 같은 사회 · 경제 · 인구학적인 범주의 요인들을 보면 일반적으로 40~49세의 연령층, 남성, 대학교육을 받은 자 그리고 소득 수준이 높은 자들이 전자투표를 하는 경향이 높게 나타났다. 특이한 것은 젊은 층 (34.4%)보다 장년층(40.6%)에서 더 높은 전자투표율을 보이고 있다는 점 이다. 그러나 이러한 특이성에도 불구하고 사회 · 경제 · 인구학적인 요 인들이 정치참여와 직접적인 인과관계에 놓여 있다는 것을 증명하기는 어려웠다. 한편 정치적인 측면과 연관이 있는 이념 변수 역시 전자투표 에 중립적인 것으로 나타났다. 조사에 의하면 좌파 29.2%, 중간 26.9% 그리고 우파 20.4%가 전자투표를 사용했음이 밝혀졌는데, 이것은 전자 투표가 좌-우 어느 한쪽에 치중되어 편향적으로 나타나기보다는 이념 에 관계없이 골고루 분포되는 경향이 있음을 보여준다. 이에 비해 정보 통신기술에 대한 신뢰도라는 변수는 정치참여와 관련하여 유의미한 것 으로 나타났다. 일반적으로 신뢰도가 높으면 높을수록 전자투표를 선호 하는 경향이 나타났을 뿐만 아니라, 신뢰도가 높은 사람과 중간 정도인 사람은 각각 44.9%와 28.9%의 분포도를 보임으로써 양자 간에 간격이 존재하고 있음이 입증되었다.

넷째, 취리히에서는 전자투표율이 하락하는 경향도 발견되었다. 빌락(Bülach)의 경우 2005년 10월 30일 시범투표 단계에서 37.3%의 전자투표율을 보였지만 2005년 11월의 선거에서는 30%로 하락하는 경향을 보이고 있다. 더욱이 2006년 4월 2일 선거에서 빌락의 전자투표율은 20.7%까지 급격하게 하락하는 모습마저 보이고 있다. 베르트쉬콘 지역에서도 이와 같은 현상이 발견되었다. 2005년 11월 선거에서 42.8%의 높은 전자투표율을 보였던 베르트쉬콘은 그 다음 선거에서는 34.9%로 하락하는 경향을 보였다. 이러한 경향은 전자투표라는 새로운 형태의 투표방식이 모든 사람 및 지역에 동일한 영향을 미치지는 않을 것임을 의미한다. 즉 전자투표는 개인 및 지역에 따라 영향력이 상이하게 나타나기 때문에 전자투표가 일반화되고 선거가 거듭될수록 전자투표 비율이 자동적으로 증가하지는 않을 것임을 함축하고 있다.

3. 네샤텔 사례

네샤텔의 전자투표는 2002년 3월부터 전자정부 프로젝트의 일환으로 시작되었다. 네샤텔의 전자투표는 포괄적인 원스텝(one step) 개념에 입각해 추진되었는데, 이것은 주민발의 및 주민투표에 대한 전자서명(digital signature) 체제를 도입하여 코뮌, 캔톤 그리고 연방 차원의 전자투표를 동시에 달성하려는 네샤텔만의 고유한 전자투표 시스템 구축 전략이었다(Geser 2002, 13-14).[13] 2003년 5월부터는 전자투표의 두 번째 단계가 시작되었으며, 이 단계에서는 투표자간의 인터페이스, 서버와 워크스테이션 간 커뮤니케이션의 안보, 전자투표 박스의 안보문제 등에 주안점을 두면서 추진되었다. 그리고 이러한 노력으로 2005년 9월 네샤텔에서 첫 번째 인터넷 주민투표가 실시되었으며, 2005년 11월 27일에는 두 번째 주민투표가 이루어졌다. 총 2회 실시된 네샤텔의 전자투표 시범 프로젝트는 적은 횟수이지만 유권자들의 전자투표율을 볼 때 다른 2개 캔톤에 비해 매우 높게 나타나고 있다는 특징을 보이고 있다.[14] 즉 네샤텔의 전자투표율은 앞의 [표 4-1]에서 볼 수 있듯이 각각 68.8%와 55.1%를 보이고 있는데, 이것은 다른 2개 캔톤들이 보이고 있는 평균 27%에 비해 월등히 높은 수치라고 할 수 있다.

네샤텔의 전자투표가 정치참여에 어떠한 영향을 미쳤는지를 분석하는 것은 쉽지 않다. 왜냐하면 네샤텔의 전자투표와 관련된 자료 및 데이터들이 매우 부족하고 제약되어 있기 때문이다. 그럼에도 불구하고 2005년 9월 25일 투표 실시 후 전자명부에 등록된 유권자에게 이메일을 통해 실시한 여론조사의[15] 결과를 통해 미약하게나마 전자투표가 네샤텔에 미친 파급효과를 유추할 수 있다. 우선 여론조사 결과에 나타난 내용은 다음과 같이 요약될 수 있다. 첫째, 인터넷은 젊은 층이 주로 사용하지만 60세 이상이 16.5%, 그리고 50-59세 연련층도 27%가 사용할 정도로 관심이 있는 것으로 나타났다. 둘째, 대다수는 아직도 우편투표제를 사용하는 것으로 나타났다. 셋째, 전자투표를 하지 않은 이유는 기술적인 것이었다. 유권자의 6.9%가 이런 기술적 문제를 경험했는데, 이 가운데 5.8%는 전자명부 접속의 문제였고 1.1%는 컴퓨터 오작동의 문제였다. 마지막으로 전자투표와 정치참여와의 명확한 상관성은 밝혀내기가 어려웠다. 왜냐하면 전자투표를 한 유권자의 대다수는 거의 정기적으로 투표를 하던 사람들임이 밝혀졌기 때문이다. 따라서 다른 2개의 캔톤과 마찬가지로 네샤텔에서도 전자투표의 도입이 정치참여를 증가시켰다고 결론내리기 어려웠다.

V. 결론

스위스는 자국의 저조한 투표율을 제고시키기 위하여 전자투표를 도입했다. 그리고 시범적 프로젝트가 끝난 현재 그 효과에 대한 분석들이 하나 둘씩 나오고 있는 상황이다. 시범 프로젝트에 대한 현재까지의 분석내용들을 볼 때 스위스 전자투표에 대하여 다음과 같은 몇 가지 결론들이 도출될 수 있다. 첫째, 많은 사람들이 가장 궁금해 하는 문제, 즉 스위스 전자투표의 도입이 정치참여를 유발하고 결과적으로 투표율을 제고시켜 소기의 목적을 달성하였는가라는 질문에 대해서는 지금까지 실시된 여론조사들의 분석결과를 볼 때 확답을 내리기 매우 어렵다고 할 수 있다. 부분적으로 볼 때 전자투표는 젊은 층과 투표를 잘 하지 않는 사람들을 투표행위로 끌어들이는 경향이 있음이 발견되었다. 이로 미루어 볼 때 전자투표가 정치참여를 유발시킨다고 할 수도 있다. 그러나 이것이 지속적인 효과임을 증명하기 위해서는 비교 가능한 다량의 데이터들이 필요한데, 현재까지는 이런 데이터를 확보하기가 어렵기 때문에 일반화될 수 없는 한계를 보였다. 또한 여론조사 자체가 지역적으로 협소한 캔톤에 한정되어 있기 때문에 지역적인 특성에 따라 달리 나타나고 있는 캔톤 간의 상이한 분석결과들을 가지고 일반화시키기에는 무리가 있었다(Bundesrat 2006). 따라서 스위스의 전자투표가 정치참여를 유발하여 투표율을 제고시켰다는 주장이 현재로서는 성립될 수 없다.

둘째, 전자투표는 스위스의 투표형태를 변화시키고 있지만 근본적으로 기존의 투표방식을 대체하지는 못하고 있다. 여론조사의 내용들을 보면 전자투표의 도입과 함께 스위스의 투표형태가 변화되고 있음을

보여주고 있다. 특히 전자투표는 기존의 우편투표 방식을 잠식하면서 2
번째로 선호되는 투표 채널로 자리 잡고 있는 경향을 보여주고 있다. 그
러나 전자투표율은 대체적으로 20-25% 선에서 안정화되는 경향을 보
이고 있는데, 이는 전자투표가 여전히 60-70%를 유지하고 있는 우편투
표를 완전히 대체할 수 없다는 것을 보여준다. 예외적으로 베르트쉬콘과
같은 시골지역에서 전자투표가 가장 선호되는 투표 채널로 나타나고 있
는 경우도 있지만, 여론조사의 결과들은 모두 우편투표가 여전히 가장
선호되고 있는 투표 채널임을 보여주고 있다. 이것은 유권자들이 아직까
지 전자투표보다는 우편투표가 안정성을 더 보장한다고 생각하고 있기
때문이다. 따라서 전자투표가 우편투표를 대체하기 위해서는 정보통신
기술에 대한 신뢰도를 높이는 데 주력해야 할 것이다.

셋째, 전자투표와 정치참여의 상관관계는 사회 · 정치 · 경제적인
요인보다는 사회기술적인 요인에 의해 더 영향을 받는 것으로 나타났다.
일반적으로 남성, 젊은 층, 높은 교육 수준 및 고소득층이 전자투표를 많
이 사용하는 경향이 있지만 정치참여에 직접적인 영향을 주는 것은 아
니라는 것이 밝혀졌다. 또한 전자투표는 정치적으로 중립적인 것으로도
나타났다. 이것은 전자투표 자체가 어떤 특정한 결과를 야기하는 것이
아니라, 다양한 투표 채널에 서로 동일한 결과를 가져오기에 정치참여
변화에 어떠한 유의미한 영향도 미치지 않음을 의미한다. 반면 사회기술
적인 변수, 즉 컴퓨터 지식 수준, 인터넷 접속방법, 인터넷 커뮤니케이션
에 대한 신뢰 및 전자투표 과정 자체에 대한 신뢰 등은 정치참여와 매우
깊은 연관이 있는 것으로 나타났다.

2000-2006년까지 정부 지원 하에 진행된 스위스의 시범적 전자
투표 프로젝트는 현재 끝난 상황이며, 프로젝트 출범 당시 정부가 보증
했던 5년간의 재정적인 지원 역시 모두 소멸되었다. 그럼에도 불구하고

스위스 정부는 3개의 캔톤들이 자신들이 구축한 전자투표 시스템을 계속해서 사용할 수 있도록 개방해 놓은 상태이다. 따라서 캔톤들의 의지만 있다면 전자투표는 앞으로도 계속될 가능성이 존재한다. 그러나 지금까지 실시된 전자투표에 대한 위와 같은 분석결과는 스위스에서 전자투표의 도입이 순탄하지만은 않을 것이라는 전망을 내놓게 하고 있다. 무엇보다도 전자투표와 정치참여 간의 상관관계가 명확하게 밝혀지지 않은 이유로 인해 스위스의 전자투표는 이미 정치권으로부터 도전에 직면하고 있다.

현재 스위스 정치권은 전자투표를 반기는 분위기가 아니며, 오히려 전자투표를 반대하는 커다란 정치적 세력이 존재하고 있는 상황이다 (Mendez 2007, 15). 이들은 전자투표가 갖는 리스크, 비용, 정보격차 및 투표가 갖는 상징적 행동 의미의 평가절하 등을 이유로 반대를 하고 있다. 그리고 이런 이유 등을 들어 의회는 이미 2007년 9월 전자투표를 제약하는 결의안을 통과시켰다. 이 결의안은 2011년까지 전자투표 비율을 연방 차원의 경우 전체 투표자의 10% 이내, 그리고 캔톤의 경우 전체 투표자의 20% 이내로 한정하는 내용을 담고 있다(Schweizerische Bundesrat 2006, 5461). 따라서 현재 스위스 전자투표의 문제는 경제적·기술적인 문제가 아니라 정치권의 도전 문제에 봉착해 있으며, 이를 해결하지 못할 경우 스위스 전자투표의 미래는 밝지 않다고 할 수 있다.

이에 비해 스위스 정부와 전자투표 옹호자들은 현재 가장 선호되고 있는 우편투표제 역시 사회적으로 받아들여지고 일반화되는 데 30년 이상의 시간이 걸렸다는 데에 주목하고 있다. 우편투표제가 상당히 오랜 기간 동안 전체 캔톤들 중 50% 미만 지역에서 사용되었다는 점을 감안하여 스위스 정부는 전자투표에 대해 우편투표제와 마찬가지로 '개방된 접근법'을 사용하고 있다. 즉 스위스 정부는 빅뱅(big bang)과 같은 방식을 통해 일거에 전자투표를 도입하는 것이 아니라, 캔톤들이 전자투표를 자유로이 실시할 수 있도록 개방해 놓고 점진적으로 확산시키는 전략을 선택하고 있다. 각각의 캔톤들이 가지고 있는 상이한 투표제도 및 과정들을 고려할 때, 그리고 이로 인해 전자투표제도가 모든 캔톤에서 빠른 시일 내에 일반화될 수 없다는 점을 고려한다면 스위스 정부의 전략은 어느 정도 의미 있는 전략이라고 할 수 있다. 이런 장기적인 전략 속에서 사용자 친화적이고 기술적으로 안전한 전자투표제도가 마련된다면 정치권의 도전도 극복하면서 전자투표가 스위스 사회에 일반화될 가능성은 여전히 존재하고 있다.

| 참고문헌 |

한영빈. 2008. "스위스의 전자투표 : 도입배경, 현황 및 전망을 중심으로." 『유럽 연구』 Vol. 26, No. 1, pp. 125-151.

Arterton, C. 1987. *Teledemocracy : Can Technology Protect Democracy?* Newbury Park : Sage.

Barber, B. 1984. *Strong Democracy : Participatory Politics for a New Age.* Berkeley : University of California Press.

Bimber, B. 1998. "The Internet and Political Transformation : Populism, Community, and Accelerated Pluralism." *Polity* Vol. 31, No. 1, pp. 133-171.

Braun, N. and Brändli. 2006. "Swiss E-Voting Pilot Projects : Evaluation, Situation Analysis and How to Proceed." in R. Krimmer (ed.). *Electronic Voting 2006.* 2nd International Workshop, pp. 27-36.

Braun, N. 2004. "E-Voting : Switzerland's Projects and their Legal Framework." A Prosser and R. Krimmer (eds.). *Electronic Voting in Europe : Technology, Law, Politics and Society.* Workshop of the ESF TED Programme, Austria, pp. 43-52.

Bundesrat. 2006. Bericht *Über die Pilotprojekte zum Vote electronique* (http://www.admin.ch/ch/d/ff/2006/5459.pdf 2008/07/20 검색).

Canton Geneva. 2004. *A picture of online voters in the case of the Carouge municipal referendum of April the 18th* (http://www.geneve.ch/evoting/english/doc/rapports/rapport_final_carouge_en.pdf 2008/07/20 검색).

Canton Geneva. 2005. *History and results of the tests and official ballots* (http://www.geneve.ch/evoting/english/historique.asp 2007/03/20 검색).

Castells, M. 2001. *The Internet Galaxy : reflections on the Internet, business and society.* Oxford University Press.

Chevallier M., Warynski M and Sandoz A. 2006. "Success Factors of Geneva's e-

Voting System." *The Electronic Journal of e-Government* Vol. 4, No. 2, pp. 55-62 (http://www.ejeg.com/volume-4/vol4-iss2/chevallier_et_al.pdf 2008/07/20 검색).

Christin T. and Trechsel A. H. 2005. *Analysis of the 26th September 2004 ballot as held in four Geneva municipalities* (http://www.geneve.ch/evoting/english/doc/rapports/rapport_26sept_english_final.pdf 2008/07/20 검색).

Christin T. and Trechsel A. H. 2004. *who votes via the Internet?* (http://www.geneve.ch/evoting/english/doc/rapports/200409_rapport_carouge_meyrin.pdf 2007/03/20 검색).

Gerlach, J. and Gasser, U. 2009. *Three Case Studies from Switzerland : E-Voting.* Internet & Democraacy Case Study Series. Berkman Center Research Publication No. 2009-03.1.

Geser, Hans. 2002. *E-voting project in Switzerland* (http://socio.ch/intcom/t_hgeser12.htm 2007/03/20 검색).

Gibson, R., Margolis, K. M., Resnick, D. and Ward. S. J. 2003. "Election Campaigning on the WWW in the USA and UK : A Comparative Analysis." *Party Politics* Vol. 9, No. 1, pp. 47-75.

Griffin, D., Trevorrow, P. and Halpin, E. 2006. "Using SMS Texting to Encourage Democratic Participation by Youth Citizens : a Case Study of a Project in an English Local Authority." *The Electronic Journal of e-Government.* Vol. 4, No. 2, pp. 63-70.

Houston, A., Yao, Y., Okoli, C. and Watson, E. 2005. "Will remote electronic voting systems increase participation?" *Electronic Government* Vol. 2, No. 3, pp. 353-368

Laudon, K. 1977. *Communication Technology and Democratic Participation.* London : Sage.

Mendez, F. 2007. *e-Democratic Experimentation in Europe : The Case of e-Voting.* e-Working Papers 2007/02. E-Democracy Centre. Universität Zürich (http://www.epractice.eu/files/media/media1997.pdf 2008/07/20 검색).

Norris. P. 2003. "Preaching to the Converted? : Pluralism, Participation and Party Websites." *Party Politics* Vol. 9, No. 1, pp. 21-45.

Oostveen, A. M. and Besselaar, P. 2004. "Internet Voting Technology and Civic Participation : The User's Perspective." *The Public.* Vol. 11, No. 1, pp. 61-78.

Peart, N. M. and Diaz, R. J. 2007. *Comparative Project on Local e-Democracy Initiatives in Europe and North America.* Geneva. Switzerland. (http://edc.unige.ch/download/ESF%20-%20Local%20E-Democracy.pdf 2008/07/20 검색).

Rubin, A. "Security Considerations for Remote Electronic Voting over the Internet" (http://avirubin.com/e-voting.security.pdf 2009/02/13 검색).

Salzmann, M. 2004. *Erfolgsfaktoren im E-Government* (http://www.e-gov.zh.ch/inter net/sk/e-gov/de/doku/publ.print.html 2009/02/13 검색).

Schiller, H. 1996. *Information Inequality : The Deeping Social Crisis in America.* New York : Routledge.

Schweizerische Bundesrat. 2006. *Bericht über die Pilotprojekte zum Vote électronique* (http://www.admin.ch/ch/d/ff/2006/5459.pdf 2009/02/13 검색).

Serduelt, U. and Trechsel A. H. 2006. *Umfrage bei Stimmberechtigten der Zuericher Gemeinden Bertschikon, Buelach und Schlieren anlaesslich des Pilotversuchs zum Vote electronique vom 27.* November 2005 (http://www.edemocracycentre.ch/edcad min/images/Umfrage%20bei%20Stimmberechtigten.pdf 2008/07/20 검색).

Trechsel H. A. 2007. *E-voting and electoral participation.* unpublished manuscript.

Ward, S., Gibson, R. and Lusoli, W. 2005. *The promise of 'virtual representation' : the public view.* ESRC e-Society Programme report. UK. February.

Wellman, B., Haase, A. Q., and K. Hampton. 2001. "Does the Internet Increase, Decrease, or Supplement Social Capital? Social Networks, Participation, and Community Involvement." *American Behavioral Scientist* Vol. 45, pp. 436-455.

| 주 |

1. 전자투표란 유권자 등록, 투표, 개표, 검표 등의 선거과정에서 전체 또는 부분적으로 디지털(digital) 처리과정을 포함하는 선거관리 방식을 의미한다. 전자투표의 유형은 다양하게 분류되고 있지만 그 요체는 터치스크린 시스템과 같이 투표소나 관공서 등의 지정된 장소에서 실시되는 PSV(Poll Site Voting) 방식과 인터넷 투표로 대표될 수 있는 웹, 모바일 기반의 RVEM(Remote Voting by Electronic Means) 방식의 두 단계로 분류된다. 현재는 PSV 방식이 지배적으로 시행되고 있으며, 앞으로는 RVEM 방식이 확대될 것으로 전망되고 있다.

2. 스위스의 전자투표 도입 배경, 과정 및 현황에 대한 보다 자세한 논의는 한영빈(2008)을 참조할 것.

3. 시범 프로젝트의 출발은 2000년 6월 전자투표 프로젝트를 위한 작업 그룹들이 정부와 캔톤들 간의 협력 하에 만들어지면서부터라고 할 수 있다. 이 과정에서 3개의 캔톤, 즉 제네바(Geneva), 네샤텔(Neuchâtel) 그리고 취리히(Zürich)가 파일럿 프로젝트에 참여하는 데 합의했으며, 2002년 3월 정치적 권리에 대한 헌법이 수정됨에 따라 전자투표를 위한 시범 프로젝트의 실시가 현실적으로 가능할 수 있는 기반이 마련되었다. 그후 3개 캔톤은 각각의 일정에 따라 2006년까지 전자투표를 실시하였고, 중간평가 단계를 거쳐 전자투표를 지속시킬 것인지의 여부를 판단하는 과정을 걷게 되었다.

4. 스위스가 우편투표제를 처음 도입한 것은 이보다 훨씬 이전이다. 1957년 와트(Waadt)라는 캔톤이 우편투표제를 처음 도입하였다.

5. 스위스의 우편투표제는 투표율이 더 심하게 하락하는 것을 방지했을지는 몰라도 투표율을 상승시키지는 못했다는 분석이 일반적인 견해로 작용하고 있다. 더욱이 우편투표제의 도입은 스위스의 투표율을 악순환적인 상태로 몰아가고 있다고까지 주장되고 있다. 즉 우편투표제의 도입과 함께 투표소의 사용이 감소함에 따라 투표소가 많이 사라졌으며, 그 결과 유권자들이 더 많은 거리를 걸어가서 투표를 해야만 하는 악순환적 상황이 발생하여 투표율

제고에 부정적으로 작용하였다는 것이다. 또한 우편투표제와 함께 주민발의(initiative)와 주민투표(referendum)에 필요한 서명을 모으기 어렵게 되었다는 단점이 발생했다. 즉 과거에는 투표소에서 나오는 유권자를 붙잡고 서명을 받으면 되었지만 우편투표제로 인해 사람들을 만나기 어렵게 됨에 따라 필요한 서명을 확보하기가 어려워졌으며, 이로 인해 스위스의 전통적인 민주주의 특성 역시 흔들리게 되는 문제를 노출시켰다는 비판을 받고 있다.

6. 연방정부 지원 하에 실시된 '전자투표 시범 프로젝트' 후에도 개별 캔톤들은 독자적으로 전자투표를 실시하고 있다. 2005년 이후 실시된 주요 전자투표는 다음과 같다. 2006년 11월 26일(네샤텔 : GU 그리고 취리히 : Bertschichkon, Bülach, Schlieren), 2007년 11월 3일(네샤텔 : GU), 2007년 6월 17일(네샤텔 : GU 그리고 취리히 : Bertschichkon, Bülach, Schlieren), 2008년 2월 24일(네샤텔 : GU), 2008년 6월 1일(네샤텔 : GU 그리고 취리히 : Bertschichkon, Bülach, Schlieren).

7. 제네바 전자투표의 특징은 전자투표가 젊은 층 유권자들의 참여 유도와 같이 특정한 목적을 가지고 추진되는 것과는 달리, 제네바를 유럽의 'E-Capital'로 만들겠다는 야심찬 목표를 가지고 추진되고 있다는 데서 찾을 수 있다. 이러한 이유로 제네바의 전자투표는 다른 지역과는 달리 단순히 예(Yes) 또는 아니오(No)를 선택하는 주민투표(Abstimmung) 방식에만 초점을 두고 있을 뿐, 선거(Wahlen)를 위한 전자투표 체계는 발전시키고 있지 않다. 이런 투표기술 방식은 다른 지역보다 특별히 월등한 기술을 요하고 있지 않기에 보다 수월하고 보다 많은 전자투표를 가능케 하는 것이다.

8. 제네바의 전자투표가 성공적이었다고 평가되고 있는 것은 기술적인 문제라기보다는 매우 엄격하게 통제되며 추진된 체계적 특성에 기인하고 있다고 보고 있다. 쉐발리에(Chevallier)에 따르면 제네바 프로젝트가 성공한 요인은 3가지로 요약될 수 있는데, 첫째는 제네바 프로젝트가 캔톤 주 최상위 정치권(State Chancellor)에 의해 후원되어 프로젝트에 대한 시민들의 신뢰도를 높일 수 있다는 점, 둘째 프로젝트를 단계적으로 착실히 추진하였다는 점, 그리고 마지막으로 프로젝트가 여러 전문분야들이 융합된 체계적인 시스템을 갖고 있었다는 점이다(Chevallier 외. 2006, 57).

9. 이 조사에 응한 유권자는 총 1,014명이었으며 Aniere(1,214명 유권자), Cology-ny(2,553명), Carouge(9,167명), Meryrin(9,203명) 중 각각 149명(14.7%), 151명(14.9%), 356명(35.1%), 358명(35.3%)으로 분포되었다. 투표 이슈는 연방문제 4개의 주민투표(referendum)와 캔톤 문제 2개의 주민투표로 구분되었다. 전자는 예를 들어 스위스에서 출생한 외국인에게 시민권을 부여하는 문제, 후자는 주유소에서 저녁에 술 판매를 금지하는 문제 등과 같은 것에 관련한 것이었다.

10. 정당소속(political affiliation)이란 변수와 관련하여 볼 때 녹색당원이 다른 정 당보다 더 전자투표를 선호하고 있음이 나타났다. 인터넷 투표자 중 15.4% 가 정당을 가지고 있었는데, 이 가운데 20%가 녹색당원이었으며, 극우정당인 UDC와 스위스 애국당(Swiss Patriots)은 7.3%에 머무르고 있었다(Christin and Trechsel 2005, 24). 정치제도신뢰와 정치가 신뢰에서 나타난 일반적인 경향은 정치제도 및 정치가 신뢰도가 높으면 정치참여가 높다는 것이었다. 그럼에도 불구하고 그 신뢰도를 상-중-하-제로와 같이 4등급으로 분류해 보았을 때 인터넷 투표, 우편투표 및 투표소 투표 등과 같은 모든 투표 채널 은 이런 신뢰도의 차이와 관계없이 유사한 비율로 나타났다.

11. 취리히 프로젝트의 최대 난제는 투표명부(Stimmregister) 문제를 해결하는 것이었다. 취리히에서는 우선 코뮨의 디지털 투표명부(communal digital vo-terregister)를 만드는 시도를 하였다. 문제는 취리히가 자치적인 작은 지역구 가 많은 관계로 인해(171개) 통일된 투표명부를 만들기 어려웠다는 점이다. 그리하여 이런 자치적이고 다양한 명부의 원활한 통합을 위해 특수한 어댑 터가 프로그램화되었으며, 이를 통해 캔톤 차원의 명부를 만들어낼 수 있었 다. 디지털 투표명부 외에 투표권증명서(Stimmrechtsausweiss) 역시 새로 만 들었다. 여기에는 유권자 아이디(user-ID)와 패스워드가 들어 있는데 유권 자들은 이것을 우편을 통해 받고 인터넷 또는 핸드폰을 이용해 투표를 할 수 있게 되었다.

12. 이 조사는 투표에 참여한 3개 도시 Bertschikon, Bülach, Schlieren의 투표자 300 명을 대상으로 하였다. 이 투표에서 취리히 전제 투표율은 43.5%, 인터넷 투 표율은 24%였는데 분석 대상인 3개 도시에서는 각각 투표참여율이 47.6%, 34.4%, 38.8%였고 인터넷 투표율은 43%, 17%, 22%였다.

13. 네샤텔의 전자투표 체제는 텔레뱅킹 과정에서 사용하는 방식과 유사하다고 할 수 있다. 우선 유권자는 코드바와 홀로그램이 내장된 투표 카드를 받게 된다. 이 카드 없이는 아무도 투표를 할 수 없으며, 투표자의 생년월일 및 전 자서명과 함께 정부 당국에 인증을 받아야 한다. 카드를 사용하여 인증을 하 면 시스템이 유권자가 이전에 투표를 했는지 여부를 체크한다. 이 체크가 성 공적으로 통과되면 유권자는 접속 코드 및 패스워드를 받는다. 그래야만 이 를 가지고 공식적인 투표 사이트로 접속할 수 있다. 투표를 하기 위해서는 우 편으로 받은 추가적인 비밀번호를 입력해야 한다. 이런 전자행정(e-guicht) 개념에 입각한 네샤텔 방식은 일단 인증이 되면 개인들이 어디에서나 공식 적인 업무처리에 대해 다차원적 접근이 가능하며 전자적으로 처리를 할 수 있다는 장점을 지니고 있다. 이것이 소위 네샤텔이 추구하는 원스톱 전자창 구를 통한 전자투표 체제인 것이다.

14. 앞의 주에서도 기술하였지만 네샤텔은 정부 지원 하에 실시된 시범 프로젝

트가 끝난 후에도 2008년까지 5번 더 전자투표를 실시하였다.

15. 이 여론조사는 2005년 9월 29일부터 10월 31일에 걸쳐 실시되었다. 이 조사에는 약 58%가 응답했다.

제5장

네덜란드 전자투표제의 현황과 전망

I. 서론

　　전자투표제의 도입을 둘러싼 논쟁에서 회의론자들의 입장에 점점 무게가 실리는 추세이다. 대의제 민주주의의 한계를 극복하는 새로운 대안으로 전자투표제의 장점을 적극적으로 강조해 온 낙관론자들의 기대와는 달리, 전자투표제는 기존의 투표과정을 대체하기에는 여전히 확신을 주지 못하는 기술적인 한계가 드러나고, 아울러 이와 관련된 사회적 합의 도출의 어려움이라는 난관에 봉착한 상태이기 때문이다. 특히 2006년 10월 네덜란드의 한 TV 방송국이 공개적인 시연회를 통해 전자투표 과정의 조작가능성을 확인(EU iDABC 2008, 3 ; Unwatched 2006)한 이후 네덜란드 정부 당국이 전자투표제를 금지한 사례는 전 지구적 차원에서 전자투표제가 빠른 속도로 확산될 것으로 전망한 낙관론자들의 입지를 더욱 약화시키고 있다.

　　인터넷 투표를 포함한 전자투표 도입을 둘러싼 논쟁은 초창기부터 찬반양론으로 확연하게 나뉘어져 온 것이 사실이다. 선거 비용의 절약, 투표율 제고, 직접민주주의 강화 및 심의민주주의를 가능하게 하는 유권자에 대한 충분한 정보와 토론장의 제공 등이 찬성론자들의 주요 주장이라면, 세대 그리고 소득 수준 차이에서 기인하는 정보격차, 전자투표의 기술적 불안전성과 신뢰의 문제, 비밀보장의 불완전성 등 위험요인을 강조하는 것은 반대론자들의 주요 논거들이었다(Kersting, Leenes and Svensson 2004, 277–287). 물리적 공간에 제약받지 않고 자유로운 이동을 통해 투표율을 제고하고 유권자 입장에서 적은 투표참여 비용으로 인한 편의성, 그리고 신속하고 정확한 표의 집계가 가능한 편리성 및 투표과정에 소요되는 비용의 절감 요인 등을 내세우면서 전자투표제를 적극 옹호하는 측과 달리, 사회계층 간의 간극에서 기인하는 정보격차에 의한 투표방식의 중립성 훼손과 이와 관련된 정치적 불평등의 문제, 그리고 비밀투표 원칙이 준수되는가에 대한 기술적 검증의 미비로 인한 표의 매수 가능성 및 악의적인 해커나 바이러스의 침투로 인한 선거과정의 취약성과 부정확성 등은 전자투표제의 도입에 반대하는 입장을 뒷받침하는 주요한 이유들이었다(김용철 · 윤성이 2005, 172–176).

　　도입을 둘러싼 오랜 기간의 논쟁 와중에서도 선거 현대화를 위한 수단으로 전자투표가 미래의 지배적인 투표방식이 될 것이라는 주장이 힘을 얻어 1990년대 중후반 이후 지난 10여 년간 다수의 국가들에서 전자투표가 새로운 투표방식으로 부분적으로나마 시범 실시되었고, 전국적 단위의 공직선거에까지 이르는 전면적인 실시를 목표로 하는 준비작업들이 적극적으로 추진되어 왔다. 그러나 그 과정과 결과는 기대와 예상만큼 순조롭고 속도감 있게 진행되지 않고 있으며, 2006년 말 이후의 네덜란드 사례는 이러한 상황을 분명하게 보여주고 있다. 국민 주권의 원리를 보다 내실 있게 실현하기 위한 기술적 기제로서 그 정당성을 강조해 온 전자투표가 오프라인 중심의 기존 투표방식이 견지하고 있는 민주주의의 실현을 위한 기본 정신과 원칙을 최소 요건으로 올바르게 계승하고, 더 나아가 이보다 한층 진일보한 형태로 심화시킬 수 있느냐는 근본적인 문제가 또 다시 부각되고 있는 형국이다.

이러한 상황에서 본 연구는 1990년대 후반 이후 상대적으로 빠르게 진행되던 네덜란드의 전자투표제 도입과 확산과정이 급속하게 냉각된 요인을 분석해 보고자 하는 목적에서 출발한다. 체계적인 연구를 위해 전반부에서는 먼저 1990년대 중반 이후 본격화된 네덜란드의 정보화 추진 과정과 현황 및 그간 추진되어 온 전자투표제 도입 과정과 실시 현황을 정리한다. 이 과정에서 전자투표제의 기술적·물질적 조건 상황과 아울러 전자투표제의 도입과 시행에 유리한 여건으로 작용한 정치제도 및 정치문화적 배경 등을 종합적으로 추적한다. 후반부에서는 이러한 상황적 흐름과 달리 최근 전자투표제를 중단하게 된 과정과 원인을 정리하고 분석한다. 전자투표제의 중단과 관련된 해외 사례 연구는 그간 낙관적인 관점에 집중돼 온 전자투표제에 대한 국내 연구와 관련하여 시사하는 바가 크다. 전자투표제를 둘러싼 네덜란드의 현황을 파악하는 연구는 국내에서의 전자투표 도입과 관련한 논의의 쟁점과 앞으로의 전망을 밝히는 작업과 별개가 아니기 때문이다.

II. 네덜란드 전자투표 도입 배경

1. 정보화 현황

광의적 의미에서 전자투표제는 투표소에 설치된 전자투표기 또는 퍼스널 컴퓨터, 휴대폰, PDA 등을 활용한 인터넷 투표 등 컴퓨터를 통한 투표 시스템 전체를 말한다. 취약한 접근성을 극복하거나 선거 비용 절약 등의 이유로 부분적으로 도입돼 온 전자투표는 '인터넷 투표가 선거결과를 바꿨다'는 내용이 회자될 만큼 정치과정과 문화에서 그 의미와 중요성이 부각되면서 1990년대 후반 이후 빠르게 확산되어 온 것이 사실이다(서진석 2007). 그러나 전자투표제의 채택과 시험적 실시 과정이 각 국에서 동일한 기술적 수준과 내용 및 속도로 진행되어 온 것은 아니다.

구미 국가들의 경우, 네덜란드에서 최근 일어나고 있는 상황 이전까지 진행된 전자투표제 도입 수준을 국가별로 유형화하면 크게 세 가지로 대별된다. 첫째는 오스트리아, 스페인 그리고 스칸디나비아 국가군이 속하는 유형으로 전통적인 '종이와 연필' 투표제도를 고수하고 현상 유지에 만족한 나라들이다. 이들 나라들에서는 전자투표제에 대해 적극적인 정책이나 계획이 수립되어 있지 않았던 관계로 인터넷 투표가 현실화되기 위해서는 오랜 시간을 필요로 할 것으로 보였다. 둘째 유형에는 프랑스, 아일랜드, 이탈리아 그리고 포르투갈이 해당되며, 이들 국가들은 오프라인의 전통적인 투표방식을 기본적으로 유지하면서 전자투표 기기를 부분적으로 도입할 계획은 있었으나 인터넷 투표로까지는 전환할 계획이 없었던 나라들이다. 셋째 유형에는 에스토니아, 스위스, 영국, 독일 그리고 네덜란드와 미국이 해당되며, 이들 국가에서는 첨단기법까지를 포함한 전자투표의 모든 방식을 적극적으로 도입할 것을 표명해 온 나라들이다. 특히 네덜란드는 미국 및 독일과 함께 이미 존재하는 투표기기를 우선적으로 키오스크 투표로 전환하고, 이후 종국적으로는 인터넷 투표로 단계적으로 확산할 계획을 가졌던 나라로 전자투표에 관한한 선도적인 국가 유형군에 속했다(Kersting, Leenes and Svensson 2004, 287-291).

이러한 분류에 따르면 본 연구의 대상 국가인 네덜란드에서는 다른 국가들에 비해 상대적으로 빠른 시기 안에 전국적 차원의 공직선거 과정에서도 인터넷 등을 통한 온라인 선거가 공식적으로 도입될 것으로 전망되었다. 네덜란드가 전자투표제 도입에 있어 선도적인 그룹에 속할 수 있게 된 배경으로는 무엇보다도 다음 두 가지 사항, 즉 정보화 수준을 중심으로 한 물질적 · 기술적 여건과 아울러 이를 바탕으로 전자투표제를 가능하게 하는 정치제도 및 정치문화적 요인을 들 수 있다.

전자투표가 온라인 선거로 한정될 수는 없지만, 인터넷 투표가 현재의 기술 수준에서 전자투표의 최종적 도달지점임을 감안할 때, 정보화지수를 중심으로 한 현재의 기술적 도달 수준과 전자투표를 가능하게 만든 기반시설 현황에 대한 검토작업은 네덜란드의 전자투표 도입과정에 대한 이해에 앞서 우선적으로 정리되어야 할 사항이다. [표 5-1]에서 알 수 있듯이 2009년에 발표된 자료에 근거할 때 네덜란드의 정보화 수준은 분명 정보화 선진국에 해당되며, 전자투표제를 위한 기술적 기반은 이미 충분한 상태라는 데 이의를 제기할 수는 없을 것이다. 초고속 인터넷 가입자 수에 있어서는 덴마크에 이어 두 번째로 정보화 선진국으로 분류되는 북유럽의 다른 국가들보다 앞선 상태이고, 2008년 현재 전자

[표 5-1] 정보화 관련 주요 지표

구분	초고속 인터넷 가입자 수(2007)		인터넷 이용자 수(2005)		전자정부 준비 지수(2008)		초고속 인터넷 요금(2006)	
순위	국가	100명 당	국가	100명당	국가	종합 지수 (점)	국가	100Kbit당 /US 달러
1	덴마크	35.1	아이슬란드	87.76	스웨덴	0.9157	한국	0.03
2	네덜란드	34.8	뉴질랜드	79.42	덴마크	0.9134	일본	0.06
3	아이스란드	32.2	스웨덴	76.52	노르웨이	0.8921	네덜란드	0.14
4	노르웨이	31.2	호주	70.40	미국	0.8644	대만	0.18
5	스위스	31.0	한국	68.35	네덜란드	0.8631	스웨덴	0.24
6	핀란드	30.7	룩셈부르크	67.74	한국	0.8317	싱가포르	0.25
7	한국	30.5	그린란드	66.32	캐나다	0.8172	이탈리아	0.31
8	스웨덴	30.3	패로 아일랜드	66.00	호주	0.8108	핀란드	0.36
9	룩셈부르크	26.7	영국령 건시	64.52	프랑스	0.8038	프랑스	0.37
10	캐나다	26.6	영국	63.27	영국	0.7872	미국	0.49
11	영국	25.8	캐나다	63.01	일본	0.7703	독일	0.52
12	벨기에	25.7	미국	63.00	스위스	0.7626	영국	0.63
13	프랑스	24.6	핀란드	62.90	에스토니아	0.7600	리투아니아	0.70
14	독일	23.8	네덜란드	62.28	룩셈부르크	0.7512	홍콩	0.83
15	미국	23.3	버뮤다	60.99	핀란드	0.7488	포르투갈	0.94

출처 : OECD(2007/12) ; IMD(2008/05) ; UN(2008/01) ; 한국정보사회진흥원(2009)의
자료를 종합하여 재구성.

정부 준비 지수에 있어서도 북유럽 국가 및 미국에 이어 네덜란드는 상
위의 자리를 차지하고 있다. 초고속 인터넷 요금에 있어서도 한국과 일
본에는 미치지는 못하나 유럽의 다른 국가들보다는 저렴한 비용으로 사
이버 공간에의 접근 가능성을 높이고 있다. 전반적으로 네덜란드는 사이
버 공간의 활용을 위한 제반 시설이 잘 갖추어진 대표적인 나라에 해당

[표 5-2] 세계 정보사회 지수와 순위

국가	종합순위 (2004)	종합지수 (2004)	부문별 지수 및 순위							
			컴퓨터		통신		인터넷		사회	
			순위	지수	순위	지수	순위	지수	순위	지수
스웨덴	1	1,056.2	11	190.7	5	229.98	2	272.63	3	363
덴마크	2	1,014.2	3	241.2	11	162.46	4	256.04	5	355
미국	3	991.0	1	252.3	13	159.52	14	231.62	7	347
싱가포르	4	979.8	5	234.6	3	251.79	7	249.50	31	244
노르웨이	5	979.5	7	222.9	18	142.20	5	254.58	4	360
스위스	6	969.9	2	247.3	21	139.16	8	249.26	12	334
네덜란드	7	**968.1**	4	**236.6**	14	**151.28**	11	**237.09**	10	**343**
호주	8	960.6	16	174.6	7	202.66	16	229.99	6	353
핀란드	9	958.7	15	174.6	12	161.59	6	249.69	1	373
한국	10	958.4	20	148.7	2	277.36	3	262.70	25	270

출처 : 한국전산원(2007, 419).

된다.

　　세계적 차원에서 네덜란드의 정보화 수준과 변화 추이는 위 자료 이전에 공표된 다른 자료와의 비교 분석을 통해서도 알 수 있다. 한국전 산원이 발표한 자료에 근거하여 정리한 [표 5-2]에서 알 수 있듯이, 2004년 현재 네덜란드의 정보화 종합 순위는 몇몇의 정보화 선도국가를 제외하고는 최고 수준에 위치해 있었다. 이 자료는 1990년대 중반 이후 추진된 각 국의 정보화 전략의 결과와 밀접한 관련이 있다는 점에서 2000년대 초반에 각 국이 도달한 정보화 상황을 대변하고 있다. 결국 전 자투표의 물질적·기술적 조건을 이루는 네덜란드의 정보화 수준은 2000년 초반부터 지난 10여 년 사이에 변함 없이 전 세계적인 차원에서 높은 수준을 이루고 있음을 알 수 있다.

정보화의 기반시설과 활용도 부분에서 네덜란드가 정보화 선진 국이 된 이유는 미국 및 주요 경제 선진국과 같이 1990년대 중반 이후 국가적 차원에서 적극적인 정보화 전략을 계획적으로 추진했기 때문이 다. 네덜란드는 정보화 전략의 추진을 위해 1994년 정보고속도로 국가 실행계획(National Action Programme on Electronic Highways)을 발표한 이후 각 단계에 상응하는 적절한 정보화 전략을 중단 없이 추진했다. 1998년 전 자정부실행계획(Electronic Government Action Programme)과 1999년 정부 포 탈 Overheid.nl의 개설, 2003년 전자서명법 채택 및 2004년 2월 '네덜란 드의 정보통신기술 의제(The ICT Agenda of the Netherlands)'와 아울러 2004 년 6월 14일 '전자정부를 향하여(Towards the Electronic Government)'는 정 보화를 향한 네덜란드의 야심찬 일련의 정보화 국가전략들이다. 결국 정 보화의 중요성과 필요성에 대한 국가 차원의 인식과 세계적 흐름에 걸 맞는 국가전략의 설정과 추진이 현재의 높은 정보화 지수와 상대적으로 앞선 순위 유지의 견인차였던 것이다.

2. 정치제도 및 정치문화적 요인

전자투표제[1]의 도입과 확산이 단지 기술적·물질적 요인에 의해 서만 결정되는 것은 아니다. 정보화의 기반시설이 충분하다 할지라도 새 로 도입되는 제도에 대한 정파 및 사회세력 간에 사회적 합의가 이루어 지지 않는다면 전자투표제 실행은 불가능하다. 이와 관련하여 정치제도 및 정치문화적 차원에서 네덜란드에서 축적되어 온 선거제도와 투표문 화를 포함한 정치과정을 종합적으로 이해할 필요성이 대두된다. 전자투표제가 정치사회적으로 용이하게 수용될 수 있는 여건은 기존의 선거제도 및 정치문화적 토양과 밀접하게 관련되어 나타나기 때문이다. 전자투표제 도입에 대한 사회적 거부감을 줄이고 공직선거에까지 전자투표제가 광범위하게 도입되어 활용되기 위해서는 기술적 및 물리적 여건뿐만 아니라, 기존의 각 정치사회에서 축적되고 도달된 신뢰 문화가 매우 중요한 역할을 한다.

네덜란드 전자투표 도입과정을 명확하게 이해하기 위해서는 무엇보다도 네덜란드의 기존 선거제도와 투표방식에 대한 설명으로부터 시작해야 한다. 기존 선거제도와 투표방식의 특이점과 그와 결부된 장단점에 대한 고찰은 바로 네덜란드 전자투표를 둘러싼 담론의 이해와 도입의 필요성 및 그 속도와 방향을 결정하는 데에 있어 중요한 요인으로 작용했기 때문이다. 네덜란드 선거에서 가장 특이한 것은 위임투표제와 사전투표제이다. 이는 네덜란드가 전통적으로 투표장 투표를 골간으로 하지만 기본 요건만을 구비한다면 다양한 투표방식을 허용하는 제도를 채택하고 있음을 의미한다. 그 중 네덜란드에서 전자투표제가 도입되는 과정을 논함에 있어 주목해야 할 점은 위임투표제(proxy vote)이다. 위임투표란 가족이나 친척 그리고 친구 등이 서명을 통해 위임하면 정해진 시간과 공간에서 본인을 대신하여 투표를 할 수 있게 하는 제도이다. 비밀투표의 원칙에 따라 투표자가 누구를 투표하는가는 철저히 보장되는 속에서 상호 신뢰에 기초한 위임투표가 네덜란드에서는 제도화되어 있는 것이다. 아울러 네덜란드에서는 유권자가 사전에 투표자 패스 카드를 신청하면 지정되지 않는 어느 투표소에서든 투표하는 것이 보장되어 있다. 이러한 투표방식의 사례는 네덜란드에서 사회적 신뢰가 강고함을 뜻한다. 네덜란드의 이러한 선거제도와 정치문화는 전자투표제의 보안성과 비밀성에 대한 의구심을 둘러싼 이해 당사자 간의 대립과 정책결정의 지체를 약화 내지 불가능하게 하는 요인으로 작동했다고 평가된다.

　　네덜란드에 있어 전자투표 도입의 목적은 무엇보다도 손쉬운 투표환경 조성을 통한 투표율 제고에 있었다. 네덜란드의 경우 지금까지의 주요 선거에서 투표율이 큰 변화 없이 80%대의 높은 수준을 유지해 왔기 때문에 낮은 투표율이 전자투표제 도입의 강력한 압박요인이나 유인요인으로 부각되어 온 것은 아니었지만, 접근성 보장과 투표율 제고가 네덜란드에서 전자투표 도입 목적의 중요한 요인이었음을 부인할 수는 없다.[2] 이러한 필요성이 전자투표제의 도입을 촉진하는 요인으로 작동된 것이다. 네덜란드 전자투표 도입과 관련하여 또 하나 주목해야 할 점은 선거 관련 법률 규정이다. 네덜란드는 1965년 선거법 개정에 의해 이미 조건부이긴 하지만 전자투표를 허용했다. 선거법 제33조 1항은 "종이투표 이외의 투표방법은 선거관리위원회 규정에 따라 제정된 규칙이 정하는 바에 의하여 내무부장관이 승인하는 경우에만 이용될 수 있다"고 규정하여 투표용지를 사용하지 않는 투표소에서 투표할 수 있는 가능성을 명시적으로 보장하고 있었던 것이다. 이러한 여건 속에서 네덜란드의 전자투표 도입과 발전의 역사는 다른 국가에 비해 이른 시기부터 전개될 수 있었다.

　　이 외에도 네덜란드 전자투표제 도입과 확산에 있어 전자투표제 도입의 정치제도 및 문화적 배경 요인으로 다음 사항들을 추가적으로 지적하지 않을 수 없다. 네덜란드에서는 투표과정에 있어 투표기기와 관련한 긍정적이고 풍부한 경험이 과거로부터 축적되어 왔고, 1990년대 이후부터는 전자정부와 행정개혁에 대한 정치적 의지가 확고했으며, 전자투표 도입을 둘러싼 정치적 로비가 활발했다는 점이 바로 그것이다. 아울러 전자투표의 적극적인 도입과 확산에 노력한 D66 정당[3]이라는 특수한 정치세력의 영향력에 주목해야 한다. 또한 전자투표 기기 회사인

PELS(Platform Electronic Voting)와 정보사회 전문 소비자 단체로서 각 지방 및 정보통신 관련 대기업의 대표로 구성되어 있는 EPN(Electronic Highway Platform NL)의 정치인에 대한 적극적인 로비 역시 네덜란드가 전자투표 도입과 관련하여 선도적인 모습을 유지하는 데 매우 중요한 역할을 했던 것으로 판단된다(Kersting, Leenes and Svensson 2004, 295~296). 결국 네덜란드의 전자투표제는 정보화를 상징하는 충분한 기술적 · 물질적 배경과 함께 전자투표제를 도입하는 데 유리한 여건을 조성한 정치문화 및 정치제도적 요인에 의해 상대적으로 이른 시기에 전자투표제가 도입될 수 있었고, 빠르게 확산되었다고 판단된다.

III. 전자투표 실시 사례들

네덜란드는 1974년 이후 선거과정[4]에 전자투표기를 점차적으로 도입하기 시작하여 1980년대 이후에는 전자투표기를 광범위하게 보급해 온 나라로 오랜 전자투표 역사를 가지고 있다. 공직선거에서는 1982년에 처음으로 전자투표가 소개되었으나 법적 요구조건을 충족하기 위해서는 이후 오랜 시간의 시험기간을 필요로 했다. 1989년에 전자투표법(General Act on Electronic Voting)이 제정되었고, 1994년 이후 전자투표기 사용은 급증했다.[5] 1997년에는 '선거규칙 및 투표기의 조건과 승인에 관한 규칙'이 개정되어 "투표기 또는 투표용 컴퓨터를 사용하는 경우에 투표는 기계 또는 컴퓨터 메모리에 전자적으로 저장, 그 결과 출력물은 후보자별 투표 총수를 보여주며, 그 결과는 공식기록으로 인정된다. 공

식기록과 PC 메모리는 시(市) 수준에서 수집하고, 메모리는 특별하게
고안된 소프트웨어에 의하여 판독되며 총계는 후보자별로 정리되며, 이
것은 공식기록으로 간주된다"는 내용을 규정하기에 이른다. 중요한 것
은 이를 근거로 터치스크린 방식의 선거 전용 컴퓨터가 허용되게 되었
다는 점이다.

개정법에 의해 전자투표를 도입한 지방에서의 효과는 매우 다양
하게 나타났다. 투표소 감소, 투표소에 직접 가서 투표하는 유권자 감소,
선거관리 개선, 정확하고 신속한 개표, 무효표 감소 등이 바로 그것이다.
1998년 이후 전자투표기는 사회적으로 커다란 논쟁 없이 순조롭게 수
용·확산되어 총선과 대선에 폭넓게 활용되었으며, 그 결과 1998년은
네덜란드에서 최초로 전자투표가 시행된 해로 기록되게 되었다.[6]

네덜란드에서의 전자투표 논의는 1999년 내무부에 의해 추진된
원거리 투표 프로젝트(KOA : Kiezen Op Afstand = voting from distance)에서 보
다 높은 수준으로 나아간다. 이 프로젝트의 목표는 정보기술을 사용하여
투표를 제한된 물리적 공간에 덜 구애받도록 함으로써 투표과정의 접근
성을 향상시키는 것에 있었다. 이 사업의 장기 목표는 '모든 시민이 어느
장소에서는 투표할 수 있도록 한다'는 것이었고, 2000년 사업 초기의
단기적 목표는 투표자들이 공공장소에 설치된 키오스크를 통해 투표할
수 있는 시범사업을 여러 지역에서 실시하는 것이었다. 그러나 2002년
에 이러한 목표들이 기술적인 관리와 관련된 신뢰성 문제로 인해 예상
처럼 완벽하게 달성되기가 불가능하다는 결론이 내려졌었고, 결국 새로
운 일정표로 대체되었다. 이에 따라 장기적 비전은 바뀌지 않았으나 두
가지 단기적 목표가 새롭게 결정되었다. 첫째, 국외 네덜란드 시민들에
대해 인터넷이나 전화로 투표하는 방식을 새롭게 도입하고, 둘째, 국내
거주 시민들에게는 자신들이 선택한 투표소에서 투표할 수 있게 하는

것이 바로 그것이었다. 이 전자투표 시범사업은 2004년 6월 유럽의회에
진출하려는 네덜란드 의원들의 선거에서 처음으로 실시되기로 결정되
었다.

　　2001년 도시정책부는 제1단계로 전자 신분확인(electronic identifica-
tion)에 관한 시험 프로젝트를 실행하여 2003년 제2단계로 온라인 투표
시스템에 관한 시험을 할 계획을 준비하기 시작했다. 이는 네덜란드에
인터넷 투표 시대의 도래를 알리는 대목이다. 2002년 5월 총선에서는
95%의 네덜란드 지방자치체가 전자투표기를 사용하여 네덜란드 선거
에 있어 두 번째 전자투표로 기록되게 되었다. 2003년 6월 19일 의회는
2004년 유럽의회 선거를 재외 국민이 인터넷을 통해 할 수 있도록 하는
법안을 논의하였는데, 반대자들은 보안문제를 근거로 이를 거부했다.[7]
이런 와중에서 세 번째 전자투표가 네덜란드에서 실행되었다. 2003년
하원 선거가 바로 그것이다. 이 선거에서 총유권자의 85%가 전자투표를
이용하였고, 이 가운데 95%는 니답 사의 시스템을 사용하였다. 전체
7,500대 투표기 가운데 다섯 대에서만 문제가 발생했는데, 이 또한 투표
소 개소 이전에 문제가 정정되었기 때문에 큰 문제가 되지는 않았다.

　　2004년 6월 유럽 의회 선거는 네덜란드에서 시행된 네 번째 전자
투표로 기록된다. 이 선거에서는 새로이 개선된 전자투표 시스템이 사용
되었다. 2004년 6월 1일부터 10일까지 10일 동안 전자투표 시스템이
개방되어 5,351명이 투표했는데, 그 중 4,871명은 인터넷으로, 그리고
나머지 480명은 전화로 투표에 참여하였다. 이는 1999년부터 준비되어
온 원거리 투표 프로젝트가 제도화되어 실행되었음을 의미한다. 전자투
표 시스템, 운영요원, 선거위원회가 로테르담(Rotterdam)의 안전한 장소
에 위치하여 기밀성은 철저히 유지되었고, 투표는 공개된 장소에서 독립
적으로 개발된 집계 프로그램을 사용하여 성공적으로 진행되었다. 시범

사업의 결과 거의 모든 투표자들이 전화보다는 인터넷 투표를 선호한다는 점을 알 수 있었고, 압도적 다수(88%)의 인터넷 · 전화 투표자들이 위임투표나 투표자 패스를 이용하는 것보다 인터넷 · 전화가 더 쉽다고 응답했으며, 여론조사 결과 97%의 응답자가 기회가 주어지면 다시 전자투표를 하겠다고 응답함으로써 시범사업은 성공적이었다는 평가를 받았다. 아울러 이 시범사업은 전자투표라는 방식이 투표자, 지방정부, 선거위원회의 노력과 비용을 절감시킨다는 인식을 확산시키는 데 결정적인 기여를 했다.

2004년 가을 린란트(Rijnland)와 물폰(Mullpon)의 수자원공사에서도 대규모의 온라인 투표가 실험되었다. 물론 네덜란드 선거법에 적용을 받는 것이 아닌 회사의 자체 규정에 의해 실시된 선거이긴 하였지만, 우편투표를 사용했던 이전 선거와 달리 인터넷 투표방식이 활용되었다는 점에 커다란 차이점이 있었다. 실제 투표자 수는 40만 명으로 이 가운데 70%인 28만 명이 우편투표를 하고 30%인 12만 명이 린란트 인터넷 선거 시스템(RIES)을 통해 투표에 참여했다. 2005년 6월 1일, 다년간에 걸쳐 유럽의 통합 수준을 한 단계 더 높이기 위해 마련된 유럽연합(EU) 헌법 찬반을 묻는 선거에서는 터치스크린 방식의 니답 사의 파워보트(Nedap Powervote) 투표기를 사용하여 전자투표가 실시되었다. 이는 암스테르담, 아른헴(Arnhem)과 작은 지방을 제외한 지역의 시민이 참여한 네덜란드에서의 다섯 번째 전자투표에 해당된다.

이러한 경험의 축적과 흐름 속에서 네덜란드에서는 이후 인터넷 투표를 의미하는 원격전자투표가 보다 폭넓게 도입될 가능성이 커졌고, 2005년 이후로는 투표자 등록, 인증, 투표문건 송부를 위한 투표 관련 모든 과정을 전자적인 방식으로 설계할 수 있는지를 국가 차원에서 광범위하게 조사 · 준비하고 있는 상황에까지 이르게 되었다. 그리고 2006년부터는 지금까지의 실험과 경험을 바탕으로 전자투표제를 위한 새로운 시범사업을 확대 시행하는 것은 당연한 수순으로 여겨졌고, 어느 정도의 규모와 방식으로 할 것인지를 최종적으로 결정하는 문제만이 남아 있는 상황이었다. 네덜란드에서의 전자투표제 도입과 확산과정에서 나타나는 이러한 추세는 전자투표제의 낙관론자가 주장하고 기대하던 모습에 가장 잘 상응하는 모범적인 사례의 하나에 해당하는 것이었다.

[표 5-3] 네덜란드 전자투표 주요 사례들

구분	전자투표 적용 선거	특이사항
1998년	총선	전자투표기 활용
2002년	총선	전체 지방자치체의 95%가 전자투표기 활용
2003년	총선	총유권자의 85%가 전자투표를 활용
2004년	유럽의회 선거	인터넷 투표 부분적 도입
2004년	린란트와 물폰 수자원공사	인터넷 선거참여율 증가
2005년	유럽연합 헌법 찬반 투표	니답 사의 파워보트 투표기 활용

네덜란드에서의 전자투표 도입과 확산 경로에서 나타난 특징은 먼저 중앙 정치무대를 중심으로 활성화된 이후 하위단위로 확산되어 나가는 하향식 경로를 그리고 있다는 점이다. 또한 전자투표 도입과정이 비국가조직체 선거와 작은 단위 지역 정치체 선거에서 시험적 성격으로 많은 선거들이 진행된 다른 나라들에 비해, 네덜란드는 내무부나 도시정책부 등의 중앙정부 부처들이 중심이 되는 시험적 선거들이 주도적이었다는 특징도 발견할 수 있다. 1998년을 시작으로 2002년과 2003년 및 2004년 그리고 2005년에 걸쳐 다섯 번에 걸쳐 총선이나 유럽의회 선거에서 전자투표를 시행한 네덜란드의 사례는 전자투표 확산 유형에 있어

독특한 모습을 보인다.

　정치적으로 중요성이 큰 주 단위 또는 전국적 단위의 공식적인 선거에 인터넷 투표라는 전자투표의 최종 단계 도입의 전망은 선거제도, 특히 선거구 단위의 차이 등으로 인해 네덜란드에서는 다른 나라들보다 빠르게 진행될 것으로 예상되었다. 전국 단위에서 비례대표 방식으로 선출하는 하나의 선거구를 갖고 있는 네덜란드에서는 새로운 투표방식에 대한 저항과 이의 제기의 정도가 다른 국가에 비해 상대적으로 약할 것이라는 점도 온라인 선거 수준의 빠른 전자투표 도입에 유리하게 작용할 것으로 보였고, 이러한 기대에 걸맞게 이미 2004년 6월 유럽의회 선거에서 인터넷 투표가 공식적으로 도입되어 실행되었다. 각 국에서 제도적으로 공식화된 전자투표의 발전단계를 도식화한 부흐스타인의 분류 모델을 따라 네덜란드 전자투표제 도입 수준과 시행과정을 정리하면 네덜란드는 B와 C의 혼합 상태에 놓여 있는 선도적인 나라에 해당되었다.[8]

[표 5-4] 컴퓨터를 통한 선거와 투표

	공공장소 설치	가정용 컴퓨터
보완적	A	B
전일적	C	D

출처 : Hubertus Buchstein (2000, 888).

　전자투표의 시행과정을 추적한 내용을 요약하면 전자투표 확산 과정에 관한한 네덜란드는 선도적인 국가에 해당된다. 이에는 정보화 전략에 따른 경제기술적 토대가 구축된 이유도 있지만 선거제도와 관련된 정치문화적 · 제도적 측면 또한 전자투표제 도입과 확산에 커다란 영향을 미친 요인이다. 네덜란드에서의 위임투표는 전자투표 도입과 관련하여 부각될 수 있는 회의론자의 우려와 부정적 견해를 완화시킬 수 있었고, 도입을 둘러싼 사회 각 세력 간의 갈등을 예방하는 역할을 한 것으로 판단된다. 각각의 제도를 통해 확인된 사회적 신뢰의 전통이 전자투표 도입과정에서 격화될 수 있는 이해관계의 충돌 가능성을 줄이는 완충역할을 수행한 것이다. 아울러 네덜란드의 전자투표제 도입과 확산과정에서 주목해야 할 점은 제도 입안과 시험 실시를 둘러싸고 정치세력 간의 갈등과 알력이 발생하지 않았다는 것이다. 정파에 따른 현실 정치권의 손익계산이 전자투표 도입에 있어 주요한 변수 중의 하나로 고려되어야만 하는 한국적 현실[9]에서 인터넷 투표를 포함한 전자투표 실행에 있어 정당 간 그리고 정치세력 간 눈에 띄는 갈등이 노정되지 않았다는 점은 눈여겨 볼 대목이다. 합리적 대안으로서의 전자투표의 적합성 여부에 대한 논의가 꾸준히 진행되고는 있었지만, 현실 정치권의 정파적 이해에 따라 도입의 속도와 논쟁 내용이 곡해되는 경우를 네덜란드에서는 찾아 볼 수가 없었던 것이다.

IV. 전자투표제 중단과 결정요인

1. 네덜란드의 전자투표제 중단

잘 진행되던 전자투표제가 급격하게 제동이 걸리게 된 시기는 2006년 하반기이다. 니답 사라는 전자투표기기 생산 기업의 본거지이기도 한 네덜란드에서 전자투표의 결함을 부각시키고 중단시키자는 주장이 등장하면서 빠르게 확산되던 전자투표제가 큰 장벽에 부닥치게 된 것이다. 한때 약 90%의 유권자가 전자투표방식을 활용했던 네덜란드에서 '우리는 선거컴퓨터를 신뢰하지 않는다'는 시민단체(www.wijvertrouwenstemcomputersniet.nl)의 적극적인 활동에 의해 선거용 컴퓨터의 신뢰성은 무참히 무너져내렸다. 2006년 10월 4일 이 단체는 네덜란드 유선방송을 통해 전자선거에 활용된 프로그램, 즉 Nedap/Groenendaal ES3B가 어떻게 EPROMS로 바뀔 수 있는지를 보여주었다. 이 시연회는 단지 5분도 걸리지 않을 정도로 짧은 것이었지만 전자투표의 운명을 가르는 중요한 사건이었음에 분명하다(Unwatched 2006).

전자투표의 위험성을 지속적으로 강조해 온 이 시민단체는 니답 사의 선거 컴퓨터의 약점을 집요하게 조사해 왔다. 시민단체의 조사결과는 한마디로 선거 컴퓨터 시스템에 근본적인 결함이 있다는 것이다. 조사 결과의 요지는 다음의 다섯 가지이다. 첫째, 니답 사의 선거 컴퓨터는 표 조작행위를 효과적으로 막아내지 못하고 있다는 점이다. 둘째, 니답 사가 사용하고 있는 선거 컴퓨터의 소프트웨어는 간단히 바꿔치기될 수 있고 조작도 가능하다는 것이다. 투표 관련 전자기기뿐만 아니라 투표의 전 과정을 운용하는 데 핵심적인 소프트웨어 프로그램도 신뢰할 수 없다는 주장이다. 셋째, 선거 투표기를 통한 선거 비밀이 보장될 수 없다는 점이다. 이 또한 민주주의 선거원칙을 근본적으로 훼손한다는 점을 이 단체는 부각시켰다. 넷째, 선거 컴퓨터의 작동과정이 실질적으로 증명되지 않는다는 점이다. 한마디로 투표과정 전체가 전자투표로는 그 투명성을 확보할 수 없다는 내용이다. 다섯째, 선거 컴퓨터가 기존의 민주선거의 기본 원칙을 담고 있는 법률적 규정들(Vorgaben)들을 결코 충족하지 못한다는 점이다. 요약하면 불안전하고 조작 가능성이 있는 컴퓨터 체계는 수많은 공격을 받을 수 있어 민주주의의 원칙을 확고하게 견지할 수 없음을 이 시민단체는 강조한다. 민주주의의 안전성과 그 가치의 지속을 위해서는 기술적인 조작과 같은 행위의 가능성은 원천적으로 배제되어야 하고, 컴퓨터를 이용한 선거는 시민들에 의해 공개적으로 검증될 수 없기에 문제가 있다는 점을 이 단체는 강조한 것이다. 컴퓨터를 이용한 선거는 단지 소수의 컴퓨터 전문가들에 의해서만 검증될 수 있는 것이지, 유권자 모두가 의혹 없이 받아들일 수 있는 투명성이 확보되지 못하는 문제가 전자투표 과정에 남아 있다는 판단 하에서 전자투표는 그 정당성을 상실한다는 내용이 조사의 핵심 요지이다(Chaos Computer Club e. V. 2006).

2006년 10월 한 시민단체에 의한 짧은 시연회의 파장은 순조로운 확산과정을 밟고 있던 네덜란드 전자투표의 역사를 역전시켜 놓았다. 전자투표 기록을 조작할 수 있다는 충격적 사실에 따라 법원은 전자투표를 금지하는 결정을 내리기에 이르렀다. 알크마르(Alkmaar) 지방법원은 Nedap/Groenendaal이라는 모든 선거 컴퓨터를 2007년 10월 1일부로 허가 취소하였고, 이 조치는 2007년 3월 시민단체 '우리는 선거컴퓨터를 믿지 않는다'에 의해 제안되었던 것에 대한 공식적인 응답에 해당했다. 이후 네덜란드 선거에서는 투명성이 보장되는 종이와 연필 선거가 부활되었다(Unwatched 2007).[10] 이 시점부터 네덜란드의 공직선거에서 전자투표는 공식적으로 중단되기에 이르렀다.[11]

2. 전자투표제 중단요인 분석

전자투표제는 민주적인 참여공간으로 활용되는 기존의 선거제도가 지닌 원칙과 장점을 훼손하지 않는 동시에 기존 제도의 단점과 한계를 극복하는 것이어야 한다. 기존의 투표방식에서 전자투표제로의 전반적인 전환은 각 국이 놓인 상황에서 구비되어야 할 기본 조건들이 충족되어야 하는 것이다. 이를 위한 필요조건으로는 무엇보다도 우선 전자투표제가 민주선거의 기본 정신인 보통·평등·직접·비밀투표의 원칙이 철저히 견지되는 방식이어야 한다는 점이다. 이러한 원칙이 지켜지지 않을 경우 전자투표제에 의한 정치적 정당성을 확보하기란 불가능한 것이기 때문이다.

두 번째는 전자투표제에 참여한 유권자에게 균등한 접근기회가 보장되어야 하고, 투표내용이 오류 없이 집계결과에 정확히 전달·반영되는 기술적인 정확성 내지 무오류성을 유지해야 한다는 점을 강조하지 않을 수 없다. 기술적 결함에 의한 투표과정의 신뢰성 상실은 기존 투표방식의 한계에 대한 대안으로서 전자투표제의 필요성과 의미를 축소시킬 것이기 때문이다. 또한 투표방식이 기술적으로나 제도적으로 유권자들을 차별하는 경우 투표는 소수계층 및 특정 집단의 투표로 전락할 위험성이 있고, 이 또한 대표성과 정당성의 위기로 연결되어 전자투표제의 명분을 훼손할 것이다. 셋째로는 집계결과에 대한 재검표가 가능한 방식이어야 한다는 점이다. 이와 관련하여 위에서 분석했듯이 네덜란드의 경우에는 야심차게 추진되어 온 전자투표제가 최근 민주적 기본 원칙을 충실히 지키지 못한다는 판단이 내려진 상태이다. 기술적으로나 프로그램 운영의 비밀성과 투명성이 확보되지 못한다는 판단 속에서 대안으로서의 전자투표제가 확대 시행될 수는 없는 상황에 놓이게 된 것이다.

새로운 투표방식이 위의 필요조건들을 갖추었다고 해서 제도화와 도입의 과정이 자동적으로 이행되는 것은 아니다. 각 국이 놓인 상황에서 기존 투표방식에서 전자투표방식으로의 전환 비용(transitional cost)이 고려되어야 하기 때문이다. 새로운 제도의 도입이 경제적 부담이나

정치적 혼돈을 가져올 것으로 우려되는 상황에서 새로운 투표방식의 도
입을 주장하는 입장은 설득력이 부족할 것이다. 여기에서 전자투표 도입
에 대한 각 국가의 구체적 상황에 대한 분석이 필요하다. 즉, 새로운 투표
방식을 채택하도록 강요하는 압박요인(push factors)이 각 국에 존재하고
있는가에 대해 주목해야 하는 것이다. 압박요인에는 기존 투표방식이 지
닌 불완전성과 현격한 결함에 대한 국민적인 공감대 정도가 대표적이다.
이와 관련하여 네덜란드의 경우, 국민의 요구와 이해를 대변하는 방식으
로써 기존 투표방식이 어떤 현격한 결함을 지니고 있는 것으로 판명되
지도 않은 상황이었고, 대안적인 새로운 투표방식 도입의 필요성에 대한
국민적 공감대가 광범위하게 확산된 상태도 아니었다. 기존 투표방식을
대체할 필요성이 부각되는 압박요인이 강하지 않은 상태는 역으로 방송
을 통한 시연회에서 나타난 전자투표제의 기술적 결함으로 인해 발생한
전자투표제 중단 사태가 네덜란드인에게 그리 심각한 것으로 받아들여
지지 않는 모습으로 이어졌고, 급작스런 전자투표 중단 결정에도 정치적
인 큰 소용돌이가 일어나지 않는 것으로 귀결되어 나타났다.

　　압박요인과 아울러 새로운 투표제도의 도입에 대한 필요성, 즉 잠
재적 유인요인(pull factors)에 대한 분석도 필요하다. 가까운 미래에 기존
투표방식이 견지하고 있는 민주성을 훼손시킬 수 있는 잠재적 요인들이
존재하는가에 대한 검토 작업이 요구되는 것이다(김용철 · 윤성이 2005,
163-167). 투표율 저하에 대응하는 새로운 투표방식 논의 등은 이에 해당
하는 사항일 것이다. 전자투표의 도입 필요성의 문제는 투표율과 관련된
각 국의 상황과 밀접한 관련이 있다. 특히 본 연구의 대상 국가인 네덜란
드의 경우에도 전자투표제의 도입요인에는 투표과정에서의 편리성 도
모와 아울러 투표율 제고가 주요 목적이었다. 그러나 네덜란드에서 전자
투표제가 부분적으로 도입되었다 할지라도 전자투표제가 투표율의 제

고로 직접 연결되었다는 연구결과는 아직 나오지 않고 있다. 이에는 물론 기존의 선거에서 보여준 네덜란드 국민들의 높은 투표 참가율과도 관련이 있다.

[표 5-5]에서 알 수 있듯이 오프라인에서 진행돼 온 네덜란드의 투표율은 매우 높은 편이다. 한때 90%선까지 육박했던 총선 득표율이 점점 낮아지는 추세에 놓인 것은 사실이지만, 특별한 벌칙조항이 없음에도 불구하고 총선 참가율은 대략 80%선을 유지하고 있다. 이런 상황에서 전자투표제 도입이 낮은 투표율에 따른 유인요인(pull factors)에서 기인한다고 볼 여지는 없다고 판단된다. 또한 최근 선거동향에 대한 거시적인 지표 분석을 통해서도 부분적인 전자투표제의 도입과 실행이 투표율 제고에 결정적인 기여를 했다는 증거를 찾기도 어렵다. [표 5-5]에서도 알 수 있듯이 전자투표제가 본격적으로 논의되고 도입된 1990년대 후반과 2000년대 초반의 네덜란드 선거에서 투표율에 현격한 변화를 발견할 수는 없다. 결국 네덜란드의 경우에서 전자투표제 도입의 압박요인과 잠재적 유인요인은 특별히 강하거나 크지 않았고, 이러한 점은 시연회를 통해 드러난 기술적 결함을 지닌 전자투표제의 존속과 확산의 필요성과 정당성을 훼손하는 요인으로 작동했다고 여겨진다.

이러한 전자투표제 도입에 따른 가시적 지표의 변화를 찾기 어려운 반면, 앞서 지적했듯이 비관론자들에 의해 끊임없이 제기되어 온 전자투표제의 위험성에 대한 우려는 꾸준히 불식되지 않은 채로 남아 있었고, 네덜란드의 일부 시민단체들은 이러한 문제점을 지속적으로 지적하면서 전자투표제가 확산되는 것에 반대했다. 무엇보다도 지적될 수 있는 사항은 전자투표제가 갖는 비밀성과 투명성에 대한 불확실성에 있었다. 여전히 투표과정에서 나타날 수 있는 기술적 결함을 극복할 수 있다는 확실한 증거를 전자투표제 찬성 측에서는 뚜렷하게 제시하지 못하는

[표 5-5] 네덜란드의 총선 투표율 추이

연도	네덜란드
1970년대	79.1 (1971년) 83.5 (1972년) 88.0 (1977년)
1980년대	87.0 (1981년) 81.0 (1982년) 85.8 (1986년) 80.3 (1989년)
1990년대	78.8 (1994년) 73.3 (1998년)
2000년대	79.1 (2002년) 80.0 (2003년) 80.1 (2006년)

출처 : 김면회(2007, 47).

반면, 반대하는 측은 기술적인 시연작업을 통해 전자투표제의 문제점을 부각시키는 데 성공했고, 실제로 네덜란드 경우에는 이를 생방송으로 보여줌으로써 전자투표제의 불신을 확산시키는 데 성공했던 것이다. 결국 현 단계에서 전자투표제는 낙관론자들이 주장하듯이 오프라인 투표방식의 한계와 문제점을 보완할 수 있는 기제로서 주목을 끌기에 상당한 요소를 지니고 있으나, 여전히 기술적으로 충분한 확신을 주지 못함으로써 기대했던 것보다 더 긴 준비기간이 필요한 상황에 놓이게 되었다.

V. 결론

자료에 의하면 2008년 현재 전 세계 200여 개국 가운데 37개 국
가에서 투·개표시간 단축 및 정확성 향상, 투표율 향상을 위해 전자투
표를 시행하고 있다. 대표적으로 에스토니아가 2005년 10월 무선 인터
넷을 통한 지방선거 이후 현재 공직선거에서 전자투표제도가 확산돼 미
국, 벨기에, 스위스, 영국, 호주 등에서 광범위하게 시행되고 있다(전자신
문 2008). 지역단위 시범투표(pilot voting)부터 전국단위 공직선거까지 각
국의 정치환경에 적합한 방식으로 실시 중이며, 소규모로 민간에서 이뤄
지는 투표에서는 보다 신속한 인터넷 투표를 선호하는 추세이다. 우리나
라 역시 2005년 초에 중앙선관위가 전자투표 로드맵을 발표하고 터치스
크린 방식의 전자투표기를 만들어서 조합장 선거, 정당 경선, 민간 선거
등에서 이미 300회 이상 활용한 바가 있다(김신기 2008).

이러한 상황과 달리 최근 전자투표에 대한 조작 가능성이 제기되
면서 반대의 목소리가 높아지고 있는 것 또한 사실이다. 오작동과 조작
등의 문제점이 잠재한 가운데 2006년 11월 미국 중간선거 때 플로리다
주 제13선거구에서 터치스크린 오작동으로 당선자가 뒤바뀌는 사고가
일어나 피해자인 민주당이 재선거를 주장했고, 2003년 일본 기후 현 지
방선거에서도 기계 고장으로 선거 무효 사태가 발생했다(동아일보 2007/
12/05). 또한 영국의 열린인권그룹(ORG : Open Rights Group)은 보고서를
통해 선거에서 전자투표를 도입함에 따라 영국 민주주의가 손상될 수 있
다고 경고하면서 결점 보완이 이루어질 때까지 중단할 것을 주장했다.[12]

이러한 상황에서 네덜란드에서 전자투표제가 중단된 것은 세계

적 차원에서도 매우 중요한 의미를 갖는다. 전자투표제의 확대 실시는 네덜란드의 경우 일단 제동이 걸린 상태이다. 하지만 지금까지의 논의와 시험적 실시 및 경험이 무의미한 것은 아니다. 앞으로도 네덜란드에서는 전자투표제의 기술적 결함과 불완전성을 극복하기 위한 노력들이 있을 것이고, 이러한 부분이 국민 일반에 확신과 신뢰감을 증가시킨다면 전자투표제의 재도입과 확대 실시는 다시 가능하리라 본다. 다만 민주주의 기본 원칙의 필요조건과 충분조건을 완벽하게 구현할 제도라는 확신을 제고하기 위해서는 좀 더 많은 시간이 소요될 것으로 보인다. 아울러 전자투표제 도입과 확산의 필요성을 부각시키는 압박요인과 잠재적 유인요인이 크지 않은 경우에 그 기간은 더욱 연장될 것으로 판단된다.

이러한 일련의 상황 전개는 국내의 전자투표제 도입과 관련해서도 시사하는 바가 크다. 한때 전자투표제를 적극적으로 수용하고 이른 시기 내에 총선과 대통령 선거에도 전자투표제를 전격적으로 도입하기를 희망하면서 구체적인 일정표까지 준비했던 흐름에는 일단 부정적으로 영향을 미칠 것으로 보인다. 실질적 보통선거권의 보장과 투표 접근성의 확충을 의미하는 투표율 제고와 비용 절감 및 효율적이고 신속한 투표 관리를 위해 그 필요성을 부각시켰던 측의 입장은 상대적으로 위축될 것으로 보이고, 보다 신뢰할 수 있는 보완기제 내지 대체기제로서의 의미를 부여받기까지는 보다 긴 준비와 설득기간이 필요할 것으로 판단된다. 이러한 상황에서 전자투표제의 도입에 따른 정치과정과 정치문화의 변화를 추적하는 작업은 예상과 달리 긴박한 정치학적 연구주제가 될 것으로 보이지는 않는다.

아울러 네덜란드의 사례 연구에서 알 수 있듯이 전자투표제의 도입을 위해서는 시민사회와의 사회적 합의가 사전에 충분하게, 그리고 매 단계마다 다차원적으로 이루어져 한다는 점을 간과해서는 안 될 것으로 보인다. 정치과정에 전자투표방식이 공식적으로 제도화되기 위해서는 기술적 · 경제적인 조건의 충족만으로는 가능하지 않고, 정치사회 영역에서의 합의와 정치과정에서의 의견 수렴작업이 동시에 수반되어야 하는 것이다. 다시 말하면 전자투표의 도입과 실행을 위해서는 정보통신 부분의 기술발전과 기반시설의 확충과 완비라는 물질적 기반이 우선 마련되어야겠지만, 이를 둘러싼 정치사회적 그리고 정치문화적 합의과정이 완전하게 갖추어 지지 않을 경우에는 새로운 방식과 제도의 도입이란 불가능하다. 정치제도적으로나 문화적으로 상당 수준의 여건을 갖추었고 선거문화 역시 사회적 신뢰에 기반한 풍부한 경험을 소유한 네덜란드에서 나타난 전자투표 중단 사태는 기존 투표방식의 완전한 대체가 쉽지 않음을 다시 한 번 보여주는 생생한 사례라고 여겨진다.

| 참고문헌 |

김면회. 2007. "전자투표 도입현황과 전망 : 네덜란드와 독일." 『유럽연구』 Vol. 25, No. 2, pp. 40-65.

김신기. 2008. "세계 전자투표의 현재와 미래" (http://www.etnews.co.kr 2009/04/30 검색).

김용철·윤성이. 2005. 『전자민주주의 : 새로운 정치패러다임의 모색』. 서울 : 오름.

동아일보. 2007. "'손가락만 갖다 대세요' 꽃피는 IT 민주주의" (2007/12/05).

서진석. 2007. "인터넷 투표가 선거결과를 바꿨다" (오마이뉴스 www.ohmynews.com 2007/03/06).

윤영민. 2005. "전자선거 : 민주적 과정의 재설계." 전자투표 국제세미나 발제 논문.

전자신문. 2008. "독일 해커 그룹, 전자투표 조작 가능성 제기" (http://www.etnews.co.kr 2008/01/10 ; 2009/04/30 검색).

한국전산원. 2007. 『국가정보화백서 2006』.

한국정보문화진흥원. 2007. 〈정보격차·정보문화 해외동향〉 2007/06/05.

_____. 2009. 『2008 국가정보화백서』 (http://www.nia.or.kr).

Besselaar, Peter van den & Oostveen, Anne Marie. 2005. "전자투표 기술의 사회적 실험 : 사회적·정치적 이슈." 중앙선거관리위원회 주최 전자투표 국제컨퍼런스 발표문 (2005/03/17).

Buchstein, Hubertus. 2000. "Präsenzwahl, Briefwahl, Onlinewahl und der Grundsatz der geheimen Stimmabgabe." *Zeitschrift für Parlamentsfragen* 4/2000, pp. 886-902.

Buchstein, Hubertus and Neymanns, Harald (eds.). 2002. *Online Wahlen*. Opladen : Leske+Bundrich.

Center for Administrative Innovation in the Euro-Mediterranean Region. 2003. *Best*

Practices in the European Countries : The Netherlands. Bozza Draft.

Chaos Computer Club e. V. 2006. "Chaos Computer Club fordert Vervot von Wahl-computern in Deutschland" (http://www.ccc.de/updates/2006/wahlcomputer 2006/10/05 ; 2009/04/30 검색).

Citron, Danielle. 2009. "Auf Wiedersehen E-Voting Machines" (http://www.concur ringopinions.com/archives/2009/03/auf-wiedersehen.html 2009/04/30 검색).

European Commission. 2007. *eGovernment in The Netherlands. eGovernment Factsheets* (http://ec.europe.eu/idabc/egovo).

EU iDABC. 2008. *eGovernment in Netherlands : eGovernment Factsheets.* version 10.0.

Hupkes, Sebastiaan. 2005. "네덜란드의 원격 전자투표." 중앙선거관리위원회 주최 전자투표 국제컨퍼런스 발표문(2005/03/17).

IMD. 2008. *World competitiveness Online,* 2008/05.

Kersting, Nobert. 2002. "Internet-Wahhlen im Vergleich-USA, Schweiz und Deut-schland." A. Siedschlag et al. (eds.). *Kursbuch Internet und Politik 2/200.* Opladen : Leske, pp. 73-89.

Kersting, Nobert. 2004. "Online-Wahlen im internatonalen Vergleich." *Aus Politik und Zeitgeschichte* 18/2004, pp. 16-23.

Kersting, Nobert. 2005. "Electronic Voting-Globaler Trend oder Utopie?" *Welt Trends* 48, pp. 43-52.

Kersting, Nobert and Baldersheim, Harald (eds). 2004. Electronic Voting and Demo-cracy : *A Comparative Analysis.* New York : Palgrave Macmillan.

Kersting, Nobert & Ronald Leenes and Joergen Svensson. 2004. "Conclusions : Adopting Electronic Voting : Context Matters," Nobert Kersting and Harald Bal-dersheim(eds.), *Electronic Voting and Democracy : A Comparative Analysis.* New York : Palgrave Macmillan, pp. 277-287.

Kiniry, Joe. 2004. Electronic and Internet Voting in The Netherlands. 2004/06/18 (http://secure.ucd.ie/~kiniry/papers/NL_Voting.html).

Ministry of the Interior and Kingdom Relations. 2004. *Report on the Internet and tele-phone voting experiment*(프로젝트 최종 보고서 http://www.minbzk.nl/contents/pages/10764/041110bijlagemetverslag_eng_corr.pdf).

Ministry of the Interior and Kingdom Relations. 2004. *Evaluation Report Experiment with Internet and telephone voting for voters abroad*(재외국민 원격투표 프로젝트 http://www.minbzk.nl/contents/pages/10764/041110evaluatierapportexpinternet enteldefversie_eng3.pdf).

OECD. 2007. *Broadband Statistics.* 2007/12.

UN. UN *E-government Survey 2008*. 2008/01.

Wielenga, Friso and Taute, Ilona(ed.). 2004. *Länderbericht Niederlande : Geschichte-Wirtschaft-Gesellschaft*. Bonn : Bundeszentrale für politische Bildung.

Ministry of the Interior and Kingdom Relations(외무부 http://www.minbzk.nl).

http://www.eucybervote.org/Reports/KUL-WP2-D4V2-v1.0-02.htm#P1195_94353

Unwatched. 2006. "Holländische Gruppe knackt europäische e-Wahlcomputer"(http://www.unwatched.org/node/282 2009/04/30 검색).

Unwatched. 2007. "NL : elektronische Wahlcomputer wurden entfernt." http://www.unwatched.org/node/692(2009/04/30 검색).

| 주 |

1. 네덜란드 전자투표 도입 문제를 주관하는 기관은 내무부와 내무부에서 임명한 위원으로 구성되는 선거자문위원회(Elections Advisory Board), 그리고 내무부 산하의 원격 전자투표 프로젝트팀이다.

2. 이와 관련하여 윤영민은 네덜란드와 호주 그리고 핀란드에 있어 전자투표 도입 이유는 무엇보다도 접근성의 향상에 있다고 강조한다. 특히 네덜란드의 경우 해외 체류 유권자들에게 인터넷과 전화를 통한 원격투표를 시행하고 있다는 점에 주목한다(윤영민 2005, 4).

3. 1963년 선거에서 세력이 급격히 쇠락한 가톨릭 세력 내에서 이탈하여 나온 이후 1966년 창당한 이 정당은 전자투표 도입을 목표로 하는 국민투표와 이를 지지하는 지방자치단체장을 지지해 왔고, 네덜란드의 전자투표 도입에 강력한 추진력을 뒷받침해 온 전자정부전략 책임을 담당한 전임 장관은 바로 이 정당 소속이었다. 정치이념적으로는 좌파 자유주의(linksliberal)를 지향하고 D는 Democraten의 약자이다(Wielenga and Taute 2004, 15-23).

4. 네덜란드에서는 18세 이상의 네덜란드 국적 유주자는 하원, 지방자치 의회, 그리고 유럽의회 의원 선거권을 가진다. 하원 의원, 주의회 의원, 지방자치 의원은 4년마다 직접선거로 선출되고, 하원 의원은 150명으로 구성된다. 전체 유권자로부터 획득한 투표수에 상응하여 선출 의원 수가 결정되는 비례대표제를 따르고 있는 네덜란드는 전국을 하나의 단위로 하는 독특한 선거구제를 채택하고 있다.

5. 투표기의 보급 초기에는 보안이나 신뢰에 관한 문제가 이슈로 제기되지 않았으며, 시민들은 신기술을 편안한 마음으로 사용하였다. 전자투표기 제공 회사는 네덜란드 기업인 니답(Nedap) 사로, 이 회사는 아일랜드에도 같은 기기를 보급하였다. 니답 사는 유럽의 여러 나라에 물품을 제공하는 전자투표기 제조회사로, 니답 사의 시스템은 2004년 현재 네덜란드에서 90% 정도가 사용하고 있다.

6. 1999년 선거자문위원회(Election Advisory Board)에서는 전자투표에 대해 연

구를 실행하였는데, 47개 커뮤니티가 연구대상이었다. 47개 자치체 가운데 20개가 니답 사 시스템을 사용하였고, 15개는 다른 회사의 기기를 사용하였다. 나머지 12개의 자치체는 전통적 방식의 종이투표 방식을 고수했다. 니답 사 기기를 사용하는 20개의 지자체는 1990년 이전부터 이 시스템을 사용하였는데, 이들이 전자투표기로 전환한 이유는 우선 투표소에서의 효율성 증진과 투표소 개설과 관리 비용 절감 및 신속한 개표에 있다. 조사결과 자치체의 80%는 전자투표 도입으로 인해 투표소를 25% 정도 감소시켰다고 응답하였고, 도입과정에서 오류는 대단히 극소수인 것으로 나타났다. 이러한 오류조차 기기 구입 직후에 발생했거나 기기의 오류가 아닌 기기를 관리하는 인적 능력의 오류에 해당했다. 1994년 기기 구입 후에는 더 이상 그런 오류가 발생하지 않았다. 최종적으로 응답 자치체의 60% 정도가 전자투표는 전통적 방식보다 많은 시간 절감효과를 가져 올 것이라고 평가하였다.

7. 네덜란드 정보사회 전문 소비자 단체인 Electronic-highway Platform Netherland(EPN)는 사전에 실험적인 노력 없이는 인터넷과 전화투표를 실시할 수 없다고 반대하였다. 이 단체는 또한 정부가 채택한 영국-네덜란드 정보통신 서비스 업체인 LogicaCMG의 소프트웨어가 상업적 소프트웨어이므로 오픈소스 제품을 채택해야 한다고 주장했다.

8. 부흐스타인에 따르면 2000년 현재 독일의 전자투표제는 A와 C가 혼용된 수준에 머무는 것으로 진단했다. 그럼에도 비국가조직체나 특정 지역을 대상으로 하는 시험 선거에서 전자투표 방식이 활성화된 이후 장기적으로는 독일의 경우도 모델 D를 향한 행로에 가속이 붙을 가능성이 충분하다고 전망했다.

9. 한국 정치현실에서 전자투표제 도입을 둘러싼 여·야 간의 대립은 여전히 첨예하다. "터치스크린 투표기 도입에 대한 당내 공감대가 상당히 형성돼 있고 예산낭비를 막을 수 있다는 점에서 전향적으로 검토할 수 있다", "투표율 제고를 위해 일반 투표소 외에 백화점이나 지하철, 시장 등에 터치스크린 투표기를 설치하는 방안도 필요하다"는 찬성 주장에서부터 "궁극적으로 전자투표로 갈 수밖에 없겠지만 시스템이 완전하다는 것이 검증된 이후에나 여야가 합의할 사안"이라는 유보적 입장 및 "자칫 집권층에 유리한 선거가 될 수 있다는 국민적 불안감을 씻지 못한 상태에서는 도입하면 안 된다"는 반대 주장에 이르기까지 정치권에서는 찬반양론이 팽팽히 맞서 있다(연합뉴스 2006/08/28).

10. 이러한 여파는 네덜란드 NEDAP 사의 전자투표 기기를 사용해 온 아일랜드에도 영향을 미쳐 아일랜드에서도 전자투표용 컴퓨터의 사용이 전면 중단되기에 이르렀다.

11. 네덜란드에서의 이러한 모습은 이웃나라 독일에도 연쇄적으로 큰 반향을

불러일으켰고, 급기야는 독일에서도 2009년 3월 헌법재판소가 전자투표제 금지 결정을 내리게 된다.

12. ORG는 전자투표가 투표자의 투표가 기록되고 집계되는 것을 볼 수 없게 하는 'black box' 시스템이어서 투표감독을 불가능하게 하고 실수와 부정으로 연결될 수 있다고 본다. 아울러 전자투표가 제공되도록 계획한 고령층, 장애인 등이 손쉽게 이용할 수 있는지에 대한 이용 가능 테스트도 요청했다. 이는 외출이 어려운 고령자와 투표 자체가 어려운 시각장애인 등 여러 유형의 장애인에 대한 투표권 접근과 보장에 대한 개선 노력은 민주주의의 완전한 구현에 필수적인 것이기에 강화되어야 함을 강조하는 것으로 선거의 철저한 민주성을 강조한다는 점에서 시사하는 바가 크다. 이에 대한 보다 구체적인 내용은 한국정보문화진흥원(2007)을 참조.

제6장

아일랜드의 전자투표 도입 논의와 거버넌스[*]

강원택

I. 서론

산업사회의 도래가 농경 중심의 사회를 근본적으로 변화시켰듯이 정보사회의 출현 역시 산업사회에 그에 못지않은 커다란 정치적·사회적 변화의 과정을 이끌고 있다. 정보화가 미치는 영향은 단지 경제나 산업구조의 변화 혹은 고용환경의 변화뿐만 아니라 인간관계나 상호 의사소통의 구조, 그리고 정치참여의 형태 등 사회생활 전반에 걸쳐 다양한 변화를 이끌어내고 있다. 이러한 변화는 또한 전통적인 형태의 정부-시민 관계나 정당이나 시민단체의 역할, 투표행태 등 정치체계 전반에 대한 변화를 불가피하게 만들고 있다.

아일랜드는 1980년대까지만 해도 서유럽 국가 가운데 상대적으로 낙후되어 있던 나라였다. 가톨릭교회의 영향이 강해 종교가 사회적 가치와 규범을 지배해 왔고, 전통적인 농경사회적인 특성을 지니고 있었다. 그러나 1980년대 이후 아일랜드는 적극적인 외자유치를 통해 정보통신 산업을 중심으로 급속한 경제성장을 이루면서 산업구조나 고용형태와 같은 경제적인 측면뿐만 아니라 정치사회적인 영역에서도 과거와 비교할 때 매우 커다란 변화과정을 겪어왔다. 도시화가 진전되었고, 또 인구구성에 있어서도 젊은 세대가 차지하는 비율이 높아졌으며, 외국으로부터의 역이민의 증가와 유색인종 등 외국인의 이주 등 일찍이 경험해 보지 못한 새로운 사회적 변화를 경험하고 있다. 이처럼 경제발전은 아일랜드의 정치사회적인 변화를 이끌고 있으며, 이러한 변화는 과거 폐쇄적이고 고립되어 있던 아일랜드 사회에 적지 않은 충격이 되고 있다. 아일랜드 사회는 경제성장뿐만 아니라 특히 정보화의 진전에 따른 사회적 · 정치적 변화도 동시에 경험하고 있다. 즉 아일랜드가 겪고 있는 사회적 변화는 경제성장으로 인해 발생한 변화뿐만 아니라, 정보화 자체가 가져온 정치 · 경제 · 사회적 변화라는 두 가지 특성을 동시에 반영하고 있는 것이라고 할 수 있다.

이 글은 경제성장과 정보화의 발전이 아일랜드 사회에 미친 영향과 그 정치적 · 사회적 결과에 대해 분석해 보려는 것이다. 이 글에서는 특히 아일랜드의 전자투표제도 도입을 둘러싼 논란에 대해서 살펴보고 그 특성을 거버넌스라는 차원에서 논의해 보고자 한다. 전자투표 도입이 아일랜드에서 논의된 까닭은 개표과정이 복잡한 선거제도의 탓도 있지만, 정보화 산업의 발전에 따른 새로운 기술에 대한 사회적 수용성의 증대와 아일랜드의 경제사회적 변화 · 발전에 대한 자부심의 결과이기도 했다. 즉 정보화의 진전에 따른 사회적 변화의 결과라고 할 수 있다. 그러나 의욕적으로 출발한 아일랜드 정부의 전자투표 도입 제안은 사회적으로 상당한 반발을 경험하면서 애당초 계획과는 달리 시행이 상당 기간

동안 지연되게 되었다. 이러한 아일랜드의 경험은 정보화라는 기술적·
사회적 변화와 이에 따른 새로운 제도 도입이 자동적으로 수용되는 것
이 아니라, 정책과정의 다양한 행위자의 참여와 협의가 필요하다는 거버
넌스의 개념의 중요성을 일깨우고 있다.

II. 아일랜드의 정보화와 정치적 활용에 대한 평가

아일랜드의 전자투표제도 도입 논의에 앞서 아일랜드 사회에서
의 정보화 정도에 대해서 간략하게 살펴보기로 한다. 지난 10여 년간 아
일랜드의 경제성장은 가히 눈부시다. 아일랜드는 1994년부터 2000년까
지 연평균 8.7% 이상의 높은 경제성장을 이뤄냈으며, 특히 2000년에는
성장률이 11.5%에 달함으로써 3년 연속 OECD 국가 중 최고의 경제성
장률을 기록했다.[1] 2006년 아일랜드의 1인당 국민소득은 49,700달러
로 오랫동안 '종주국'이었던 영국을 능가하며 이제 유럽에서 가장 잘 사
는 국가 가운데 하나가 되었다. 산업구성에 있어서도 아일랜드에서는 커
다란 변화가 발생했다. 산업 가운데 농업이 차지하는 비중은 과거 25%
에서 이제는 5% 수준으로 낮아졌으며, 공업부분의 비중이 과거 1960년
대에는 29% 정도였으나 이제는 42% 수준으로 증대하여 이제는 아일
랜드를 과거처럼 농업국가로 간주하기 어렵게 되었다. 이러한 아일랜드
사회의 급속한 변화를 두고 과거 동아시아 국가의 빠른 경제성장에 빗
대어 '켈틱 타이거(Celtic Tiger)'라고 부르기도 한다. 실제로 1990년대 아
일랜드의 평균 경제성장률은 6.9%로 과거 동아시아의 고속 성장기를

떠올릴 만큼 높다. 영국의 시사주간지 이코노미스트는 1988년의 아일랜드 특집 기사에서는 '부자국가 중 가장 가난한 나라(The poorest of the rich)'라고 제목을 달았으나 1997년의 아일랜드 특집 기사의 제목은 '유럽의 빛나는 광채(Europe's shining light)'로 바뀌었다(The Economist 2004/10/16). 이처럼 아일랜드는 외국자본 유치를 통한 정보산업의 성장을 통해 경제적 성장과 번영을 이끌어냈다. 2008년 후반기부터 시작된 세계적인 경제위기로 인해 커다란 어려움에 직면해 있지만 아일랜드가 그동안 이뤄낸 급속한 경제성장은 대단히 놀라운 수준이다.

그러나 이러한 아일랜드의 급속한 경제성장과 발전에도 불구하고 전반적인 정보화 수준은 그리 높다고 보기 어렵다. 실제로 아일랜드에서 전자민주주의에 대한 관심은 우리나라와 비교한다면 그리 폭넓게 정의되거나 논의되고 있지 않다. 아일랜드에서 전자민주주의에 대한 논의는 행정적 효율성의 증대, 곧 전자정부 구축에 대한 것이 가장 활발한 편인데, 민원에 대한 정부기관의 반응, 시민의 의견 표출 등 쌍방향적인 행정망의 구축과 운영에 대해서 큰 관심을 기울이고 있다. 이러한 전자정부 구축은 중앙정부뿐만 아니라 지방정부 등 다양한 행정단위 수준에서 이에 대한 논의와 작업이 진행되고 있다. 또 다른 한편으로는 전자의회 구축에 대한 관심도 큰 편이다. 의회(Houses of the Oireachtas)는 토론 및 법안의 공개, 의원들의 정책 개발과 정당화의 수단으로서의 인터넷을 활용하는 방안을 검토하고 있다. 이처럼 아일랜드에서 정보화의 정치적 활용은 기존 제도를 근간으로 하면서 이용과 접근의 효율성과 편의성을 높이기 위한 도구적 차원에서 제한적으로 이뤄지고 있다. 우리나라에서 볼 수 있는 것처럼 온라인상에서의 폭발적인 정치참여의 증대나 노사모와 같은 거대한 정치집단의 결성, 다양한 주제에 대한 정치적 논쟁 등 기존의 정치제도의 틀을 벗어난 활발한 정치적 활동은 찾아보기 어렵다.

이렇게 정보화의 정치적 활용이 그리 활발하지 않은 한 원인은 아일랜드 역시 유럽의 다른 국가들처럼 비교적 안정된 정당체계를 유지해 왔기 때문이다. 즉 기존의 정당체계가 정치참여와 이익표출의 창구로서 효과적으로 기능해 왔기 때문에 인터넷은 이에 대한 보조적인 중요성만을 갖게 된 것이라고 할 수 있다. 그런데 아일랜드의 정당체계는 유럽의 다른 국가들과는 달리 주요 정당정치의 갈등이 좌—우의 이념을 대표하는 계급정치적인 것보다 과거 영국으로부터 독립 전후에 발생한 민족문제를 둘러싼 갈등이 정치적 균열의 축을 이루고 있다. 우파 성향의 공화당(Fianna Fáil), 아일랜드통일당(Fine Gael)이 각각 제1, 2당을 차지하면서 경합하고 있다. 좌파 성향인 노동당(Labour)이 제3당의 지위를 차지하고 있지만 단독으로 집권할 정도의 영향력은 갖고 있지 않다. 이 외에 진보민주당(Progressive Democrats), 노동자당/민주좌파(Workers' Party/Democratic Left), 녹색당(Greens), 신페인(Sinn Fein) 등의 군소 정당이 존재한다 (Sinnott 1995, 24–89). 아일랜드의 이러한 정당체계는 오랫동안 커다란 변화 없이 대체로 안정적으로 유지되어 왔다. 인터넷을 통한 정치적 참여가 제한적인 것은 아일랜드에서 정치적 논의가 이들 정당을 중심으로 효과적으로 이뤄지고 있기 때문이다. 이러한 정당들이 총선에서 대다수의 표를 차지하며 무소속 후보자의 득표율은 모두 합쳐도 10%를 넘지 않는다(Sinnott 1995, 118). 다른 서구 국가들과 마찬가지로 정당이 정치적 논의의 중심에 놓여 있고 정치참여 역시 정당과 같은 전통적인 정치 채널을 통해 이뤄지고 있는 것이다.

따라서 정치참여의 채널은 우선적으로 정당정치가 담당하고 있다. 따라서 인터넷은 정당활동을 위한 보조적인 수단으로 사용되고 있으며, 그만큼 정당의 인터넷 활용 역시 제한적이다. 정당의 홈페이지는 정당의 활동에 대한 홍보나 지구당, 소속 의원 등의 조직과 활동, 정책에 대한 소개에 국한되어 있으며, 우리나라에서처럼 일반 시민들의 자유로운 의견 개진이나 여론 청취를 위한 기능은 마련되어 있지 않다. 또한 인터넷을 통한 당원 모집, 자금 모금, 당내 여론형성의 기능도 활성화되어 있지 않다. 이러한 점은 아일랜드에서 인터넷의 정치적 활용 수준이 상대적으로 낮기 때문이기도 하겠지만, 대부분의 서유럽 국가에서처럼 당원과 지지자들을 중심으로 한 오프라인상의 조직이 활성화되어 있다는 사실과 깊이 관련되어 있다.

인터넷을 통한 선거운동도 시작되었지만 이것 역시 아직은 본격적인 단계라고 보기는 어려울 것 같다. 정당들 가운데는 제3당인 노동당만이 2002년 정당의 선거공약에서 정보화 시대에 맞는 새로운 민주적 방식을 도모하겠다는 내용을 담고 있었을 뿐, 정보화를 정치적으로 활용하는 데 대한 주요 정당들의 관심은 아직 그리 높은 편은 아니다. 일부 의원의 경우를 제외하면 인터넷을 통한 쌍방향 소통방식의 선거운동의 사례는 거의 찾아보기 어렵다. 자신의 웹사이트를 운영하는 의원의 수도 2004년 초를 기준으로 볼 때 166명의 하원의원 중 31명, 60명의 상원의원 중 6명에 불과한 실정이다(Gallagher and Lee 1999, 263).

그런데 주목해야 할 한 가지 흥미로운 점은 아일랜드의 선거제도나 선거문화를 고려한다면 정보화가 장기적으로 볼 때는 아일랜드 선거정치 혹은 대표자-유권자 간의 관계 변화를 만들어낼 수 있는 상당한 잠재력을 가질 수 있다는 점이다. 아일랜드의 정치는 지역구에서의 비공식적인 사회적·정치적 활동이 중요하다. 그 제도적 특성에 대해서는 후술하겠지만, 아일랜드 선거제도 하에서 선거운동은 '개별 후보자를 중심으로 전개되며, 다른 유럽 국가들에 비해 상대적으로 정당의 영향력이 약한 편'이므로 '투표행태가 지역구 중심적 특성'을 강하게 나타낸다. 자연히 각 후보자 역시 연고지역을 중심으로 선거운동을 하게 된다. 따라서 '연고주의적 투표행태'가 나타나며, 각 선거구 역시 '여러 후보자들 간에 특정한 지지구역으로 분할된 상태'와 다름 없게 된다(장훈 2000, 227). 즉 선거에서 승리하기 위해서 각 후보자는 지역구 관리나 연고가 가장 중요해지는 것이다. 이 때문에 정치인들이 선거를 의식해서 해야 하는 가장 중요한 업무는 지역구 이익을 정부 관료기구를 압박하여 관철하는 일(Komito 2004, 411-418)이 될 수밖에 없다. 즉 지역구 중심의 정치가 강조되는 것이다. 지역구민은 국가로부터의 정책 서비스나 혜택을 당연한 권리로 받는 것이 아니라 영향력 있고 능력 있는 정치인이 정치적 지지의 대가(personal favours)로 주어지는 것이기 때문에, 이런 점에서 아일랜드 정치는 후견주의(clientelism)적 특성을 강하게 갖고 있다(Gallagher and Komito 1999, 252-253).

그런데 정보화의 진전은 국가 행정 시스템의 반응성과 개방성을 증대시킴으로써 과거와 같이 일반 시민에게 행정적 정보 소통을 '매개하고 중재해 준' 정치인들의 역할을 약화시키는 효과를 나타내고 있다는 점이다. 즉 정보화의 진전으로 유권자들의 정보에 대한 접근성이 높아졌고, 또 행정업무 처리의 투명성이 증대됨에 따라 지역구 활동의 차원에서 유권자의 '민원을 처리'하는 데 힘써왔던 의원들의 역할이 줄어들게 된 것이다. 더욱이 행정 처리의 투명성 증대로 의원들이 민원업무 처리과정에 개입할 여지도 줄어들었다. 이로 인해 의원들이 유권자의 개인 서비스 제공에 치중하는 형태의 지역구 활동으로부터 벗어나 정책 중심의 활동에 좀 더 집중할 수 있는 여건이 마련되었다는 평가도 나오고 있다(Gallagher and Komito 1999, 262-264 ; Komito 2004). 그러나 이러한 변화는 비교적 부유한 도시지역에 한정된 것이며, 아직까지 아일랜드 전역에 걸쳐 폭넓게 나타나고 있다고 보기는 어렵다. 또한 정보화의 진전에도 불구하고 의원들에게 지역구 업무의 중요성이 근본적으로 줄어들었다고 할 수는 없다는 점에서 본격적인 변화라기보다는 이제 인터넷이 정치적 소통구조에 변화를 주기 시작한 것이라는 평가가 보다 적절할 것 같다.

이처럼 아일랜드는 사회경제적 변화와 발전에도 불구하고 정보화가 정치적으로 폭넓게 활용되거나 사회적으로 그 변화를 쉽게 수용하는 상황은 아니라는 점을 알 수 있다. 기존의 정치제도나 정치기구의 효용성에 익숙해져 있으며 정보화의 진전에 따른 새로운 정치적 참여방식에 대한 필요성을 사회적으로 공유하고 있는 상황도 아닌 것이다. 전자투표(e-voting) 도입 문제가 아일랜드에서 논란거리가 되었던 배경적 요인은 바로 이와 같이 경제적으로 IT 분야의 첨단산업 등 정보 관련 산업이 경제성장과 정보 인프라의 발전을 이뤘지만, 그것이 사회적인 수용성이나 정치과정상의 근본적인 변화를 이끌어내지 못했다는 사실과 긴밀한 관련을 갖는다.

III. 전자투표 도입 논쟁과 거버넌스

1. 전자투표 도입의 원인과 문제점

정보통신 산업을 중심으로 한 아일랜드의 사회경제적 발전과 정보화의 정치적 활용 간의 간극을 보여주는 좋은 예가 전자투표 도입을 둘러싼 아일랜드 내부의 논쟁이다. 아일랜드는 전자투표 방식을 일찍부터 도입한 국가 가운데 하나였다. 2000년 12월 아일랜드 정부는 다음 총선에서 전자투표 방식이 도입될 것이며, 몇 개 선거구에서 시범 실시될 것이라고 발표했다. 2002년 선거에서 시범 실시한 결과를 토대로 2004년 6월의 지방선거와 유럽의회 선거에서 전자투표 방식을 전국적으로 확대 실시될 계획임을 밝혔다. 이에 따라 2002년 5월 실시된 총선에서 더블린 웨스트(Dublin West), 더블린 노스(Dublin North), 미스(Meath) 등 수도 더블린을 중심으로 한 3개 시범 선거구에서 아일랜드 역사상 처음으로 전자투표가 시범 실시되었고, 뒤이어 2002년 10월과 유럽연합의 니스(Nice) 협약에 대한 국민투표에서 앞서 언급한 3개 선거구에 더블린 미드웨스트(Dublin Mid-West), 더블린 사우스(Dublin South), 더블린 사우스웨스트(Dublin South West) 그리고 던 라게어(Dun Laoghaire) 등 네 지역을 추가하여 모두 7개 선거구에서 전자투표를 시범 실시하였다.

　　아일랜드에서 이처럼 전자투표 방식이 비교적 일찍 도입된 것은 크게 두 가지 점에서 그 원인을 찾을 수 있다. 첫째는 IT 강국으로서 아일랜드의 긍정적인 이미지를 대외적으로 보여주겠다는 의도이다. 앞서 살펴본 대로 아일랜드는 과거 경제사회적으로 낙후된 조건으로부터 외자유치에 의한 정보통신 산업의 성장에 따라 경제적으로 급속한 발전을 이루었다. 이런 상황에서 전자투표와 같은 첨단기법의 도입은 유럽연합 내에서 아일랜드의 '선도적 지위(a pioneering role in Europe)' (Zelic and Stahl 2005, 660)를 과시하는 데 좋은 기회를 마련해 줄 것으로 아일랜드 정부는 판단했다. 두 번째는 보다 현실적인 고려가 반영되었다. 아일랜드에서 전자투표가 일찍부터 거론된 또 다른 중요한 이유는 아일랜드 선거제도는 개표방식이 호주에서처럼 매우 복잡하기 때문이다. 아일랜드의 선거제도는 단기이양식 선거제도(single transferable vote : STV)라고 불린다. 아일랜드는 한 선거구에서 여러 명을 선출하는 중선거구 규모의 선거구제를 채택하고 있는데, 유권자는 한 후보만을 뽑는 게 아니라 출마한 모든 후보자들에 대해 좋아하는 순서대로 1, 2, 3, 4식으로 선호의 순위를 표시하도록 하고 있다. 당선자를 결정하는 방식은 우선 전체 득표 수와 지역구에 할당된 당선자의 수를 고려하여 당선에 필요한 쿼터(quota)를 정하게 된다. 아일랜드에서 사용되는 이러한 쿼터는 드룹(Droop) 쿼터라고 불리는데, 쿼터는 다음의 공식에 의해 정해진다.

$$q = [(v + 1)/n] + 1$$

(q – 쿼터, v – 유효 투표 수, n – 한 지역구에서 선출하는 의원 수).

아일랜드 선거제도는 출마한 후보들에 대한 선호를 모두 표기하도록 하므로 개표의 첫 절차는 우선 제1선호만을 고려하여 득표를 계산한다. 제1선호의 표를 계산하여 쿼터를 넘어서는 득표를 한 후보는 당선된다. 제1선호의 득표만으로 그 선거구에 부여된 의석 정수를 다 채우지 못하는 경우에는, 쿼터를 넘겨 이미 당선된 후보의 득표 중 쿼터를 넘는 득표의 비율만큼 그 당선된 후보의 2순위 선택을 조사하여 다른 후보들에게 이양하게 된다. 당선자의 잉여 투표에 대한 이양에도 불구하고 정원을 채우지 못하면 남아 있는 후보자 가운데 제일 적은 득표를 한 후보를 탈락시키고 그 후보의 제2선호를 조사하여 다른 후보에게 이양하게 된다. 이 선거제도 하에서 당선되기 위해서는 정해진 쿼터를 넘는 득표를 해야 하므로 쿼터를 넘는 후보자가 지역구에 배당된 의석만큼 채워질 때까지 이런 절차를 반복하게 된다. 이처럼 아일랜드의 선거제도는 승자결정 방식이 매우 복잡하기 때문에 개표과정은 절차상 상당한 어려움이 있었으며 시간도 많이 소요되었다. 간혹 개표과정의 잘못이 발견되기도 했다. 이런 상황에서 전자투표의 도입은 복잡한 선거관리 업무를 매우 손쉽게 할 수 있고 정확성을 높일 수 있다는 점에서 아일랜드에서는 대단히 매력적인 것이었다. 아일랜드처럼 전국적인 수준에서 도입 논의가 이뤄지고 있는 것은 아니지만, 호주 ACT(Australian Capital Territory)에서 전자투표 방식이 도입된 까닭도 복잡한 선거제도에 그 주된 원인이 있었다.[2]

아일랜드에서 도입한 전자투표 방식은 아일랜드의 복잡한 선거제도를 감안할 때 비교적 간단하다. 아일랜드의 전자투표제도는 '투표소 전자투표 방식(Polling Site E-Voting : PSEV)'인데 유권자는 투표소에 설치된 현금출납기와 같은 기계를 통해 버튼을 이용해서 투표하도록 하고 있다. 투표절차는 우선 투표소에서 본인 확인 절차를 거치면 티켓을 부여받게 되고, 그 티켓을 투표기 앞의 관리 요원에게 제출하면 투표기를 사용할 수 있게 된다. 각 후보자의 이름, 소속 정당, 사진 등이 투표기의 모니터상에 펼쳐져 있는데, 자신이 원하는 바에 따라 좋아하는 순서대로 1, 2, 3 등으로 후보자의 사진 오른쪽에 놓인 버튼을 눌러 표시하면 그 결과가 모니터상에 나타나게 된다. 자신이 선택한 후보자의 선호 순위가 올바르다는 것을 확인하고 나면 '투표(Cast Vote)'라고 적힌 노란색 버튼을 눌러주면 투표가 이뤄지게 된다. 선거가 끝나면 개별 투표기의 모듈(module)을 제거하고 이를 개표용 컴퓨터를 통해서 승자를 결정하게 된다.

2002년 시범 실시 이후 아일랜드 정부는 2004년의 유럽의회 및 지방의회 선거에서 예정대로 전자투표 방식을 확대 도입할 것이라고 밝혔고, 집권당인 공화당(Fianna Fáil)과 진보민주당(PD) 등의 지지에 의해 의회 상하 양원 특별위원회에서도 이 계획안이 통과되었다. 전자투표 방식의 도입이 순탄하게 진행되는 것처럼 보였지만 전자투표기의 확대 사용에 대한 여러 가지 문제점이 제기되면서 전자투표 방식의 도입은 아일랜드 사회 내에서 심각한 논란의 대상이 되었다. 이 방식에 대한 비판은 크게 두 가지 차원에서 제기되었다. 첫째는 유권자가 자신이 행한 투표 결과를 확인할 수 없으며, 더욱이 복잡한 개표방식 역시 컴퓨터 내부에서 스스로 계산하여 제시되는 것이므로 그 절차가 얼마나 정확하고 믿을 만하게 진행되는지 전혀 확인할 수 없다는 것이다. 또한 투표 기록을 담은 투표소 컴퓨터 내에 저장된 모듈이 제대로 옮겨지고 처리되는지도 의구심이 든다는 것이다. 두 번째는 안전성에 대한 의구심이 존재한다는 것이다. 일반적인 상황에서는 정상적으로 작동한다고 하더라도 만일 누군가가 그 작동방식을 '조작하려 든다면' 선거결과가 달라질 수 있다는 것이다. 즉 선거 부정의 가능성이 존재한다는 것이다. 그 가능성의 정도가 크지 않더라도 가능성이 존재한다는 사실만으로도 이러한 새로운 방식의 도입은 안전성과 신뢰성에서 문제를 낳을 수 있다는 것이다.

이런 문제의식으로부터 비롯된 제도적 차원에서의 논란의 핵심은 투표결과의 검증 여부에 모아졌다. 아일랜드 정부가 제안한 전자투표 방식은 '투표자 확증 용지검증 추적 방식(Voter Verified Paper Audit Trails)' 혹은 '투표영수증 발급 시스템'이 없다는 심각한 결점을 갖고 있다는 것이다. 이러한 비판과 반대 운동은 '신뢰할 수 있는 전자투표를 위한 아일랜드 시민운동(Irish Citizens for Trustworthy E-Voting : ICTE)'에 의해 주도되었다. ICTE는 자발적으로 구성된 시민단체로 이들의 주장은 투표자 확증 용지검증 추적 방식이 도입되지 않는 한 전자투표의 안전성과 보안성을 신뢰할 수 없다는 것이었다. 이러한 주장의 핵심은 유권자들은 투표기 내부에서 진행되는 프로세스에 대해 알 수가 없기 때문에 스크린상에 보이는 내용과 다른 내용이 기록될 수도 있다는 의구심에서 비롯된 것이다. 따라서 이런 문제점을 극복하기 위해서는 개별 유권자들이 자신의 투표결과를 직접 눈으로 확인할 수 있는 내용이 담긴 종이가 함께 출력되어야 한다는 것이다. 물론 이 투표용지가 유권자에게 직접 주어지는 것은 아니지만 자신의 투표결과가 스캔된 종이가 별도의 칸에서 출력되고 유권자가 이를 확인할 수만 있으면 이런 의구심은 쉽게 해결 될 수 있다는 것이다. 그러나 아일랜드에서 도입한 네덜란드 업체의 방식(Nedap/Powervote system)은 이러한 방식이 포함되어 있지 않았고, 아일랜드 정부 역시 이들의 주장을 받아들이는 데 소극적이어서 갈등은 계속되었다. 더욱이 2006년 10월 ICTE와의 협조 하에 네덜란드 출신 해커들이 니답(Nedap) 사와 유사한 제품을 대상으로 한 실험을 통해 보안성과 안전성에 문제가 있음을 입증하였고, 또 한편으로는 2006년 11월과 2007년 3월 네덜란드 선거에 사용된 터치스크린 방식의 투표기에 문제가 생겨 기존의 방식인 종이투표지의 사용으로 되돌아간 일이 발생했다는 사실이 알려지게 되면서 이러한 반대 운동은 더욱 힘을 받게 되었다.

그런데 ICTE에서 주장하는 이러한 투표용지 검증방식은 사실 일부 국가에서는 이미 사용되고 있는 방식이다. 예컨대 브라질에서는 1996년부터 전자투표가 도입되었고 1998년에는 6,000만 명이 전자투표 방식으로 선거에 참여했다. 2000년까지 모든 투표를 전자투표 시스템으로 전환했고, 40만 개 이상의 키오스크 방식의 투표기기를 설치한바 있다. 브라질의 전자투표 시스템은 디지털 기록과 프린트된 기록을 동시에 남기는 방식을 도입해서 전자기록뿐만 아니라 별도로 종이에도 기록을 남겨 확인할 수 있도록 하고 있다. 그런데 이것이 바로 시민단체인 ICTE가 주장하는 방식이었다. 그런데 흥미롭게도 브라질은 2002년 선거를 통해 디지털 기록만으로도 투표 기록의 공정성과 신뢰성을 충분히 확보할 수 있는지 여부를 가리는 실험과정을 거친 이후에는 투표영수증 발급 시스템을 폐지하기로 결정한 바 있다(김혁 2005, 157).

아일랜드에서 전자투표 방식이 일찍 도입되기는 했지만 전자투표의 안전성과 보안성에 대해서는 브라질에서만큼 충분한 실무적 경험을 갖지 못한 상황이었다. 따라서 아일랜드에서는 전자투표 방식에 대한 사회적 신뢰감이 형성되지 못했고, 전자투표의 확대 도입은 적지 않은 사회적 논란을 불러 일으켰다. 전자투표 방식의 확대 도입에 대한 반대 여론이 높아짐에 따라 야당인 아일랜드통일당(Fine Gael)과 노동당, 그리고 녹색당이 2004년 2월 13일 공동으로 독립적인 특별위원회를 구성해서 새로운 전자투표 방식에 대한 여론의 우려를 해결할 때까지 전자투표 도입을 늦추자는 동의안을 제안했다. 시민단체인 ICTE와 야당이 반대를 주도했지만 사실 집권당 내에서도 회의론이 적지 않았다.

　　나흘 뒤 아헨(Bertie Ahern) 총리는 야당의 주장을 받아들여 이 문제를 연구할 독립적인 패널의 구성을 선언했다. 이에 따라 전자투표위원회(Commission on Electronic Voting and Counting at Elections)가 설립되었는데, 이 기구는 검토 과정을 통해 전자투표 방식의 정확성과 비밀투표 유지 방식에 문제가 있을 수 있다는 점을 지적하면서 안전장치와 신뢰성 확보를 위한 추가적인 연구와 경험이 축적되기 전까지는 전자투표 방식의 확대 실시를 피하는 것이 좋겠다는 공식적인 의견을 2004년 3월 제출했다.[3] 이에 따라 아일랜드 정부는 2004년 선거부터 전자투표 방식을 전국적으로 확대 실시하기로 한 결정을 철회했고, 2004년 선거에서는 기존의 '고전적인' 방식으로 투표와 개표가 실시되었다. 그러나 아헨 총리는 의회에서 2007년 이후에는 반드시 펜 대신 전자투표 방식으로 투표하게 될 것이라고 전자투표 방식의 도입을 옹호했다.

　　2006년 7월 전자투표위원회는 그동안의 검토작업을 정리한 최종 보고서를 통해 투표와 개표장치(voting and counting equipment)에 대해서는 기존에 제기된 사소한 문제점이 보완되었고, 이에 따라 안전성에 대한 신뢰를 가질 수 있다고 결론내렸다. 다른 곳에서 사용된 경험에 대해 검토했고, 또 아일랜드에서도 도입된 이래 별다른 심각한 문제를 야기하지 않았으며, 따라서 전자투표기의 활용이 가능하다고 판단했다. 제기된 안전성과 신뢰성 등 문제점에 대한 제기는 기술적으로 보완이 충분히 가능하다는 것이다. 그러나 선거관리용 소프트웨어(election management software)에 대해서는 신뢰감을 갖고 추천할 만큼 충분한 질적 수준에 도달하지 않았다고 평가했다. 즉 아직 실행할 수준은 아니며 보완이 되어야 한다는 점을 지적한 것이다. 또한 보안관리(security management)에 대해서도 보안 수준을 상당한 정도로 높일 수 있을 것으로 결론지었다.[4] 이러한 전자투표위원회의 결정은 사실상 즉각적인 확대 도입은 어렵다는 결정인 셈이다. 이에 따라서 애당초 2007년 확대 실시를 목표로 했던 아일랜드 전자투표 도입은 상당 기간 그 실행이 늦춰질 수밖에 없게 되었고, 전자투표 도입을 둘러싼 논란도 가라앉게 되었다.

2. 아일랜드 전자투표 도입 논란과 거버넌스

그런데 이와 같은 아일랜드의 전자투표 도입을 둘러싼 논란은 거버넌스(governance)라는 관점에서 볼 때 시사하는 바가 크다. 거버넌스 개념은 그간의 국가 주도의 국정 운영방식의 전환과 민주주의에 대한 새로운 해석에 기반하고 있다. 즉 거버넌스의 인식틀은 쟁점마다 관련된 정치 행위자들이 대등한 관계에서 자발적 조정을 이뤄나가는 과정을 민주적인 것으로 인식하며, 공적인 영역의 결정과 집행을 맡아 왔던 국가는 대표성을 지닌 다른 행위자들과 함께 이러한 조정의 과정을 감시하는 역할로 전환하게 된다는 것이다(곽진영 2002, 82~83). 즉 정책 입안과 추진과정에서 국가의 일방적 주도로부터 다양한 행위자의 참여와 자발적 조정과정이 필요하다는 것이다.

이와 같은 거버넌스의 개념으로부터 아일랜드의 전자투표 도입의 과정을 살펴볼 때 우선 지적할 점은 아일랜드에서 전자투표라는 새로운 제도의 도입이 사회적인 논의과정을 거치기 이전에 행정적인 차원에서의 검토만을 통해 결정되었다는 사실이다. 보다 신속하고 효율적이며 정확한 선거결과를 얻겠다고 하는 관료들의 행정적 목표가 이 제도의 도입을 이끌어낸 주된 원동력이었다. 즉 행정적인 절차에 의해 목표가 설정되었고, 네덜란드의 한 사기업과 제도 도입에 대한 논의가 주로 이루어졌다(McGaley and Gibson 2003, 1). 그러나 이 제도 도입을 두고 아일랜드 사회 내의 관련 전문가 집단이나 국가적 차원의 논의가 선행되지는 못했다. 그런 만큼 이 제도가 도입되면 정치적으로나 사회적으로 어떤 영향을 미칠 것인지에 대해서는 충분한 사전적 고려와 토의가 이뤄지지 못한 것이다.

앞에서 본 대로 아일랜드의 전자투표 도입이라는 정책결정 과정에는 다양한 행위자가 참여하고 있다. 행정부(관료집단), 집권당, 야당, 시민사회, 독립위원회, 그리고 투표기의 기술개발을 맡은 외국의 사기업 등이 전자투표라는 새로운 제도 도입에 모두 관련되어 있다. 이들이 전자투표 도입이라는 정책적 결정을 둘러싼 공적인 결정, 즉 거버넌스의 과정에 참여하는 행위자들인 것이다. 이처럼 다수의 행위자가 참여하고 있고, 더욱이 정치적 경쟁의 승자를 결정하는 대단히 예민한 사안에 대해서 행정부의 독자적인 판단과 결정으로 이를 추진하기에는 애초부터 쉽지 않았던 일이었다.

더욱이 호주의 ACT처럼 기존 투표방식에 보완적인 차원에서 전자투표의 도입이 점진적으로 확대 실시되는 형태가 아니라, 아일랜드는 2002년의 시범 도입을 통해 그 결과를 평가한 후 곧바로 전국적으로 확대 실시하겠다는 계획을 설정했는데, 이 역시 거버넌스적 특성을 고려할 때 지나치게 무리한 계획이었다는 비판을 면하기 어려울 것 같다. 실제로 전자투표의 확대 도입이 늦춰지면서 정부 정책에 대한 강한 비판이 제기되었다. 그동안 아일랜드 정부는 전자투표기기의 도입 건으로 5,200만 유로(약 675억 원)의 예산을 투입했지만 제 때 그 성과를 이뤄내지 못함으로써 비판을 받을 수 밖에 없었고, 실제로 노동당을 비롯한 야당은 정부의 전자투표 도입 정책이 예산을 낭비하고 있고 국정에 대한 국민의 신뢰감을 손상시켰다고 비난했다(Irish Times 2005/09/27).

아일랜드의 전자투표제도의 도입에 거버넌스적인 접근이 필요했던 또 다른 중요한 이유는 전자투표의 도입이 단순한 행정업무의 개선이라는 행정적 효율성의 증대라는 차원에 머물지 않고 대의제 민주주의의 본질적 요소와 관련된 문제이기 때문이다. 즉 전자투표의 도입은 단순한 기술적 가능성의 문제가 아니라 민주성, 형평성, 등가성, 비밀투표 등 '민주적 가치'를 보장해야 하는 원칙의 문제가 수반되는 것이다. 설사 이러한 문제가 이론적으로나 기술적으로 실현 가능하다고 해도 이와 같은 민주적인 가치의 구현과 관련된 사안에 대해서 정치공동체의 모든 구성원들이 그 안전성과 신뢰성에 대한 확고한 믿음을 갖지 못한다면 쉽게 공감을 끌어내기 어려운 문제라고 할 수 있다. 특히 선거방식이 정치적 경쟁의 승패를 결정짓는 수단이며 권력의 향방을 좌우하는 제도라는 점에서 정책 추진과정에서 신뢰성과 여론형성과 수렴은 무엇보다 중요하다. 따라서 신속, 정확, 편리성을 추구하는 행정적 고려에 앞서 전자투표라는 새로운 시스템이 확실히 안전하고 효율적으로 작동한다는 믿음에 대한 공유가 먼저 선행되어야 했다.

정치체계적인 측면에서도 선거제도처럼 국가 기구와 시민사회를 제도적으로 연결짓는 대의제 민주주의의 핵심적인 사안에 대해서 거버넌스적인 접근 대신 행정적인 고려에 의한 일방적인 정책 추구가 시민사회와의 갈등과 마찰을 일으키게 된 것은 당연한 일일 수도 있다. 아일랜드 정부는 의욕적으로 전자투표제도를 추진해 왔지만 시민사회 내의 문제제기와 야당이 가세한 비판으로 인해 그 실시를 연기하게 되었다는 사실은 정책 추진과정에서의 문제점을 잘 드러내고 있다.

일반적으로 전자투표의 제도화에 대한 예측 뒤에는 전자투표가 e-거버넌스의 핵심 가치인 효율성과 민주성을 동시에 추구하는 민주적 관리(democratic management)라는 이상의 구현을 위한 초석으로서 기능할 것이라는 믿음이 존재한다. 즉 e-거버넌스 사회에서는 민주주의가 더욱 효율적인 방법을 통해 구현될 수 있을 것이고, 그 핵심 제도로서 전자투표가 기능하는 시대가 올 것이라는 기대감이다(김혁 2005, 165). 그러나 이러한 기대감은 그 절차적 과정에서 관련 이해 당사자들, 특히 시민사회의 적극적인 참여와 설득이 없이는 이뤄지기 어려운 일이다.

아일랜드의 사례에서 살펴볼 수 있는 또 다른 점은 새로운 제도 도입에 대한 문화적 수용성에 대한 검토가 필요하다는 점이다. 다양한 행위자들의 각기 상이한 반응에는 문화적으로 새로운 제도를 바라보는 시각의 차이가 반영되어 있기 때문이다. 실제로 전자투표 방식은 아일랜드의 전통적인 선거문화로부터의 커다란 변화를 의미하는 것이다. 앞서 지적한 대로 아일랜드의 선거제도는 매우 복잡해서 기존의 수개표 방식으로 승자를 확정하는 데는 오랜 시간이 걸렸다. 이 때문에 승자는 그 다음날이나 며칠이 지난 후에야 그 결과를 알게 되는 것이 일반적이었다. 그러나 그 기다림의 과정은 오랜 기간 동안 아일랜드 선거문화의 한 전통을 이뤄왔다. 전자투표기의 도입은 이러한 오랜 선거문화나 관행에 대한 급격한 변화를 가져온 것이다. 전자투표기의 도입으로 사실상 투표 종료와 함께 곧바로 당선자가 확정될 수 있게 되었기 때문이다. 그런데 이러한 개표방식의 변화는 이 방식에 익숙지 않은 유권자들과 특히 낙선한 후보자들로부터 커다란 반발을 샀다(Irish Times 2005/09/27). 즉 개표 과정의 효율성과 신속함에 대해 모두가 공감하는 것은 아니라는 사실을 잘 보여준다.

이러한 점은 전자투표와 같은 새로운 제도 도입의 성공 여부는 이론적·기술적 가능성의 문제가 아니라 새로운 기술 도입에 대한 사회적 논의와 합의 도출, 문화적 수용성의 문제가 함께 고려되지 않는다면 정보화라는 기술적 발전이 자동적으로 전자투표라는 새로운 제도의 도입의 정당성을 확보해 주지 않는다는 사실을 잘 보여주고 있다. 특히 투표와 같이 정치적으로 예민할 뿐만 아니라 모든 사회구성원의 이해관계가 연관될 수 있는 사안에 대해서는 행정적 편의의 추구뿐만 아니라 관련된 다양한 행위자가 함께 참여하여 문제 해결을 모색하는 거버넌스적 접근의 중요성을 일깨워 주고 있다. 더욱이 앞장에서 살펴본 대로 아일랜드에서 정보화의 발전이 우리나라에서 볼 수 있는 것처럼 인터넷 정치의 급격한 확대와 같은 새로운 정치문화로 이어지지 않는다는 점을 고려할 때, 기술적 가능성과 행정적 편의성에 의존한 정책이 추진과정에서 심각한 반발과 어려움을 겪는 것은 불가피할지도 모른다.

IV. 결론

아일랜드는 정보통신 산업의 유치에 따라 '켈틱 타이거(Celtic Tiger)'라고 불릴 만큼 경제적으로 급성장했지만 그러한 경제사회적 변화가 정치적인 측면에서 정보화와 관련된 새로운 정치문화를 만들어내고 있는 것은 아니었다. 인터넷의 이용 인구 비율도 다른 국가들과 비교할 때 높은 편으로 보기 어렵고 공공장소에서의 접근성도 낮은 편이다. 인터넷의 정치적인 활용과 관련해서 본다면 전자정부나 전자의회처럼 효율성이나 편리성을 높이려는 도구적인 수준에서의 접근이 대부분이었다.

아일랜드 정부가 추진한 전자투표 도입 정책 역시 이와 유사한 시각에서 접근한 것으로 보인다. 그러나 전자투표는 전자정부나 전자의회와는 달리 그 결과가 단순한 행정적인 편의나 효율성의 증대에 머물지 않고 대의제 민주주의의 핵심적인 가치와 연관된 사안이라는 점에서 시민사회 내에서의 폭넓은 이해와 동의 없이 추진되기는 애당초 쉽지 않은 것이었다고 할 수 있다. 더욱이 아일랜드가 전반적으로 정보화라는 새로운 환경에 대한 정치적 수용성이 그다지 크지 않은 사회라는 점을 감안할 때, 전자투표 도입을 둘러싼 다양한 행위자들의 참여를 고려하지 않은 채 행정적인 관점에서 성급하게 추진한 결과 적지 않은 어려움을 겪게 된 것이다. 특히 아일랜드 사회의 폐쇄성이나 제도적 특성을 고려할 때, 정치문화적인 영향에 대한 깊은 고려 없이 관료적 편의성이라는 측면이 강조된 형태로 추진된 전자투표 도입 정책은 정책 추진과정상에서 상당한 문제점을 갖고 있었다고 할 수 있다.

아일랜드의 전자투표제도 도입을 둘러싼 논란은 아무리 절차적 민주주의가 뿌리내린 사회라고 해도 대의제 민주주의의 기본적 가치가 연관된 사안에 대해서는 행정적 관리 차원에서의 시각이 아니라 다양한 행위자의 참여를 전제로 한 거버넌스적 접근이 보다 중요하다는 점을 잘 보여주고 있다.

| 참고문헌 |

강원택. 2007. "전자투표와 민주주의 : 호주의 사례를 중심으로." 『한국정당학회보』 Vol. 6, No. 2, pp. 167-186.

_____. 2006. "아일랜드의 정보화 전략." 유석진 편. 『정보화와 국가전략』. 서울 : 푸른길, pp. 25-50.

곽진영. 2002. "정치과정의 거버넌스." 김의영 외. 『거버넌스의 정치학』. 서울 : 법문사, pp. 77-126.

김혁. 2005. "e-거버넌스 구현을 위한 전자투표(e-voting)의 가능성과 한계." 『의정연구』 Vol. 11, No. 2, pp. 147-168. .

장훈. 2000. "아일랜드." 박찬욱 편. 『비례대표 선거제도』. 서울 : 박영사, pp. 213-236.

조희정. 2007. "한국의 전자투표와 기술수용의 정치." 사이버커뮤니케이션학회 춘계학술대회 발표논문.

Coakley, John and Michael Gallagher(eds.). 2005. *Politics in the Republic of Ireland.* 4th edition. London : Routledge.

Feeney, Peter. 2003. "The Media in Ireland : A Distorted Vehicle for Political Communications?" Buitleir and Ruane(eds.). *Governance and Policy in Ireland.* Dublin : Institute of Public Administration, pp. 73-90.

Gallagher, Michael and Lee Komito. 1999. "The Constituency role of Dáil Deputies." Coakley and Gallagher eds. *Politics in the Republic of Ireland,* London : Routeledge, pp. 242-271.

Haran, Paul. 2003. "The Irish Civil Service in a Changing World." Buitleir and Ruane eds. *Governance and Policy in Ireland.* Dublin : Institute of Public Administration, pp. 43-58.

Keogh, Dermot. 2003. "Citizenship and the irish Freedom of Information Revolution."

Buitleir and Ruane (eds.). *Governance and Policy in Ireland.* Dublin : Institute of Public Administration, pp. 59–72.

Komito, Lee. 2004. "E–Governance in Ireland : new technologies, public participation and social capital." Proceedings of the 4th European Conference on E–Government : towards innovative transformation of the public sector. (17–18 June 2004), Dublin. Academic Conferences International ; Reading, England, pp. 411–418.

_____. 1999. "Political Transformations : clientalism and technological change." Exploring Cyber Society conference proceedings, Volume II, John Armitage and Joanne Roberts (eds.). Newcastle : University of Northumbria at Newcastle.

McGaley, Margaret and Paul Gibson. 2003. "Electronic Voting : A Safety Critical System" (http://www.evoting.cs.may.ie/Project/report.pdf 2006/10/12 검색).

Nugent, Simon, 2002. "Digital Democracy in Ireland : Are ICTs Empowering Citizens or Re–enforcing Elites?". Seminar presentation. Policy Institute. (28 May 2002) Doublin : Trinity College, The University of Dublin, Ireland (http://www.policyinstitute.tcd.ie/nugent.php 2006/03/16 검색).

Sinnott, Richard. 1995. *Irish Voters Decide : Voting Behaviour in Elections and Referendums since 1918.* Manchester : Manchester University Press.

United Nations, *The World Public Sector Report 2003 : E–government at the Crossroads that features in its Part II the UN Global E–government Survey 2003* (http://unpan1.un.org/intradoc/groups/public/documents/un/unpan012733.pdf 2005/ 12/10 검색).

Zelic, Bruno and Bernd Stahl. 2005. "Does Ontological Influence Technological Projects? The Case of Irish Electronic Voting," in Klaus–Dieter Althoff, Andreas Dengel, Ralph Bergmann, Markus Nick, and Thomas Roth–Berghofer (eds.). Professional Knowledge Management–Wissensmanagement, Post–conference proceedings. Springer LNAI 3782, pp. 657–667.

| 주 |

* 이 글은 『유럽연구』 25권 3호 (2007), pp. 89-108의 글을 수정한 것임.
1. 이하 논의는 강원택(2006, 25-50)을 참조.
2. 이에 대해서는 이 책의 8장 "호주의 전자투표와 민주주의"를 참조할 것.
3. "First Report : December 2004" (http://www.cev.ie/htm/report/first_report/part2 _5.htm 2005/08/12 검색).
4. "Commision on Electronic Voting" (http://www.cev.ie/htm/report/download_ second.htm 2006/10/12 검색).

제7장

에스토니아의 전자민주주의와 인터넷 투표

조희정

I. 서론

전자민주주의론은 정치과정에서의 ICT(Information Communication Technology) 활용을 중심으로 행위자 혹은 주제별로 전자정부, 온라인 시민참여, 온라인 정당, 전자의회, 온라인 사회운동 및 온라인 선거운동 등을 세부 주제로 다룬다. 따라서 전자민주주의론에서는 정부나 정당, 의회, 시민사회라는 정치적 주체의 역할과 능력 그리고 의지가 중요한 변수로 부각된다. 전자투표는 이 가운데 전자정부 분야에서 선거행정의 근대화를 촉진하며 참여의 측면에서는 의사결정을 신속하게 할 수 있는 효과적인 기제로 평가된다.

전자투표의 범위는 옵티컬 스캔(optical-scan) 방식부터 인터넷 방식에 이르기까지 매우 다양한데,[1] 에스토니아는 전 세계적으로 40여 개국이 추진하고 있는 전자투표 사례 가운데 가장 선진적 방식인 인터넷 방식의 투표를 시행하고 있는 국가이다.[2] 비록 인구 130만 명 정도의 대단히 작은 규모지만 오히려 그러한 규모의 이점 때문에 정부의 모든 정책이 갈등 관리나 추진에 있어서 상대적으로 다른 국가에 비해 용이하다는 특수성과 함께 인터넷 투표뿐만 아니라 다양한 전자민주주의 프로그램을 시행하면서 전 세계의 주목을 받고 있는 전자민주주의 강국이기도 하다.

우리나라의 전자투표가 2005년 1월 전자선거 로드맵 발표 이후 실제 공직선거에의 적용이 어려운 정체상태에 머물러 있는 반면 에스토니아의 인터넷 투표는 안정적으로 시행되면서 더욱 이용이 증가하고 있는데, 여기에는 앞서 제시한 소규모에서 적용하기에 큰 무리가 없다는 규모의 이점[3]과 함께 우수한 ICT 인프라(infrastructure)와 인터넷 투표만이 아닌 균형적이고 다양한 정부의 전자민주주의 프로그램 병행의 성공, 그리고 그에 따른 ICT 정치문화의 발전이 강력한 영향요인으로 작용하고 있다.

전자투표에 대한 기존 연구와 사례에서 알 수 있듯이 '전자'투표라는 신기술의 사회적 수용은 단지 기술 수준만 해결하면 되는 것이 아니라 여러 변수의 효율적인 조율이 필수적이며, 그렇기 때문에 전자투표는 기술의 문제가 아니라 '정치'의 문제로 접근해야 한다는 것은 대부분의 연구자들이 지적하고 있는 부분이다. 에스토니아 또한 이러한 다양한 변수가 인터넷 투표를 포함한 국가정보화 정책과 전자민주주의 프로그램에 반영되어 있다.

따라서 이 글에서는 에스토니아의 인터넷 투표 도입과정을 그 외의 전자민주주의 프로그램과 함께 고찰하여 정부의 다양한 전자민주주의 프로그램의 균형적 추진이 중요하고, 특히 기술, 정책, 정치문화의 병행이 전자투표의 성공적 도입의 기반이 될 수 있음을 고찰한다. 아울러 아직 우리나라에서는 폐쇄적 행정과 거버넌스(governance)의 부족으로 전자투표가 답보되어 있는 상태에서 정책에 대한 이러한 다양한 고려가 필요함을 정책적 시사점으로 강조하고자 한다.

II. 전자투표의 연구경향

전자투표는 공공개혁은 물론 투표와 관련된 공공 서비스로 전환되는 과정을 안정적으로 구축함으로써 유권자의 투표과정에 대한 신뢰도와 민주성을 확장시킬 수 있다는 점에서 중요하다(정연정 2008, 104). 또한 국가경쟁력, 민주화 정도 그리고 사회발전의 중요한 모티브로서 역할한다(조희정 2007a). 이러한 의미를 가지는 전자투표에 대한 논란은 기술과 사회의 문제로 대별할 수 있는데, 기술분야에서의 쟁점은 정보 보호, 네트워크 보안, 시스템의 투명성과 데이터의 무결성 등이며, 사회분야에서의 쟁점은 법제도 개선, 도입 및 운영 비용, 투표율, 정보격차 등을 들 수 있다(조희정 2007a, 100–106).

대부분의 전자투표 연구는 기술과 정책 쟁점에 관한 연구[4]와 세계 각 국의 사례 연구로 진행되고 있다. 기술분야의 연구가 정보 보호나 보안에 관련된 것이라면, 사례 연구에 있어서는 각 국의 사례에 대한 연구를 통해 정책적 시사점을 도출하고 성공과 실패의 요인을 밝히는 것에 주력하고 있다. 또한 세계적인 전자투표 수준을 가늠하는 것도 전자투표 사례 연구에서 중요한 연구목적으로 제시된다. 그러나 한편으로는 전자투표의 가장 발전된 단계인 인터넷 투표가 민간단위(비공직선거)나 지방선거 혹은 에스토니아 등의 국회의원선거 등에서 실제 활용되고 있음에도 불구하고 연구의 폭이 인터넷 투표가 아닌 전자투표에만 한정되고 있는 점은 한계라 할 수 있다.

국가별 사례를 보면 다양한 투표방식과 함께 전자투표를 추진하고 있는 미국의 전자투표가 시민사회의 강력한 저항과 예산문제 그리고 폐쇄적 정책 추진과정 때문에 정체상태에 머물러 있고,[5] 복잡한 선거방식을 해소하기 위해 신중하게 도입을 결정한 호주의 전자투표 역시 정치문화적 요인으로 인해 확대되고 있지 않다. 반면,[6] 시범투표와 열린 정책 추진을 통해 도입에 성공한 스위스의 전자투표는 확대가능성이 있고,[7] 정치권과 전자투표조합의 거버넌스에 의해 전자투표 도입을 전격적으로 결정한 일본은 2009년부터 전자투표를 공직선거에 본격적으로 도입한다고 결정하였다.[8]

물론 이외에 기술적 문제로 인해 도입하지 않기로 결정한 아일랜드나 네덜란드 등의 사례도 있지만 전자투표 추진국들의 다양한 사례를 보면 전자투표의 사회적 수용은 각 국의 정치문화, 기술, 경제적 수준 그리고 정책담당자의 역할에 따라 매우 상이한 발전 수준을 보이고 있으며, 이들이 중요한 변수임을 시사한다. 이 글에서는 이와 같은 기존 연구에서의 변수를 기준으로 하되, 다른 한편으로는 전자민주주의의 관점에서 여타 전자민주주의 프로그램과의 균형적 추진이 ICT 정치문화 수준의 발전에 긍정적으로 작용함을 논한다.

III. 에스토니아의 정치사회적 환경과 전자민주주의 프로그램

에스토니아는 1991년 8월 20일 구소련 해체를 계기로 독립하였고, 2004년에는 NATO와 EU에 가입한 발트해 연안의 작은 국가[9]이며, 1991년 독립부터 2008년 현재에 이르기까지 약 20여 년 동안 ICT를 중심으로 한 국가정보화 전략으로 비약적인 국가발전을 이룩하여 대표적인 북유럽의 ICT 강국으로 평가되고 있다.[10] 에스토니아의 주요 전자민주주의 프로그램은 시민에 의한 정책결정 서비스인 TOM 프로젝트, 전자시민 프로그램, ID 카드 프로젝트가 있으며, TOM 프로젝트와 전자시민 프로젝트를 통해서는 시민의 참여와 활용에 의해 ICT 문화가 발전하고, ID 카드의 사용을 통해서는 보안과 인증을 확보함으로써 시민들의 ICT에 대한 신뢰성이 높아지고 있다. 3절에서는 환경적 요인으로서 에스토니아의 일반적인 정치사회적 환경과 정보화에 영향을 미친 환경변수와 주요 전자민주주의 프로그램을 알아본다.

1. 정치사회적 환경의 특징

(1) 러시아와의 갈등

1940년 구소련 연방의 일부로 편입되었다가 1941년 독일군에 의해 점령되었고, 다시 1944년 소련이 재탈환하면서 소비에트화된 에스토니아는 구소련의 해체로 1991년 8월 20일 정식으로 소련으로부터 독립하였다. 2007년 현재 에스토니아의 인구는 에스토니아인이 67.9%, 러시아인이 25.6% 등으로 구성되어 있는데, 30%에 달하는 러시아인은 오랜 구소련의 지배과정에서 유입된 것이며, 에스토니아인은 구소련 치하에서 해외로 대규모 이주하였다가 1991년 이후 유입되기도 하였다 (CIA 2007/06/19). 에스토니아인은 유럽지역에서는 드물게 아시아계 혈통으로 알려져 있으며, 그 때문에 강한 공동체의식을 소유한 것으로 평가되고 있다. 에스토니아인의 강한 공동체성은 구소련의 러시아화를 중심으로 한 문화정책에 대한 강한 반발과 이에 대한 조직적 저항을 위한 민족전선의 형성으로 이어졌으며,[11] 현재까지도 인민전선은 가장 강력한 에스토니아 정당 가운데 하나로 활동하고 있다.

러시아에 대한 반대는 에스토니아와 러시아 간의 외교 쟁점으로 현재까지도 이어지고 있는데, 시민권, 영토, 러시아 주둔군 철수의 세 가지 문제로 요약할 수 있다. 첫째, 시민권 문제는 에스토니아 거주 모든 러시아인에게 시민권을 인정하라는 러시아의 요구를 에스토니아 정부가 거부하면서 1938년 이전에 에스토니아 시민이었거나 그 후손만을 시민으로 인정하는 법에서 전체 인구의 30%에 해당하는 40만 명의 러시아인이 제외되었다는 것에 대한 갈등이다.[12] 둘째, 영토문제는 1945년을 전후로 러시아에 강제 귀속된 약 2천만 km²에 이르는 영토의 반환 문제이다. 마지막으로 러시아 주둔군의 철수 문제는 러시아가 에스토니아에 주둔 중인 러시아군을 일방적으로 철수시키면서 불필요한 군사시설은 에스토니아에 할양하고, 이에 대해 에스토니아 정부는 국내 거주 러시아군 퇴역자 1만 5천 명에 대해 시민과 동등한 사회복지 혜택을 주기로 한 러시아와의 협약에 대해 국내 극우 민족세력이 강력히 저항하는 갈등을 겪고 있다.

2007년 4월에는 에스토니아와 러시아의 갈등이 새로운 국면으

로 전개되었는데, 3월 국회에서 소련 상징물 철거를 승인하는 법안이
통과된 후 4월 26일에는 '청동병사(혹은 해방병사)' [13]의 철거를 둘러싼
에스토니아 거주 러시아인과의 갈등이 에스토니아 최초의 유혈폭동으
로 나타났다. 이 과정에서 러시아는 에스토니아와의 외교 단절까지 요구
하게 되었는데, 바로 다음날인 4월 27일에는 1백만 대 이상의 컴퓨터가
가동된 대대적인 사이버 테러가 이루어져 에스토니아는 세계적으로 사
이버공격에 의해 무너진 첫 번째 국가가 되었다. 두 주 넘게 정부와 언론
사 웹사이트가 공격의 대상이 되었으며, 은행과 인터넷 서비스가 마비되
었고, 4월 30일까지 .ru로 끝나는 러시아의 웹 주소는 모두 필터링되었
다. 이 과정에서 NATO와 EU는 IT 전문가를 에스토니아에 파견하여
피해 복구에 전폭적인 지원을 하였다. 이와 같은 러시아와의 극한 갈등
은 언제나 에스토니아를 지지하는 서방세력에 대한 러시아의 강한 저항
에 부딪쳐 지속적인 불안요인으로 남아 있다.

(2) 서구의 지원과 정치 엘리트의 리더십

에스토니아 정부는 1991년 독립 이후 수도 탈린이 옛 한자동맹
의 주요 도시라는 역사적 사실을 부각시키며 강력한 서유럽 지향성을
보였는데, 구소련의 지배 와해 이후 러시아에 대한 강력한 반대와 서유
럽 지향성이 동시에 나타나고 있다. 이 가운데 서구 지향성은 러시아를
제외한 주요 교역국인 핀란드, 스웨덴, 독일의 지원에 의해 형성된 산업
적 교류관계와 이들 국가 가운데 특히 핀란드나 스웨덴 등의 ICT 선진
국에서 IT의 발전과 문화를 익힌 에스토니아 정치 엘리트의 에스토니아
ICT 정책에의 영향으로 구체화되었다.

우선 경제적 영향을 살펴보면 에스토니아의 산업구성은 서비스

업 68.6%, 일반 산업 28%, 농업 3%로서 대부분이 서비스 산업으로 구성되어 있는데, 이 가운데 전자산업과 정보통신산업의 경제적 비중이 가장 크다. 주요 수출 파트너는 핀란드(26.3%), 스웨덴(13.2%), 라트비아 (8.8%), 러시아(6.5%), 독일(6.2%) 순이고, 주요 수입 파트너는 핀란드 (19.7%), 독일(13.9%), 러시아(9.2%), 스웨덴(8.9%) 순이다(CIA 2007/06/19).

1991년 독립 이후 에스토니아는 커다란 사회적 갈등 없이 EU, NATO, WTO 등의 서구 국제기구에 가입하였고, 이후 기존의 농업 중심의 산업구조에서 급속한 자유무역 정책과 IT 정책을 추구하게 되었다. 이 과정에서 서구 국가는 집중적으로 물적 지원을 하였으며, 외교적으로도 매우 긍정적인 자세를 취하였다. 또한 에스토니아 국내에 있어서도 EU가입에 대한 국민의 지지는 66.8%에 이를 정도로 매우 높은 지지도를 보이고 있다.

1994년 러시아 군대 철수 이후에는 서방과 정치경제적 유대관계를 더욱 공고히 하였으며, 이러한 유대관계는 정치 엘리트들이 대부분 서구에서 교육받은 젊은 관료들인 것으로도 나타나고 있다. 독립 이후의 역대 대통령이나 주요 정당의 대표나 정치 각료의 대부분이 영국이나 핀란드 등의 서유럽 국가에서 교육을 받았으며, 특히 핀란드 유학 출신 관료들이 매우 많다는 것도 특징적이다. 이들은 핀란드의 ICT 발전을 에스토니아에 적용하여 국내의 부가가치를 창출하는 기제로서 ICT가 큰 역할을 할 수 있다는 정책적 기조를 수립하였다.

대표적으로 에스토니아 정보화 정책에 가장 큰 역할을 한 리나 빅(Linnar Viik)의 경우는 헬싱키 대학을 졸업하고 에스토니아의 주요 ICT 정부조직의 수장을 역임하며 에스토니아의 정보화를 선도하여 에스토니아의 미스터 인터넷(Mr Internet) 혹은 인터넷 스승(Internet Guru)으로 평가받고 있는데, 그는 에스토니아가 왜 ICT 정책을 적극적으로 그리고 신

속하게 수용하는가 하는 문제에 대해 자원이 적은 에스토니아의 살 길
은 ICT로 인한 고부가가치의 창출에 있으며, NATO의 무력진압이나
맥도널드로 표현되는 자본주의화보다 더 폭력적이고 인권을 침해하는
공격에서 국제적 미디어를 이용하여 에스토니아의 독립을 유지하려 한
다고 역설한 바 있다(EU Business와의 인터뷰 2004/04/20).

2. 에스토니아 국가정보화의 형성요인

(1) 대외적 형성요인

1) 서유럽과의 정치적 연대 및 서구의 전폭적인 지원

에스토니아는 독립 이전의 시기부터 지리적으로 인접한 서유럽
국가의 정치적 지원과 산업적 지원을 통해 ICT의 발전을 이룩했다. 그
러나 이러한 외교적 지원은 서방을 경계하는 러시아의 저항과 에스토니
아에 대한 공격으로 이어져 최근에는 국가적인 사이버 테러라는 전대미
문의 사태가 발생하게 되는 계기가 되기도 하였다.

2) ICT를 통한 부가가치 창출과 국가 경제에의 기여

독립 이후 자원이 부족한 에스토니아는 IT를 통한 고부가가치를
국가전략의 원칙으로 채택하였다. 그리하여 전 세계 어떤 국가보다 정보
통신산업이나 서비스 산업의 비중이 큰 국가라는 독특한 발전 패턴을
형성하기에 이르렀는데, 흔히 정보화가 국가나 정치의 발전에 순응적이
라는 발전 가설과 별다른 영향력이 없다는 정상화 가설에 입각하여 평
가할 경우, 에스토니아 사례는 발전 가설의 극단적 모습을 보여주는 경

우라고 평가할 수 있다.

(2) 국내적 형성요인과 영향

1) 서구 지향적인 ICT 리더십

에스토니아 국가정보화 전략의 국내적 형성요인에서 가장 크게 드러나는 것은 서유럽의 교육을 받은 젊은 관료들의 리더십이다. 이들은 국가발전 전략의 기조를 정보화로 채택하고 이를 통해 시민의 참여와 생활의 편리함을 추구하며 체제내적인 안정을 유도해 왔다. 한편, 이들의 리더십에서는 러시아에 대항하여 인권과 시민권을 수립하고 전자민주주의라는 기치 하에 정치의 발전방향을 유도하는 강한 민족주의적 경향과 서구 민주주의적 경향이 특징으로 나타나고 있다.

2) 전자민주주의

다음으로는 전자민주주의에 대한 강조를 들 수 있다. 에스토니아의 인프라 부분을 제외한 대부분의 프로젝트는 시민사회 중심적인 경향을 보이고 있는데, 이는 정보화를 통한 참여를 구현한다는 전자민주주의의 가치에 다름 아니다. 특히 인터넷 투표 시스템의 경우에는 다양한 OS (operating system) 사용자를 모두 배려하여 윈도우(Windows), 리눅스(Linux), 매킨토시(Mac) 모두를 제공한다는 특징이 있다.[14] 또한 국가정보화 전략의 성공을 위해 정부는 ICT 시장 형성을 적극적으로 주도하고 시민편의적인 환경을 조성하기 위한 정책적 노력을 하고 있다. 무엇보다 국가정보화 전략에서 국가발전만큼 전자민주주의의 중요성을 등가적으로 강조하고 있으며, 이것이 시민사회의 정부에 대한 신뢰의 근거가 되고 있다.

3) 사용자의 참여와 효과

정책의 효과는 여러 지표로 측정할 수 있는데, 사용자들의 양적인 참여도와 질적인 만족도를 기준으로 평가할 경우 에스토니아 정보화 전략의 다양한 프로젝트에 대한 시민의 참여도와 만족도는 대단히 높은 편이라고 할 수 있다. 그러나 이러한 프로젝트에서 대부분의 참여자가 에스토니아어 사용 시민, 즉 본래적인 의미의 에스토니아인으로 나타나 러시아어권 시민, 즉 에스토니아 거주 러시아인에 대한 배타적 정책이 이루어지고 있다는 것은 역으로 에스토니아 정보화 전략의 발전을 저해하는 요인으로 작용하고 있다.

3. 주요 전자민주주의 프로그램

(1) 정부 : 국가정보화 계획과 정보화 현황

1998년부터 본격화된 국가정보화 전략에서 에스토니아 정부는 정보화는 에스토니아의 전략적 선택이며 민간과 제3섹터와의 연계를 통해 국가정보화 전략을 추진한다고 표명하였는데, 당시의 국가정보화 전략에서는 보안 및 전통문화와의 연계성, 연구개발(R&D) 분야의 중요성을 강조한 점이 특징이다(Ministry for Economic Affairs and Communications 2006).

이어 2차 정보화 계획으로는 'Information Society Strategy 2004-2006'을 발표했고, 2007년 1월 3차 정보화 계획으로서 'Information Society Strategy 2013'을 발표했다. 이 계획은 유럽의 그것과 같은 방향으

로 추진되고 있는데, 유럽통합 이후 유럽 각 국은 EU의 계획을 상위 계획으로 하여 그 범위 내에서 자국의 국가전략에 반영시키는 지역 공조의 특징을 보이고 있다. 에스토니아의 경우도 EU의 회원국으로서 이러한 EU의 정책적 기조가 그대로 반영되었다고 볼 수 있다.

에스토니아의 전자정부는 1998년 '직접 정부(Direct Government, Va-hetu Riik)' 프로젝트에서 시작하여 정부 사이트(www.gov.ee(www.riik.ee))를 중심으로 진행되었다. 정부는 특히 1997년부터 1999년까지 'Tiger Leap' 프로그램을 통해 학교 및 공공기관에 인터넷 보급,[15] 조기 PC 교육을 통해 정보화 교육을 실시하였고, 2000년 8월부터는 모든 정부 부처를 연결한 공공영역에서 전자정부를 추진하고 있으며,[16] 1996년부터 매해 이 모든 추진현황을 『정보화백서』로 발간하고 있다.

에스토니아의 국가정보화 전략은 특히 정부 서비스, 교육 및 시민 서비스에 초점을 맞추고 있으며, 전자정부, ID 카드, 전자시민, 전자투표, PKI(Public Key Infrastructure, 공개키 기반구조)와 X-Road의 5개 분야를 중심으로 추진되고 있다. 정책 추진과정에서는 탈린 기술대학(Tallin Technical University)과 타르투 대학(Tartu University) 등 학계의 전문 연구소와 기업 그리고 정부 부처가 공조하여 주요 역할을 수행하고 있어 신중한 거버넌스 프로세스를 추진하고 있다고 평가할 수 있다(Ministry for Economic Affairs and Communications 2006).

이 외에도 인터넷을 통한 세금 환급, 공공기관이나 사기업체에서의 종이 없는 회의,[17] 의회방송,[18] SMS 주차, 스카이프(Skepe)[19]를 통한 전 세계 무료통화 시스템,[20] 무료 무선 인터넷 서비스[21] 등을 시행하고 있으며, 이러한 다양한 전자 서비스의 성공적인 구현 때문에 외국에서는 E-stonia(electronic Estonia)라는 별칭으로 부르기도 한다.[22]

(2) 시민의 참여 : TOM 프로젝트(시민에 의한 정책결정 서비스)

전자정부의 다양한 정책 가운데 가장 대표적이며 전자민주주의 측면에서 중요한 정책으로는 2001년 6월 25일 개설된 TOM[23] (tom.riik.ee) 이라는 정책결정 서비스를 들 수 있다. 이 서비스는 모든 법안의 초안과 개정안을 국민이 열람하고 평가하여 의견을 제시할 수 있는 일종의 (정책에 대한) 시민의견 수렴 서비스로서, 이는 에스토니아 최초로 정부와 시민사회를 연결한 정책결정 사이트로 평가되고 있다.

사이트의 주요 개설 목적은 전자 서비스 제공보다는 민주적 토론의 증진에 있다고 표방하고 있으며, 등록유권자는 4천 명 정도이고, 월 방문자는 8만 명 정도에 달하는 대형 토론 사이트이다. 정책결정에 대한 시민의 의견은 6단계로 진행되는데, 시민이 정책에 대한 아이디어를 제시한 후(1단계), 14일 내에 다른 사람이 답글을 쓰면(2단계), 아이디어에 대한 토론이 개진된다(3단계). 4단계에서는 이 아이디어에 대한 투표가 이루어지고, 5단계에서는 의견에 대한 보완이 이루어져, 6단계에 최종 완료되면 정부로 아이디어가 전달되어 정책에 반영된다.

우리나라도 현재 전자정부 서비스 가운데 '국민신문고(www.epeople.go.kr)'라는 명칭으로 이러한 유사한 서비스가 있지만, 우리의 경우에는 일반적인 참여 서비스 내에 국민제안이라는 코너로 부분적 서비스로 실행되고 있는 것에 비해, 에스토니아의 경우는 독립된 서비스로 본격적인 시민의 참여를 유도하고 있다는 것이 차이점이다.

에스토니아의 공공정보법(Public Information Act)에 의하면 공공기관은 이 아이디어에 대한 처리현황을 1개월 이내에 알려야 하고, 그 결과는 사이트를 통해 공지되어야 한다. 특히 사이트 운영에 있어서 과다

한 감정 싸움을 피하기 위해 실명제로 운영되며, 시민의 의견에 대한 피드백이 신속하고 정확하다는 특징이 있다.

TOM 사이트의 운영결과 경제적으로는 데이터베이스의 공유와 시민참여의 편리성이 증진되어 기존 오프라인 행정에서보다 30%의 비용절감 효과가 나타났다고 평가되며, 사용자의 만족도에 있어서는 일반 시민은 65%, 공무원은 30% 정도가 긍정적으로 평가한다고 응답한 것으로 나타났는데, 특히 시민의 만족도가 높게 나타났다는 것이 중요하다고 볼 수 있다(Vertmann 2002).

이와 같은 시민참여 프로그램은 신속한 응답과 투명한 프로세스 공개에 의해 정부에 대한 신뢰성과 정부 정책의 민주성 그리고 ICT 정치문화 창출에 대단히 큰 기여를 할 수 있다는 점에서 전자민주주의의 핵심 프로그램이라고 평가할 수 있다.

(3) 전자시민(E-citizen) 프로젝트

전자시민 프로젝트의 목적은 인터넷을 통한 정부와 시민의 협력에 있다. 특히 2004년까지 모든 중앙부처와 지역 정부기관은 인터넷을 통해 정보를 제공하며, 이들이 모여 시민 포털의 기능을 수행한다는 것이 핵심 목적이다. 이는 현재 우리나라에서 시행되고 있는 전자정부 포털 서비스 개념과 유사하지만, 에스토니아에서는 여타 정부 서비스보다 시민의 활용성과 전자민주주의적 시스템 구축을 특히 강조하고 있다는 것이 특징이다(www.riso.ee/en 2005/05/03 검색).

전자시민 프로젝트에서 정부가 특히 강조하고 있는 것은 시민의 참여 확대와 이를 위한 시민의 정부에 대한 신뢰 구축이다. 정부는 시민의 정부에 대한 신뢰가 개인 정보의 적절한 유통을 통해 증진될 수 있다는 것을 강조하고 있다(Estonian Information Society Strategy 2013, 10 ; 13). 특히 3차 정보화 계획 'Information Society Strategy 2013'에서는 국가정보화를 발전시키기 위한 전략을 사회, 경제, 제도의 3개 분야로 구분하였는데, 사회와 제도분야에서는 공공영역의 대(對)시민 서비스의 중요성을 표명하면서 2013년까지 시민의 공공분야 전자 서비스 만족도를 80%로 올리겠다고 발표하였다.

이 계획은 기술과 경제보다 시민의 참여에 대한 정책적 중요성을 우선시한다. 구체적인 참여방법으로서는 이러닝(eLearning)을 강조하고 전자민주주의 구현을 위한 인터넷 투표의 중요성을 강조하고 있어 에스토니아의 인터넷 투표가 전자민주주의 프로그램의 일부임을 확인할 수 있기도 하다(EU IDABC 2007/10, 10).

(4) ID 카드 프로젝트

기술적 의미에서 국가 기간망을 구축하는 프로젝트로는 ID 카드, PKI,[24] X-Road[25]의 세 개의 프로젝트가 있다. 이 가운데 시민권과 가장 직접적인 연관이 있으며 정부에서도 중점적으로 추진하고 있는 프로젝트는 ID 카드 프로젝트이다. 이 프로젝트는 '컴퓨터 보호 2009(Computer Protection 2009)'의 하위 프로젝트로서, ID 카드에서의 보안성 확보에 주력하고 있는 경향을 보이고 있다.

ID 카드 프로젝트는 1997년에 시작하여 1999년 2월 개인 인증에 관한 법률로 통과되었고, 2000년 3월 8일 디지털 서명법(Digital Signature Act) 통과 및 2000년 5월 정부의 ID 카드 프로젝트로서 시작되었다(www. pass.ee/2.html ; www.id.ee). 이후 2001년 말 PKI에 의한 인증과 디지털 서명이 완료되어 2002년 1월 28일부터 시민이민부(Department of

Citizenship and Migration)가 스위스의 TRÜR와 에스토니아의 사이버네티카(Cybernetica)사와 공동 협조하여 최초로 ID 카드를 발행하였고, 15세이상 국민은 의무적으로 모두 사용하도록 되어 있는데, 2007년 2월 13일 현재 1,043,582명이 등록하여 사용하고 있어 불과 4년 만에 전체 유권자 106만 명 대부분이 ID 카드를 소유하게 되었다.[26]

ID 카드에는 이름, 국가 ID 코드, 생년월일, 성별, 시민권, 카드 번호, 유효기간, 증명사진, 소유자 서명(이상 카드 앞면의 수록 정보), 출생지, 카드 등록일, 카드 판독장치(이상 카드 뒷면의 수록 정보) 등의 정보를 담고있는데, 여기에는 디지털 서명(digital signature)과 인증(authentication)의 두가지 디지털 인증서가 내재되어 있다. 즉 두 개의 비밀번호를 포함하여개인 정보의 보안을 최대한의 수준에서 인증할 수 있는 유일하고 독립적인 전자적 커뮤니케이션 수단이다. 에스토니아에서 인터넷 투표가 가능했던 것도 은행에서까지 편리하게 발급받을 수 있으며, 신분번호 외에도 두 개의 비밀번호까지 부여하여 철저한 보안을 보장한 바로 이 ID 카드 때문이었다고 볼 수 있다.

그러나 PC 사용자 가운데 ID 카드를 판독할 수 있는 카드 리더기(reader)를 장착한 수가 극소수라는 것이 문제인데, ID 카드와 디지털서명을 사용할 수 있는 소프트웨어는 무료[27]이지만 카드 리더기는 초기에는 20유로(한화로 2만 5천 원 정도)로 고가(高價)라서 이를 장착한 유권자 수가 적다는 것이 문제로 드러났다가 2007년 초에는 6.5-12.5유로(한화 8천-1만 5천 원 정도)로 가격이 하락해 더욱 적극적으로 보급 확대를위해 노력하고 있다(Prosser and Krimmer 2004, 89 ; eGovernment News 2007/02/26).

한편, 2006년 10월부터 새로이 갱신되는 ID 카드는 두 개의 은행과 두 개의 통신회사가 2001년 2월 연합설립한 에스토니아 인증회사

AS Sertifitseerimiskeskus (SK)[28] 사에서 제공하며, 보안 관련 암호가 더욱 강화되었다는 특징이 있다(eGovernment News 2006/10/23).

또한 2007년 1월에는 3월 4일의 총선에서의 사용을 목표로 선거 전용 전자투표 카드(eVoter Card)가 보급되었다. 에스토니아 내무부(Ministry of Internal Affairs)와 국가정보센터(State Informatics Centre)는 1월 8일 전자투표 카드를 발행한다고 발표했는데, 이후 1주일 동안 3천6백여 명의 시민이 이 카드를 주문했다. 카드 주문은 시민 포털(www.riik.ee)을 통해 가능하며, 1월 31일 신청 마감을 하였다. 시민들은 이 카드를 사용하기 위해 반드시 이메일 계정을 등록해야 하며, 투표 카드나 이메일 계정이 있는 유권자에게는 더 이상 우편으로 종이투표 카드를 발송하지 않게 되어 점차적으로 전자투표 방법으로 투표방법을 단일화하는 방안을 추진하고 있다(eGovernment News 2007/01/29).

ID 카드는 인터넷 투표에도 중요하게 활용되고 있으며, 실제 인터넷 투표 과정에서는 스마트 카드 리더기를 통해 유권자 인증 기능을 한다. 에스토니아 정부는 전자서명이 내장된 ID 카드의 보급을 가장 기본적이면서도 중요한 국가정보화 프로젝트로 진행시키고 있다. 즉 국가정보화 전략의 시행을 위해서는 다른 어떤 전자 서비스보다 시민들이 생활에서 ID 카드를 보편적으로 사용하는 단계가 구현되어야 한다는 단계적 사고를 정책에 반영시키며 시민권의 강화에도 유용한 도구로 활용하고 있다.

IV. 에스토니아의 인터넷 투표

앞서 제시한 두 가지의 시민참여 프로그램과 기술분야의 ID 카드 발급 확대와 이용 증진을 통한 기술기반 구축 등을 기반으로 2005년 에스토니아에서는 세계 최초로 전국 단위의 공직선거에서 무선 인터넷을 통한 인터넷 투표가 실시되었다.

이 선거에서는 전체 유권자 100만여 명의 1%에 해당하는 1만여 명 정도의 적은 수만 참여하여 지극히 제한된 규모의 인터넷 투표가 실시되었을 뿐이었지만, 2007년 3월의 총선에서는 약 4만 명이 참석하여 점차적으로 사용자가 증가하는 추세이다. 에스토니아에 인터넷 투표 시스템을 제공한 취프 일렉션 서비스(The Chief Elections Service) 사는 인근의 리투아니아에도 전자투표 시스템을 제공하여 아르헨티나 및 라틴아메리카 지역에 전자투표 시스템을 제공한 브라질처럼 지역 내 전자투표 선도자로서의 역할을 수행하고 있으며, 전자투표의 최고 단계인 인터넷 투표를 무선방식으로 시행한 혁신적인 사례로서 유럽뿐만 아니라 전 세계의 주목을 받고 있다.

1. 인터넷 투표의 추진과정

에스토니아에서는 4년마다 의회선거와 지방선거,[29] 5년마다 대선이나 유럽의회 선거를 실시하며, 주민투표(referendum)는 EU 가입과 헌법 개정에 대해 2003년 실시되었다. 18세 이상부터 선거권이 부여되며, 1991년 8월 독립 이후 1992년부터 2007년 3월 현재까지 총 14회 공직선거를 실시하였고, 이 가운데 인터넷 투표는 2005년부터 2007년 3월 현재까지 총 3회 실시되었다.

인터넷 투표는 1998년 5월 발표한 '에스토니아 정보정책(*Principles of the Estonian Information Policy*)'에서 시작되었으며, 초기에는 다른 부분보다 기술적인 네트워크 및 인프라 구축에 중점을 두었다. 현재까지 꽤 빠른 시간 내에 기술 인프라를 구축하였다고 볼 수 있는데, 이는 정책의 추진력 외에도 에스토니아의 작은 영토라는 규모의 이점 또한 작용한 것으로 평가된다.

이어 1999년부터는 인터넷을 통해 투표를 할 수 있는 웹기반의 투표 시스템 구축을 완료했고, 특정 투표소에서는 사전 투표로도 인터넷 투표가 가능하게 되었다. 다른 정보화 프로젝트에 비해 인터넷 투표의 도입은 좀 더 상대적으로 복잡한 과정을 거친다. 즉 인터넷 투표는 기술적 근대화뿐만 아니라 정치적으로 중요한 쟁점을 가지고 있는데, 정보격차(digital divide)에 따라 젊은 층의 유권자만 참여한다는 평등선거 위배의 문제와, 인터넷을 이용하여 투표할 경우 해킹에 의한 보안의 문제와 비밀선거의 원칙을 위배할 수 있다는 등의 쟁점[30]은 여타 전자투표 추진국에서도 갈등을 겪고 있는 대표적인 쟁점이다.

그러나 에스토니아에서의 인터넷 투표 도입에 대한 논의과정에서 이러한 점은 비교적 무난하게 해결되었다. 에스토니아의 높은 정보화 정도에 의해 디지털에 익숙하지 않은 유권자는 다른 국가에 비해 상대적으로 적었으며, 비밀선거 위배의 문제는 정치권에서의 적극적인 논의를 통해 법적으로 해결되었다.

2. 인터넷 투표 추진의 주요 정치 주체와 갈등의 조정과정

2001년 법무부 장관[31]이었던 래스크(Märt Rask)를 중심으로 하여 정치권에서 인터넷 투표가 중요한 쟁점으로 부각되었는데, 당시 법무장관이자 개혁당(Reform Party) 소속이었던 래스크는 2001년 초 새로운 선거법의 초안으로 전통적 선거방식에서 기술적 변화를 시도하는 인터넷 투표를 제시하여 '전자(electronic)' 관련 이슈가 유행하게 된 것이다.

이에 2001년 1월부터 인터넷 투표에 대한 온라인 토론이 애리패예프(Äripäev) 사이트에서 본격적으로 시작되었고, 중앙당[32] 대표 아르자카스(Küllo Arjakas)는 전자투표에 대한 강력한 의구심을 표명했다. 또한 인민연합당[33] 대표 라일리안(Villu Reiljan)도 인터넷 투표가 불평등을 양산하고 애국당과 개혁당 그리고 중도정당의 연합으로 구성된 정부가 정치영역을 장악하기 위한 시도에 지나지 않는다고 비난하였으며, 사회주의자인 키비래크(Juhan Kivirähk)는 인터넷 투표를 통해 젊은 유권자를 지지기반으로 하는 정당들이 성공하게 될 것이라고 지적하는 등 정당 간 논쟁이 활발하게 진행되었다.

당시 에스토니아에 인터넷 투표를 도입하는 공식적 목적에 대해 정부 측 입장이라 할 수 있는 주 영국 대사 라울 맬크(Raul Mälk)의 주장은 인터넷 투표가 젊은 층의 정치참여를 촉진할 것이라고 이야기한 바 있는데, 1999년 선거에서 나타난 약 50% 정도의 투표율이 인터넷 투표가 시행될 경우 3/4 정도까지 상승할 것이라고 기대감을 표명하였다. 이는 인터넷을 사용하는 주요 계층인 유권자가 젊은 층이라는 정보문화와 이를 통한 젊은 유권자의 참여 촉진과 투표율 제고라는 정부 이념을 나타낸 것이라 볼 수 있다.

정부 측의 또 다른 구체적 입장으로서 인터넷 투표 프로젝트의 가장 강력한 지지자인 라(Larr)[34] 수상의 주장도 중요한데, 2001년 1월 17일 라 수상은 그의 정당 동료인 너트(Mart Nutt)에게 인터넷 투표에 관한 의견을 표명해 줄 것을 요청했으며, 2001년 실험투표 후 2002년 지방선거 및 2003년 총선에서 인터넷 투표를 도입할 것인지를 판단하겠다는 계획을 제시하였다. 그도 인터넷 투표가 투표율을 제고하고 민주주의를 발전시킬 것이라고 강조했다(www.rigikogu.ee/ems/index.html).

이러한 정부의 도입목적에는 여타 서구 국가나 브라질 등에서 주요 이슈가 되고 있는 정보격차나 보안문제 가운데 특히 보안문제의 경우 전자서명과 스마트 카드를 병행하여 사용함으로써 해결할 수 있다는 것이 에스토니아 정부의 입장이기 때문에 특별히 쟁점으로 제시되지 않았다(The Guardian 2001/03/28).

인터넷 투표에 대한 논쟁은 의회에서 본격적으로 진행되었다. 의회 내에서는 전체적으로 네 번의 법안 초안[35]에서 인터넷 투표가 논의되었는데, 대부분의 토의주제는 정보격차에 의한 정치적 생활에 있어서 공정성 문제, 투표소에 나가는 여부를 본인이 결정해야 함에도 강제를 부과하는 민주적 권리의 퇴행 문제, 비밀투표의 보장이나 일반성 등에 대한 헌법성 위배 여부와 프라이버시 침해 가능성, 선거 부정행위 가능성, 다른 국가에서의 부정적인 선례, 기술적 준비 미비, 해커의 침입 가능성 문제 등이었다. 그럼에도 불구하고 대부분의 의원은 수상이 목적론적으로 헌법을 해석하며 내세운 가정에 동의했다. 그 첫 번째는 인터넷 투표로 인해 투표율이 상승할 것이라는 가정이고, 그리하여 두 번째로는 자동적으로 민주주의의 긍정적 효과가 나타날 것이라는 가정이었다.

인터넷 투표 아이디어가 제시되던 초창기에 가장 큰 인터넷 투표 지지정당은 개혁당이었고, 신구 연합정당인 연합당, 개혁당[36] 중도정당[37]

중앙당[38])은 인터넷 투표에 우호적이었다. 에스토니아 인민연합과 연합인민당[39])은 전자투표에 적대적이었지만 회의석상에서는 전자투표를 항상 지지하였다. 의원들은 전자투표가 반(反)헌법적이며, 기술적인 문제와 위험성을 갖고 있다면서 다양한 반대 입장을 표명하기도 하였지만, 의회 내에서는 법무부의 헌법에 대한 기술적 해석, 즉 인터넷 투표는 투표율을 증진시키고,[40]) 이는 자동적으로 민주주의에 긍정적 영향을 미친다는 관점을 공유하였다. 행정부 및 여당의 인터넷 투표 지지 입장과 다른 정당의 인터넷 투표 반대 입장 간의 갈등은 정작 의회 내에서는 연합정권의 특성으로 인해 긍정의 입장으로 수렴되었다. 그리하여 의회는 인터넷을 통한 참정권을 국민의 기본권이라고 선언하게 되었다.

[표 7-1] 주요 정치 행위자의 인터넷 투표에 대한 의견

시기	이름	직책	소속정당(정당의 성격)	입장
2005년	아놀드 류텔 (Arnold Rüütel)	대통령		적극 반대
2001년	라(Larr)	수상	애국당(여당, 연합정당)	적극 지지
2001년	래스크 (Märt Rask)	법무부 장관	개혁당(여당, 연합정당)	인터넷 투표 발의 적극 지지
2001년	아르자카스 (Küllo Arjakas)	정당 대표	중앙당(야당, 이후 2002년 연합에 의해 여당으로 변화)	적극 반대
2001년	라일리안 (Villu Reiljan)	정당 대표	인민연합당(야당)	적극 반대
2001년	사비사 (Edgar Savissar)	탈린시 시장	인민연합당(야당)	적극 반대
2001년	키비래크 (Juhan Kivirähk)		사회주의자	젊은 층을 지지기반으로 하는 정당에 유리하다고 평가

출처 : Kersting and Baldersheim(2004, 98-100 ; 103-104)를 중심으로 재구성.

에스토니아의 인터넷 투표에 대한 법적 논란 가운데 두 번째 특징은 헌법에 대한 비밀투표 조항 삭제의 문제였으며, 2002년 이후에는 관련된 네 가지 법 가운데 주로 지방선거법을 중심으로 선거절차에 대한 논의가 진행되었다. 법제도적 논의는 절차상 문제로서 크게 문제시되지 않았지만, 그 다음 의회에서 논란이 된 선거 4원칙과 관련된 문제는 다수당의 주장과 여당의 주장이 대립하면서 커다란 사회 쟁점으로 나타나게 되었다. 특히 여당에서 유권자에 대한 강제성을 제거하면서[41] 인터넷 투표에서 비밀투표 원칙은 문제시될 것이 없다고 하여 아예 헌법의 비밀투표 유지 조항 자체를 없애버린 것이 문제가 되었는데, 이러한 목적론적 법해석의 법적 타당성에 대한 문제가 야당을 중심으로 지속적으로 제기되었다.

2005년 5월 25일에는 대통령 아놀드 류텔(Arnold Rüütel)이 에스토니아의 인터넷 투표 실시안에 대한 서명을 거부하여 인터넷 투표는 또한번 문제가 되었다. 2005년 5월 12일 의회는 1월의 성공적인 시범투표 실시를 통해 동년 10월 탈린에서 실시하는 지방선거에서 인터넷 투표를 실시하기로 하는 법안을 상정하였지만, 5월 25일 대통령은 법적으로 인터넷 투표를 실시하는 법안에 대해 전통적 투표방식을 위배하며, 평등이나 보통선거의 원칙에 어긋나고, 투표 시스템의 조작가능성 때문에 부정투표의 위험성이 있다는 등의 이유로 서명을 거부했다.

대통령의 입장은 인터넷 투표가 에스토니아의 e-거버넌스를 촉진시킬 수 있는 중요한 기회라는 것은 이해하지만 선거부정을 정확히 방지할 수 있도록 유권자 확인과 인증장치의 정확성이 좀 더 필요하다는 것이었다. 따라서 에스토니아 선거에서 중요한 역할을 하는 ID 카드를 모든 에스토니아 유권자들이 갖게 될 것으로 전망되는 2006년 이후에나 인터넷 투표가 가능하다는 입장을 고수한 것이다.

그러나 6월 28일 의회는 지방선거법의 개정을 통해 대통령의 반대에도 불구하고 10월의 지방선거에서 인터넷 투표를 실시하기로 결정했다. 이 과정에서 101명의 의원 중 52명이 찬성했는데, 9월 7일에는 대법원이 전자투표가 기술적으로 투표의 비밀원칙을 유지할 수 있다고 판단하여 법안을 합법 판결하였다.

3. 시행과정

인터넷 투표 논쟁의 초기 단계에서는 시행원칙에 대한 합의 및 제시된 법안 초안에 대해서만 합의하였지만 관련된 네 법안은 공히 선거인은 스스로 투표해야 한다는 원칙을 부가하였고, 가장 중요하게는 2005년까지는 인터넷 투표를 적용할 수 없다는 법안을 통과시켰다(지방선거법 74조 5항). 이러한 과정에서 정부가 과반수를 차지하지 못하고 있었기 때문에 인민연합의 표가 중요하게 작용하였지만 정권변화 및 이후의 정치적 합의를 통해 인터넷 투표를 실시하게 된다.

그리하여 2002년 인터넷 투표를 위한 법적 준비작업 및 행정부의 기초 작업을 시작하였고, 2003년 8월에는 에스토니아 선거관리위원회가 실제적인 인터넷 투표 프로젝트(national Internet voting project)를 시작하였다. 사이버네티카 사는 스마트 카드와 전자서명으로 구성된 인터넷 투표 시스템을 개발하였으며, 2004년 봄에는 '에스토니아 국가정보화 전략 2004-2006'을 발표하면서 동시에 하부 실행계획으로서 'Information Policy Action Plan for 2005'를 발표하였으며, 가을에는 인터넷 투표 관련 소프트웨어 개발이 완료되었다.

2005년 1월 24일 에스토니아의 수도 탈린에서 에스토니아 최초의 인터넷 투표 실험이 시작되었다. 탈린은 에스토니아의 수도이자 시민들이 교통수단으로 전자 티켓(e-ticket)을 사용하고 있어 ID 카드의 보급률이 가장 높은 지역이다. 따라서 에스토니아 최초의 인터넷 투표 시범 지역으로 선정되었다고 볼 수 있다.

투표는 월요일 오전 9시에 시작되어(첫 번째 등록은 9시 6분) 1월 29일 토요일 오후 8시까지 6일 동안 진행되었다(마지막 등록은 오후 7시 52분). 그러나 실제 인터넷 투표 시간은 하루 24시간 내내 가능한 것이 아니라 오전 8시부터 24시까지로 제한되었다. 투표결과는 실시간 모니터링이 가능했으며, 일요일 오후 4시까지는 인터넷으로 투표한 사람이 투표소에서 재투표를 가능하게 하여 최종 투표만을 투표결과로 인정하였다.

이 시범투표를 통해 탈린 내 세 곳의 선거구에서 투표한 유권자는 전체 유권자 가운데 14%인 총 882명이었으며, 이 가운데 전통적 방식이 아닌 인터넷 투표를 한 사람은 703표이고, 유효 전자투표 수는 697표였다. 이 선거에 대해 선거관리위원회는 더 이상의 기술적 장애가 없다고 발표하였다(*eGovernment News* 2005/03/19).

2005년 10월 15-16일[42])에는 전국 시장, 시의원 선거에서 무선 인터넷을 활용한 인터넷 투표가 에스토니아 최초로 공직선거에서 실시되었다. 선거일 6일 전인 10월 10일 오전 9시부터 12일 오후 8시까지 인터넷 투표가 가능했으며, 투표결과 전체 유권자의 1%인 1만 명(9,317명) 가량이 인터넷 투표를 하였다.[43])

투표일별로 참여한 유권자 수는 첫 선거일인 10월 10일에 3,683명으로 가장 많았고, 그 다음이 마지막 날인 12일의 3,031명, 그리고 11일의 2,967명 순이었다. 또한 시간대별로는 저녁 7시에 투표한 사람의 수가 가장 많았고(1,083명) 그 다음이 오전 9시(932명), 오전 10시(780명)

[표 7-2] 2005년 10월 지방선거 투표결과

구분	내용
등록 유권자 수	1,059,292명
투표율	47%
투표자 수	502,504명
인터넷 투표자 수	9,287명 (여성 45.7%, 남성 54.3%)
전체 등록유권자 가운데 인터넷 투표율	1.87%
인터넷 투표 가운데 사전 투표율	8%

출처 : Madise (2006).

[표 7-3] 거주지별 투표방법 선호도

	기권	투표소 투표	전자투표	합계
도시	67.9%	67.6%	70.2%	68.6%
지방	32.1%	32.4%	29.8%	31.4%
합계	100%	100%	100%	100%
응답자 수	305	318	315	938

출처 : OY Uuringukeskus Faktum (2005).

[표 7-4] 인터넷 사용 정도에 따른 전자투표 선호도

구분	인터넷 사용자	매일 인터넷 사용자	인터넷 미사용자
지지한다	38%	41%	14%
주로 지지하는 편	46%	45%	42%
어느 정도만 지지	13%	12%	26%
기타	3%	2%	18%

출처 : OY Uuringukeskus Faktum (2005).

[표 7-5] 시기별 투표방법 선호도 변화

구분	2004년	2005년
투표소 투표 선호	43%	28%
인터넷 투표보다는 투표소 투표 선호	14%	19%
투표소 투표보다는 인터넷 투표 선호	21%	31%
인터넷 투표 선호	12%	12%
기권	5%	5%
기타	5%	5%

출처 : OY Uuringukeskus Faktum(2005).

[표 7-6] 연령별 투표방법 선호도

구분	15-24세	25-34세	35-49세	50-64세	65-74세
투표소 투표	28%	24%	42%	64%	72%
인터넷 투표	64%	66%	45%	27%	10%
투표 기권	4%	5%	7%	4%	4%
기타	4%	5%	6%	5%	4%

출처 : OY Uuringukeskus Faktum(2005).

[표 7-7] 학력별 투표방법 선호도

구분	저학력	중간학력	고학력
투표소 투표	54%	47%	41%
인터넷 투표	29%	44%	52%
투표 기권	10%	4%	4%
기타	7%	5%	3%

출처 : OY Uuringukeskus Faktum(2005).

[표 7-8] 정치적 성향별 투표방법 선호도

구분	C	PU	R	PP	SDP	RP
투표소 투표	53%	55%	34%	56%	47%	48%
인터넷 투표	41%	38%	60%	39%	50%	49%
투표 기권	2%	3%	3%	3%	2%	2%
기타	4%	4%	3%	2%	1%	1%

* 정당명 : C-중앙당(Center Party), PU-인민연합당(Peoples Union), R-개혁당(Reform Party), PP-애국전선(Pro-Patria), SDP-사민당, RP-공화당(Res Publica).
출처 : OY Uuringukeskus Faktum(2005).

[표 7-9] 전자투표 장소

장소	응답률
가정	54.5%
직장 또는 학교	36.6%
기타 장소(카페, 친구집 등)	3.6%
공공 인터넷 사용 장소	3.2%
은행	1.9%

출처 : OY Uuringukeskus Faktum(2005).

[표 7-10] 전자투표 선호 이유

이유	응답률
편리성(속도, 간편함 등)	75.2%
새로운 방법에 대한 관심	18.8%
보편성	5.1%
혁신, 근대성	0.3%
비용(저렴, 시간절약 등)	0.3%
보안	0.3%

출처 : OY Uuringukeskus Faktum(2005).

[표 7-11] 전자투표를 선호하지 않는 이유

이유	응답률
기술적 복잡함, 접근의 어려움	67.1%
기존 방식에 만족	21.4%
전통 훼손, 대인 접촉 필요성	4.2%
신뢰도 부족	3.2%
기타	2.2%
쓸모 없음, 불가능함	1.9%

출처 : OY Uuringukeskus Faktum (2005).

순으로 나타났다(Maaten, Epp 2005).

2007년 에스토니아 선관위는 3월 4일에 시행되는 총선 전인 2월 19일에 인터넷 투표를 시범적으로 실시하기 위해 사슴, 멧돼지 등 10종의 동물군에서 '숲의 제왕'을 뽑는 모의투표를 실시하였으며, 그 결과 3,925명이 이 시스템을 사용한 것으로 나타났다(연합뉴스 2007/02/22). 본격적인 사전 투표일인 2월 26일 오전 9시부터 28일 오후 8시까지 3일 동안에는 전체 유권자의 19.2%인 17만 1,317명이 부재자 및 사전 투표를 하였으며, 이들 가운데 3만 275명이 인터넷으로 투표하여 이전에 비해 인터넷 투표율은 4배 정도 상승한 것으로 나타났다(EU IDABC 2007/ 10, 5). 이 총선에는 11개 정당 및 7명의 무소속 입후보자를 합쳐 총 975명이 출마했으며, 투표결과 중도우파 계열인 집권 개혁당이 전체 101석 가운데 31석을 차지하여 28%의 지지율로 승리했다.[44]

한편, 이 선거에서는 개혁당이 인터넷 투표만으로는 34.5%의 지지율을 얻었기 때문에 젊은이들의 지지를 받고 있는 개혁당이 중앙당을 누르고 승리하게 된 것은 인터넷 투표의 영향이라는 해석이 제시되었다(연합뉴스 2007/03/04 ; 오마이뉴스 2007/03/06). 에스토니아 선거위원회의 위원인 매디스는 에스토니아 인터넷 투표의 의미를 세 가지로 제시했는데, 첫째, 전자투표의 도입으로 인해 투표율의 증가가 나타나지는 않았지만 선거에 무관심한 사람들이 늘어나는 것은 방지됐다는 것(디지털 효과), 둘째 정치적 행위자들이 새로운 전자투표 방법을 사용하지 않을 것이고 선거위원회나 법원으로 많은 이의가 제기될 것이라는 예견은 사실이 아닌 것으로 나타났다는 것, 셋째 유권자들은 아무 어려움 없이 그리고 평등하게 인터넷 투표를 받아들이게 되었다는 것이다(Madise 2006).

4. 시민의 평가

에스토니아의 인터넷 투표 논란 과정은 정보화 중심적인 젊은 정치경제 관료의 리더십이 주도적 영향을 미쳤다고 평가할 수 있으며, 시장과 시민사회 또한 정보화에 긍정적인 인식을 가지고 정책수렴적인 관점을 가졌다고 평가할 수 있다.

에스토니아 시민사회의 정보격차와 인터넷 투표에 대한 선호도를 조사하기 위해 2005년에 유권자 939명을 대상으로 한 조사[45]에 의하면, 에스토니아에서는 아직 도시 거주자, 정보화에 익숙한 시민, 50세 이하의 젊은 연령(그러나 그렇게 고령자와 편차가 심한 것은 아니다), 중간학력 이상 중심의 인터넷 투표 선호도가 강하며, 점차적으로 전통적 방법에서 인터넷 투표방법으로 유권자 선호도가 변화함을 알 수 있다. 또한 인터넷 투표를 선호하는 이유는 편리성에 있지만, 선호하지 않는 이유는 기술적 복잡함이나 접근의 어려움을 제시한 것으로 나타났다.

조사결과 제시된 문제점으로는 다양한 언어 선택이 가능하도록 시스템이 수정되어야 한다는 문제와 아직까지 큰 문제는 아니지만 여전히 존재하고 있는 정보접근성으로 인한 정보격차 문제, 신뢰성 강화 및 정치적 중립성 확보인 것으로 나타났다.

위의 조사결과를 토대로 브루어(Breuer)와 트레즐(Trechsel) 교수는 에스토니아의 유권자들이 인터넷 투표를 선택하게 되는 원인을 세 가지 모델로 유형화했는데, 사회경제적 모델(socio-demographic and economic model), 정치적 모델(political model), 정보통신기술 모델(IT model)이 그것이다 (Breuer and Trechsel 2006). 이는 전자투표에 있어서 유권자 참여 및 선택에 대한 보편적 모델로서도 의미 있는 분석 모델이라고 볼 수 있다.

먼저 사회경제적 모델은 연령, 성별, 거주지(도시/농촌)가 인터넷 투표 선택에 영향을 미친다는 것으로 에스토니아의 경우에는 연령 〉 성별 〉 거주지 순으로 변수의 영향력이 나타나 연령변수의 영향력이 가장 큰 것으로 평가되었다. 다음으로는 교육, 직업, 경제적 수준, 언어 등의 변수를 선정하여 측정했는데, 에스토니아의 경우는 에스토니아어를 사용하는[46] 고등교육을 받은 고소득의 직장인(월급 노동자)이 인터넷 투표를 선호하는 것으로 나타났다.

정치적 모델에서는 먼저 정당 선호를 중심으로 인터넷 투표와의 상관관계를 분석하였다. 조사결과 중앙당(Centre Party)과 애국전선(Pro Patria Union)을 선호하는 유권자의 경우 전통적 투표방식과 인터넷 투표 방식 선택에서 가장 큰 균열을 보여 인터넷 투표를 선호하는 경향이 강하게 나타났다.

다음으로 좌우 이념의 스펙트럼, 정치적 토론에의 참여 빈도, 국가·정부·정치인에 대한 신뢰도와 인터넷 투표와의 상관관계를 분석하였는데, 에스토니아의 유권자는 우파일수록, 정부와 의회에 대한 신뢰가 높을수록 인터넷 투표를 선택하는 것으로 나타나 인터넷 투표가 정치적으로 중립이라는 평가는 에스토니아에는 적용되지 않으며, 한편으

로는 시민사회의 정치적 신뢰도가 전자투표의 추진에 중요한 요소인 것으로 나타났다.[47]

　　마지막으로 정보통신기술 모델에서는 컴퓨터 지식 습득 정도, 인터넷 사용 빈도, 인터넷 사용 장소, 인터넷 정보유통(온라인 뱅킹이나 전자상거래)에 대한 신뢰, 인터넷 투표 절차에 대한 신뢰를 중심 변수로 조사하였다. 조사결과 여타 모델의 다른 어떤 변수보다 에스토니아의 유권자들은 ICT 변수에 가장 큰 영향을 받은 것으로 나타났다. ICT 관련 5개의 변수 가운데 인터넷 사용 장소를 제외한 모든 변수의 영향력이 매우크게 나타났는데, 이는 에스토니아의 독특한 ICT 수준과 문화를 반영한것이다. 특히 인터넷 정보 유통에 대한 신뢰와 인터넷 투표 절차에 대한신뢰는 앞서 지적한 정치적 모델과 마찬가지로 유권자의 '신뢰'나 '선호도'가 ICT 정책 추진에서 중요한 요소임을 나타내는 것이라고 볼 수있다.

V. 결론 : 에스토니아 인터넷 투표 정책의 함의

　　이상과 같이 에스토니아의 전자민주주의 프로그램과 인터넷 투표의 추진과정과 결과를 분석하여 정리한 결과 기술발전, ICT 기반의정치문화, 정책 담당자의 역할과 사례 고유의 규모적 이점도 더불어 인터넷 투표의 성공요인으로 작용함을 알 수 있었다. 연구결과를 중심으로에스토니아의 전자민주주의와 인터넷 투표 프로그램에 대해 정치학적으로 가능한 해석은 다음과 같다.

첫째, 북유럽 신흥 독립국가의 국가발전 전략에서 ICT의 역할이 매우 중요하다는 것이다. 아직 독립한 지 20년도 채 안된 북유럽의 신흥 국가들은 세계화·정보화라는 변화된 환경을 바탕으로 ICT의 발전 및 ICT 기업의 수용을 가장 중요한 국가전략으로 채택하였다. 그리고 이를 위해 상대적으로 작은 규모의 이점을 살려 정부가 주도적으로 인프라를 신속하게 구축하였다.[48] 그것도 일반 망이 아닌 무선망을 곧바로 도입하여 대부분의 국가에서 진행하는 PC통신에서 유선 인터넷, 그리고 모바일로 이어지는 단계적 발전단계를 생략하고 곧바로 무선 인터넷을 추진하는 특징을 보이고 있다. 이는 정보화 후진국에 속하는 동남아의 국가들에서도 종종 나타나고 있는 현상으로서, 정보화 발전단계에서 규모나 발전정도에 따른 상이한 정보화 발전모형을 보여주는 근거로서의 의미가 있다.

둘째, 앞의 국가정보화 전략과 연관되어 인터넷 투표에 있어서 정부의 주도적 역할과 이에 대한 시민사회의 동의를 들 수 있다. 매우 작은 규모이기는 하지만 인터넷 방식을 전국 단위에 적용한 에스토니아 사례는 터치스크린 방식을 전국적으로 도입한 브라질이나 인도의 사례와 같이 민주화는 더디지만 정보화는 빠르게 발전한 사례로 전세계적인 주목을 받고 있다. 이러한 성과가 가능했던 이유는 인프라 확대에 주력한 국가정보화 전략과 이를 긍정적으로 받아들인 시민사회의 ICT 정치문화에 있다. 그 추진과정에 선거관리기관보다 법무부가 중심이 되어 부처 간 협의를 통해 국가차원에서 정책을 추진하고 있다는 점도 정부의 강한 추진력을 뒷받침해 주는 제도적 근거이기도 하다. 다만 정책 추진이 지나치게 단기간에 이루어짐으로써 충분한 의회 내 논의를 하지 않았다거나 단기간이라도 의회에서 제시된 제반 갈등에 대한 별도의 보완정책이 이루어지지 않았다는 점은 에스토니아 역시 민주화 단계가 좀 더 성숙할 경우 미국의 경우처럼 시민사회에서의 반대가 더 강력해질 수 있다는 가능성을 내재하고 있다는 한계가 있다.

셋째, 전자민주주의에 대한 강조이다. 다양한 OS 사용자를 모두 배려하며 전자민주주의를 강조하는 국가정보화 전략을 들 수 있다. 에스토니아의 인터넷 투표 시스템은 전 세계적으로 사용되는 운영체계 모두를 제공한다는 특징이 있다. 즉 사이트에 접속하면 세 개의 서로 다른 OS를 사용하는 이용자가 모두 사용이 가능하도록 맞춤형 서비스를 제공하고 있다. 또한 국가정보화 전략의 성공을 위해 정부는 IT 시장 형성을 적극적으로 주도하고, 시민편의적인 환경을 조성하기 위한 정책적 노력을 하고 있다. 무엇보다 국가정보화 전략에서 국가발전만큼 전자민주주의의 중요성을 등가적으로 강조하고 있으며, 이것이 시민사회의 정부에 대한 신뢰의 근거가 되고 있다.

넷째, 소규모 단위 중심의 인터넷 투표의 전략이다. 현재 많은 논란이 되고 있는 전자투표는 투표 시스템의 안전성에 대한 시민사회의 불신으로 인해 국가적 공직선거에서의 도입은 어느 나라에서나 어렵다. 더구나 터치스크린 방식이 아닌 인터넷 투표 방식의 경우에는 네트워크로 연결되어 있기 때문에 어느 누구도 시스템의 안전성을 확신하기 어렵다는 것이 문제로 대두된다. 그러나 에스토니아에서는 두 개의 인증 시스템을 통한 안전성 확보 노력, 다양한 OS에 대한 고려, 지속적인 시민사회의 동의를 얻기 위한 연구 등을 통해 이러한 불신을 선호로 구성하고자 하는 정책적 노력을 하고 있다. 무엇보다 대부분의 국가 규모에 비해 100만 명에 불과한 유권자를 가진 상대적으로 소규모 국가라는 이점을 적극적으로 활용하고 있다. 즉 인터넷 투표의 성공을 위해서는 순식간에 도입규모를 확장하기보다는 지역단위의 투표에서부터 충분히 적용한 후에 시민사회의 선호를 안전하게 형성하고 난 후 전국적으로 시행하는 것이 바람직하다는 시사점을 얻을 수 있다.

결과적으로 공공기술의 성공적인 도입을 위한 조건은 정부의 강한 추진력만큼 시민사회의 선호와 ICT 정치문화의 발전, 그리고 정부의 열린 거버넌스 정책 추진이 중요하다는 결론을 얻을 수 있다. 즉 일부 정치 행위자의 역할이나 능력이 아니라 모든 행위 주체의 역할과 능력, 그리고 선호의 일치가 정책 성공의 중요한 조건으로 제시될 수 있으며, 이것이 정책형성의 e-거버넌스를 의미한다고 볼 수 있다.

| 참고문헌 |

강원택. 2007a. "전자투표와 민주주의 : 호주의 사례를 중심으로."『한국정당학회
　　보』Vol. 6, No. 2, pp. 167-186.
＿＿＿. 2007b. "아일랜드의 정보화와 거버넌스 : 전자투표 도입 논의를 중심으로."
　　『유럽연구』Vol. 25, No. 3, pp. 89-107.
고선규. 2005a. "일본의 지역전자투표 추진현황." 중앙선거관리위원회 주최 국
　　제컨퍼런스 발표문(2005/03/17).
＿＿＿. 2005b. "일본의 전자투표와 정치정보화." 한국일본어문학회 학술발표대
　　회 논문집, pp. 550-553.
＿＿＿. 2007. "전자민주주의 : 전자투표제도의 효과와 향후 과제."『지역정보화』
　　Vol. 38, pp. 36-43.
김용복. 2007. "일본의 정보화, 인터넷 선거운동 그리고 전자투표 : 제도화 현실."
　　『일본연구논총』Vol. 26, pp. 1-37.
김용철. 2006. "전자선거 도입의 쟁점과 과제."『선거관리』
오강탁 · 정연정. 2003. "전자투표 도입을 위한 주요 이슈 분석." 한국정보사회진
　　흥원.
윤영민. 2005. "전자선거 : 민주적 과정의 재설계." 중앙선거관리위원회 주최 국
　　제 컨퍼런스 발표문(2005/03/17).
임혜란. 2007. "미국 전자투표 도입과정의 주요 특징과 결정요인."『국제지역연
　　구』Vol. 16, No. 4, pp. 45-76.
임지봉. 2000. "전자투표에 관한 법제 정비에 대한 연구."『전자정부 구현을 위한
　　법제 동향과 과제』.
정연정. 2005a. "미국의 전자투표."『한국정치학회보』Vol. 39, No. 3, pp. 283-
　　301.
＿＿＿. 2005b. "전자투표 도입의 정치 · 사회적 쟁점과 발전방안."『한국정당학
　　회보』Vol. 4, No. 2, pp. 219-248.

정연정. 2008. "전자투표 도입을 위한 정치집단과 정부간의 파트너십 연구 : 스위스 사례를 중심으로." 『한국정당학회보』 Vol. 7, No. 1, pp. 103-132.

정진우. 2003. "전자투표의 효과와 문제점에 관한 탐색적 연구." 『행정논총』 Vol. 4, No. 4, pp. 107-126.

조희정. 2007a. 『미국의 전자투표와 기술 수용 정치 : 브라질 · 에스토니아와 비교를 중심으로』. 서강대학교 대학원 박사학위논문.

_____. 2007b. "해외의 전자투표 추진현황 연구." 『사회연구』 Vol. 1, pp. 45-72.

_____. 2008. "전자민주주의와 인터넷 투표 : 에스토니아 사례를 중심으로." 『한국정당학회보』 Vol. 7, No. 2, pp. 159-187.

중앙선거관리위원회 전자선거 실무추진팀. 2005. 『세계의 전자투표 사례 연구』.

한영빈. 2006. "스위스의 전자투표 : 도입배경, 현황 및 평가." 서강대학교 사회과학연구소 학술회의 자료집, pp. 51-71.

AS Sertifitseerimiskeskus. 2003. 6. 5. *The Estonian ID Card and Digital Signature Concept : Principles and Solutions*. White Paper. Tallin.

Breuer, Fabian · Trechsel, Alexander H. 2006. 3. 6. *E-voting in the 2005 local elections in Estonia*. Council of Europe.

CIA. 2009. 5. 14. *The World Factbook : Estonia*.

Department of Information Systems and Document. "e-Government in Estonia : electronic decision making".

Drechsler, Wolfgang. 2003. "The Estonian E-Voting Laws Discourse : Paradigmatic Benchmarking for Central and Eastern Europe" (http://unpan1.un.org/intradoc/groups/public/documents/nispacee/unpan009212.pdf).

Ericsson Telecom Report. *Internet Voting in Estonia*. http://www.ericsson.com/ericsson/corpinfo/publications/telecomreport/archive/2005/may/e-vote.shtml (에스토니아 인터넷 투표 과정 동영상 2006/10/15 검색).

EU IDABC. 2008. 9. *eGovernment in Estonia* (ver 10.0). European Communities.

Maaten, Epp. 2005. "Internet Voting System" (http://www.vvk.ee/english/epp.ppt 2006/04/08 검색).

Madise, Ülle. 2005. "e-Voting in Estonia" (http://www.vvk.ee/english/ylle.ppt 2006/04/08 검색).

_____. 2006. "e-voting in Estonia experience." 오스트리아 전자투표 국제회의 발표문 (2006/08/02). http://www.e-voting.cc/2006 (2006/10/15 검색).

Madise, Ülle · Vinkel, Priit · Maaten, Epp. 2006. *Internet Voting at the Elections of Local Government Councils on October 2005*.

Ministry of Economic Affairs and Communications of Estonia. 2006a. *Information Technology in Public Administration of Estonia Yearbook 2005*, Tallin (http://www.riso.ee/en/pub/yearbook_2005.pdf 2006/04/08 검색).

_____. 2006b. *Estonian Information Society Strategy 2013*. Tallin (http://www.riso.ee/en/node/84 2007/01/05 검색).

Ministry of Foreign Affairs. 2005. 7. *Estonia Today : Information Society*, Tallin.

Morse, Rob · Hodges, Michelle. 2002. "E-Voting and Democracy : Past, present and future is e-voting a possibility?" *Law Technology*. Vol. 35, No. 3, pp. 1-31.

Prosser, Alexander · Krimmer, Robert eds. 2004. *Electronic Voting in Europe : Technology, Law, Politics and Society*, GI. (Epp Maaten. 2004. "Towards remote e-voting : Estonian Case." The International Workshop on Electronic Voting in Europe, Bregenz. 7월 7-9일 개최 발표문 수록).

Ott, Arvo. 2008. 10. 22. "e-Government in Estonia." e-Governance Academy.

Sibul, Heiki. 2005. "Electoral System in Estonia" (http://www.vvk.ee/english/heiki.ppt 2006/04/05 검색).

Tallo, Iva. 2006. 1. 25. "Code of good conduct in remote e-voting : Some practical lessons from Estonia." 이집트 바레인(Bahrain) 전자투표 국제 컨퍼런스 발표문.

The National Electoral Committee. 2004. "General Description of the E-Voting System." http://www.vvk.ee/elektr/docs/Yldkirjeldus-eng.pdf(선관위의 공식 전자투표 안내서 2005/04/08 검색).

_____. 2005. "E-voting pilot in Tallilnn" (http://www.vvk.ee/english/pilot_Jan05.html 2006/06/08 검색)

Trechsel, Alexander H. 2006. 1. 25. "e-Voting and Electoral Behaviour : Comparative insights and Future Challenges." 이집트 바레인(Bahrain) 전자투표 국제 컨퍼런스 발표문.

_____. 2006. 2. 17. "E-Voting in the 2005 local elections in Estonia." Tallin E-Governance Academy 주최 *Presenting the results of E-voting Surveys*. 세미나 발표문.

Vertmann, Tex. 2002. "E-democracy development in Estonia : Case of TOM Portal."

The Estonian ID Card and Digital Signature Concept : Principles and Solutions(ID Card 와 디지털 서명 백서). 6월 5일. http://www.id.ee/file.php?id=122 (2006/06/08 검색).

| 주 |

1. 이 글에서는 전자투표의 한 방법으로서 인터넷 투표를 중점적으로 논의하고 있기 때문에 포괄적 의미에서의 전자투표보다는 인터넷 투표라고 표현한다. 전자투표에는 인터넷 투표 외에도 옵티컬 스캔 방식의 투표, 터치스크린(touch screen) 방식의 투표 등이 있지만 기존 연구에서는 각 방식의 차별성보다는 '전자투표'라는 용어를 강조하는 경향이 있다.
2. 현재 전자투표 시행국가 40여 개국 가운데 공직선거에서 인터넷 방식을 적용한 국가로는 지방선거에서 일부분 적용한 스위스와 2007년 5월 14일 총선에서 인터넷 부재자 투표를 실시한 필리핀을 제외하고는 에스토니아가 유일하다.
3. 우리나라도 전국이라는 거대 단위가 아닌 민간부문에서는 매우 오랫동안 전자투표를 사용해 왔다.
4. 기술과 정치문화적 요인을 동시에 강조한 논의로는 임지봉(2000), 정진우(2003), 오강탁·정연정(2003), 윤영민(2005), 김용철(2006) 등이 있다.
5. 미국의 전자투표에 대한 논의는 중앙선거관리위원회(2005), 임혜란(2007), 정연정(2005a) 참조.
6. 호주의 전자투표에 대한 논의는 중앙선거관리위원회(2005), 강원택(2007a) 참조. 강원택은 전자투표 도입이 성공하기 위해서는 안정성과 신뢰성 구축과 같은 기술적 문제뿐만 아니라 새로운 제도에 대한 정치문화적 수용성이 중요하다고 강조한다.
7. 스위스의 전자투표에 대한 논의는 중앙선거관리위원회(2005), 한영빈(2006), 정연정(2008) 참조. 정연정은 일국 내에서의 정치적 타협과 조정을 전자투표 성공의 주요 변수로 간주한다.
8. 고선규(2007)는 전자투표 도입에 있어서는 투표과정의 안전성과 신뢰성 확보, 보안문제 해결, 시스템 검사체계 구축, 경제적 비용 문제 해결, 기록매체 보존 문제가 고려되어야 함을 강조한다.
9. 발트해 연안에는 통상 발트 3국으로 불리는 라트비아, 리투아니아, 에스토

니아가 있는데, 현재 이들 국가 가운데 에스토니아가 정치적 안정이나 발전의 수준이 가장 높은 국가로 평가되고 있다. 이들 국가는 독소(獨蘇)밀약에 의해 소련에 합병되었고, 제2차 세계대전 중에 독일의 침략을 받았으며, 그리고 소비에트화의 가혹한 과정을 공유했다는 점에서 공통적으로 러시아와 갈등적인 외교관계를 유지한다는 공통점을 지니고 있다. 또한 구소련연방에서 가장 독립의지가 높았으며, 가장 먼저 독립을 선포하였고, 독립국가연합(CIS)에는 참여하지 않았다는 점도 공통적이다.

10. 2005년 현재 에스토니아의 민주화 순위는 IMD의 국가경쟁력지수는 61개국 가운데 20위, UNDP의 인간발전지수로는 177개국 가운데 38위로서 비교적 상위에 랭크되어 있다. 한편, 정보화 순위는 UN의 전자정부준비지수에서 179개국 가운데 19위, WEF의 네트워크 준비지수에서 115개국 가운데 23위를 차지하여 민주화 순위보다 상대적으로 더욱 높은 순위에 랭크되어 있다는 점이 특징이다(조희정 2007a, 76-78).

11. 1988년 4월에는 소련 공산당에 대처하는 가장 중요한 정치집단으로 에스토니아 인민전선(민족전선)이 성립되기도 하였다.

12. 그 외에는 1990년 3월 30일부터 2년 이상 거주한 후 시민권을 신청할 수 있고, 1년간 잠정기간을 거쳐 시민권 취득 시험을 볼 수 있다.

13. 1949년 소련에 편입된 직후 조성된 동상.

14. 전자투표 사이트에 접속하면 세 개의 서로 다른 OS를 사용하는 유권자가 모두 사용 가능하도록 각기 다른 안내를 하고 있다.

15. 2005년 자료에 의하면 에스토니아의 전체 인구 가운데 53%가 인터넷을, 전체 가구의 41%가 PC를, 전체 인구의 93%가 이동전화를, 인터넷 사용자의 72%가 온라인 뱅킹을 사용하고 있으며, 전국의 학교에서는 무선 인터넷 사용이 가능하며, 납부자의 76%가 인터넷을 통해 소득세를 납부하고 있다(TNS EMOR의 2005년 봄부터 가을까지의 통계. Ministry of Economic Affairs and Communications of Estonia (2006) 참조). 정부의 목표는 2013년까지 75%가 인터넷을 사용하며, 가구사용률은 70%로 높이는 것이다(EU ID ABC 2007/10, 10).

16. 1998년에 오픈한 정부 공식 웹사이트는 www.riik.ee이다(2005/05/03 검색).

17. 에스토니아 정부는 2000년 8월부터 종이 없는 국무회의를 실시하고 있다. 장관들은 인터넷 사용이 가능한 노트북을 사용하여 보고하고 회의를 진행한다. 이러한 종이 없는 회의를 통해 연간 3백만 에스토니아 kroon(192,000 유로, 한화 2억 4천만원)의 비용절감 효과가 나타났다고 한다(Ministry of Foreign Affairs 2005/07). 또한 정부는 www.riik.ee/en/brf라는 사이트를 통해서 정부의 가상 브리핑룸(government's virtual briefing room)을 운영하고 있다.

18. 의회 사이트인 www.riigikogu.ee/news.html?lang=en에서 의회방송 메뉴 참조

(2005년 5월 3일 검색).

19. Skepe는 인터넷 전화 전문회사로서 에스토니아에서 가장 대중적으로 사용되고 있기 때문에 유럽의 전진기지로 평가되기도 한다(연합뉴스 2007. 02. 22).

20. 에스토니아에서는 무선 인터넷 서비스인 WDSL이나 RDSL 방식이 일반 유선 인터넷인 ADSL 방식보다 더 보편화되어 있다. 이 밖의 제반 정보화 계획인 에스토니아 아젠다21 (Estonia Agenda 21)에 대해서는 www.agenda21.ee/english/EA21/3_4.html (2007/02/03 검색) 참조.

21. 에스토니아의 카페나 레스토랑 입구에는 무선 인터넷 사용이 가능한 곳('핫스팟')이라는 의미의 'Wi-Fi' 마크가 부착되어 있다(매일경제신문 2007. 01. 28). 에스토니아 전역에서 무료 인터넷 사용이 가능한 장소는 1천여 곳 정도이다(Madise, Vinkel and Maaten 2006, 5). 이 장소에서 4만 5천 km² 내에서는 무선인터넷 사용이 무료로 가능하다.

22. 에스토니아에서는 대부분이 온라인 뱅킹으로 이루어지기 때문에 거리에서 은행을 발견하기 어렵고, 의회의 회의 모습과 주요 법안에 대한 정보는 인터넷으로 빠짐 없이 공개되며, 인터넷으로 의료 서비스를 받는 것도 일반화되어 있다(동아일보 2005. 10. 21).

23. 서비스 명칭인 TOM은 '오늘 나는 결정한다(Today, I make Decisions)'라는 의미의 에스토니아어 'Täna Otsustan Mina'의 약어이다.

24. PKI는 2000년 3월 8일 통과되고 동년 12월 15일부터 시행된 디지털 서명법(Digital Signature Act)에 의거하여 시행되었는데, 이 법에서는 수기서명과 전자서명이 동일한 효력을 갖는다고 규정하였다(www.riso.ee/en 참조).

25. X-Road는 국가의 모든 정보를 공통의 XML 형식으로 작성하여 웹을 통해 전달할 수 있는 데이터 교환 레이어(data exchange layer)를 의미한다.

26. 이 전체 수치 가운데 순수 에스토니아인의 등록 수는 796,792명이고 외국인 등록자는 235,381명이다(한국인도 30명 포함되어 있다). 또한 정확하게 100만 명째 사용자가 발생한 시기는 2006년 10월 16일이다(eGovernment News 2006. 10. 23).

27. ID 카드 드라이버는 정부 웹사이트에서 다운로드 가능하다(www.id.ee/installer 참조).

28. 이 회사에서의 모든 연구개발(R&D)은 오픈소스 시스템을 기반으로 진행되고 있는 것이 특징이다(www.sk.ee 참조).

29. 1991년 독립 이후 2007년 현재까지 1993, 1996, 1999, 2002, 2005년에 다섯 차례에 걸쳐 지방선거를 실시하였다.

30. 에스토니아의 전자투표에서 유권자는 언제든 자신의 투표기록을 고칠 수 있으며, 가장 최후의 투표결과가 기록되는 방식으로 강제성의 위험을 제거하고 있다.

31. 에스토니아 정부의 각료는 대부분 20대 후반에서 30대의 젊은 연령층으로 구성되어 있다.

32. Keskerakond (www.keskerakond.ee) : 탈린 시 시장인 사비사(Edgar Savissar)가 이끄는 정당. 탈사회주의 이념은 갖고 있지 않다.

33. Eestimaa Rahvaliit (www.erl.ee) : 중앙당과 유사하지만 강력하고 배타적인 지방출신들로 구성되어 있다.

34. 라 수상은 애국당이며, 애국당과 개혁당 그리고 중도정당의 연합에 의해 추대되었다. 2002년 1월 28일부터 중앙당은 개혁당과 연합하였는데 개혁당 당수인 칼라스(Siim Kallas)는 2006년 현재 수상으로 재직하고 있다. 에스토니아에서 정당연합이 이루어지기 전까지 중앙당은 제1야당이었지만 어느 연합에 의해서도 의회내 다수를 점유하지 못하여 최대한으로 확보한 연합의 의석수는 전체 101석 가운데 46석 정도에 지나지 않았다.

35. 이 법안은 실제 에스토니아에서 인터넷 투표를 실시하는 근거법이기도 하다. 1) 2001년 6월 14일, 2002년 1월 23일, 2월 27일, 3월 27일의 지방의회선거법 초안(*Local Communities Election Actt § 50*), 2) 2001년 6월 14일, 2002년 1월 30일, 2002년 3월 27일, 5월 22일의 의회선거법 초안(*Riigikogu Election Act § 44*), 3) 2001년 9월 19일, 2002년 1월 30일, 3월 13일의 투표법 초안(*Referendum Act § 37*), 4) 2002년 1월 23일의 유럽의회 선거법 초안(*European Parliament Election Act § 43*).

36. Reformierakond (www.reform.ee) : 급진적으로 시장화를 지향하는 신자유주의적 정당

37. Mõõdukad (www.moodukad.ee) : 영어 명칭은 Moderates(중도파). 서구적 기준을 따라 스스로 사회민주주의자라고 정의하는 정당이지만 실제로는 우파에 가깝다.

38. 에스토니아의 중앙당은 인터넷 투표로 인해 득표를 가장 많이 하게 된 정당으로 점차적으로 인터넷 투표에 대한 입장이 긍정적으로 변화하게 되었다.

39. Eestimaa Ühendatud Rahvapartei (www.eurp.ee/eng) : 에스토니아의 러시아어권 유권자에게 가장 강력하게 지지를 받는 탈사회주의 정당.

40. 2005년 조사결과에 의하면 인터넷 투표는 가끔 투표하는 사람을 투표하게 만드는 데에는 영향력이 있는 것으로 나타났다(Madise, Vinkel, Maaten 2006, 40).

41. 에스토니아의 인터넷 투표에서 유권자는 언제든 자신의 투표기록을 고칠 수 있으며, 가장 최후의 투표결과가 기록되는 방식으로 강제성의 위험을 제거하고 있다.

42. 에스토니아 지방선거는 선거가 열리는 해의 10월 세 번째 일요일에 실시된다(*Local Government Council Election Act* 참조).

43. 이들 가운데 30명은 투표소에서 투표를 하여 그들의 인터넷 투표기록은 삭제되었다. 따라서 정확한 유효 인터넷 투표 수는 9,287명이라고 볼 수 있으며, 이는 전체 유권자의 1.85%에 해당한다(Ministry of Economic Affairs and Communications of Estonia 2006b, 40).

44. 2위는 29석을 차지하여 26%의 득표율을 얻은 중앙당이, 그리고 최대 여당이었던 보수당 레스 푸블리카와 조국연합이 합당하여 창설한 IRL 연합당이 3위를 차지하였다. 지금까지는 그다지 많은 영향력을 행사하지 못했던 사회민주당이 2006년 이 정당의 후보인 토마스 헨드릭 일베스가 대통령으로 당선된 영향으로 4위를 차지하였다. 한편 총선에서의 전체 투표율은 61.99%로 상당히 높게 나왔다(오마이뉴스 2007/03/06).

45. 이 보고서는 유럽 내 스위스, 이탈리아, 에스토니아의 연구기관이 공동으로 수행하여 2005년 10월 지방선거 이후 발표된 총괄 평가 보고서이다. 특히 유권자 설문을 실시한 OY Uuringukeskus Faktum는 에스토니아의 조사기관으로서 조사방법은 전화설문을 통해 이루어졌다(Breuer and Trechsel 2006).

46. 현재 에스토니아 공용어는 EU공식어인 에스토니아어 외에 러시아어, 우크라이나어, 벨로루시안어 등이 있다.

47. 특히 이데올로기적 변수의 영향력이 강하게 나타난다.

48. 에스토니아 정부는 에스토니아에서의 정보사회 발전은 '전략적' 목표라고 표명하고 있으며, 공공부문이 이런 목표구현에 선도적으로 앞장서야 한다고 밝히고 있다. 또한 정부, 시장, 시민사회 간의 거버넌스가 필수적이라는 매우 민주적인 입장을 견지하고 있기도 하다(EU IDABC 2007. 10. 9).

제8장
호주의 전자투표와 민주주의[*]

강원택

I. 서론

호주는 다른 국가들과 비교할 때 일찍 전자투표가 도입되었다. 수도 캔버라를 포함하는 행정구역인 ACT(Australian Capital Territory)의 지역의회 선거에 2001년 처음으로 전자투표 방식이 도입되었고 이후 2004년, 2008년 선거에서 계속해서 사용되었다. 아직 연방정치 차원에서는 전자투표의 도입을 적극적으로 검토하고 있는 것도 아니고 주 수준에서도 ACT를 제외한 다른 곳에서는 아직 시도되지 않고 있다는 점에서 제한된 사례이지만, 지난 세 차례의 ACT의 전자투표 '실험'은 비교적 성공적인 것으로 평가되고 있다. 한편, 연방정부에서는 장애인 등의 정치적 권리 보장이라는 차원에서 부분적으로 전자투표가 도입되고 있다. 이글은 호주에서 전자투표가 도입되게 된 원인과 그 현황에 대한 평가, 분석을 목적으로 한다.

호주에서 전자투표가 도입된 이유는 다른 나라의 경우와는 다소 다르다고 할 수 있다. 영국 등 일부 국가에서는 투표율 하락을 막기 위한 방안의 하나로 유권자에게 투표참여의 '비용'을 낮출 수 있도록 하기 위해 전자투표제의 도입이 검토되었지만 호주의 경우 투표율은 문제가 되지 않는다. 호주에서는 18세가 되면 우편이나 직접 방문, 인터넷 등을 통해 유권자로 등록하도록 의무화하고 있을 뿐만 아니라, 투표참여를 법으로 강제하는 의무투표제가 실시되고 있다. 연방선거의 경우 1924년 이래 의무투표제가 실시되어 투표하지 않으면 20 호주 달러(AUS $20)를 벌금으로 내도록 되어 있다. 그 때문에 호주 선거에서 실제 투표율은 다른 나라와 비교할 때 상당히 높은 편이다. 최근 호주 연방 하원 의원 선거에서 투표율은 2004년 선거 때는 94.3%, 2007년 선거 때는 94.8%였다. 따라서 호주에서 전자투표제가 고려되는 것은 우리나라를 포함한 여러 국가에서 낮은 투표율을 끌어올리기 위해 전자투표의 도입을 고려한 것과는 근본적으로 상이한 이유를 갖는다.

호주가 전자투표를 도입한 직접적인 이유는 선거제도와 관련이 있다. 투표방식과 승자결정을 위한 개표방식이 다소 복잡한 탓에 선거관리의 차원에서 효율성과 정확성을 높이고자 하는 것이 호주에서 전자투표의 도입에 관심을 갖게 된 보다 직접적인 원인이라고 할 수 있다. 이 글은 호주에서 전자투표의 도입을 고려하게 된 원인과 호주 사회 내에서 이뤄진 그간의 논의과정을 추적하고자 하는 것이다. 따라서 이 글은 어떤 정치현상에 대한 인과적 관계를 도출하기 위한 분석적인 목적을 갖는 것은 아니라는 점을 미리 밝혀둔다. 이 글에서는 특히 호주 ACT 지역에서 전자투표 방식을 도입하는 정책적 결정이 내려지게 된 배경과 원인을 선거제도의 특성과 관련하여 구체적으로 살펴보고자 한다. 그동

안 세 차례에 걸쳐 실시한 ACT의 '실험'에 대해 검토하고, 이러한 호주
의 경험으로부터 우리가 얻을 수 있는 시사점에 대해 논의하고자 한다.
또한 이러한 새로운 투표방식이 호주 유권자들에게는 어떻게 받아들여
지고 있는지 정치문화적인 관점과 관련해서도 살펴볼 것이다.

II. 정보화와 전자투표

정보화의 발전은 경제행위와 사람들의 일상적인 생활뿐만 아니
라 정치활동에도 적지 않은 변화를 이끌어내고 있다. 여론의 형성과 전
파는 말할 것도 없고, 우리나라의 노사모, 박사모와 같은 집단 형성에서
보는 것처럼 온라인을 기반으로 하는 정치집단의 출현 역시 정보화 사
회가 몰고 온 새로운 정치적 변화이다. 더욱이 대의제 민주주의의 한계
를 극복할 수 있는 대안으로 전자투표 등 온라인을 통한 직접민주주의
가능성에 대한 논의도 적지 않았다. 이와 관련하여 초기부터 가장 많이
이뤄졌던 논의 중 하나가 전자투표(electronic voting)의 도입이다. 사람들
이 가정에서 인터넷을 통해 물건을 살 수 있다면 집안에서 투표하지 못
할 기술상의 이유가 없다는 것이다(Cairncross 1999, 363). 전자투표 도입 논
의는 특히 많은 국가에서 투표율이 지속적으로 떨어지고 있는 상황에서
투표참여를 높일 수 있는 효과적인 대안으로 간주되었다. 이 때문에 일
찍부터 이에 대한 시도가 이뤄져 왔다. 미국에서는 2000년 3월 애리조
나 주 민주당 대통령 예비선거에서, 그리고 같은 해 11월 대통령선거에
서 일부 해외 주둔 군인들을 대상으로 인터넷 선거를 실시하였다(김용

철·윤성이 2005, 163). 영국, 독일, 스위스 등에서도 이러한 새로운 투표방식이 도입되었다. 영국에서는 2001년 몇몇 도시에서 지방주민세 인상안에 대한 주민투표에 전화기와 함께 인터넷 투표를 실시하였으며, 그 밖에 일부 지방정부가 인터넷을 이용한 주민투표 방안을 승인하였거나 예비적인 테스트를 실시하기도 했다(장우영 2006, 39).

그러나 이런 과정 속에서 인터넷을 통한 투표는 현실적으로 몇 가지 심각한 단점이 지적되었다. 첫째는 보안상의 안전성이다. 인터넷을 통한 투표는 해킹이나 컴퓨터 바이러스에 대한 완벽한 방어벽을 구축하기 어렵고 기술적으로 이에 대한 안전의 확신을 주지 못한다는 점에서 실제 적용에는 문제가 있다는 것이다. 두 번째는 정보격차(digital divide)의 문제이다. 컴퓨터의 접근성이나 활용에 대한 세대 간, 계층 간, 지역 간 격차가 생겨날 수 있다는 것이다. 정보격차가 존재한다면 전자투표의 도입은 정치 참여에 불이익을 받는 유권자를 만들어낼 수도 있다. 한 연구에 의하면 애리조나 주 예비선거에서도 학력에 따른 투표율의 차이가 존재했음을 실증적으로 보여주고 있다(이현우 2001). 세 번째는 인터넷이라는 사적 공간에서 개인적으로 투표가 이뤄질 수 있기 때문에 비밀투표의 원칙이 잘 지켜지지 않을 수 있다는 문제점이다. 다른 사람이 대신 투표할 수도 있고, 경우에 따라서는 여러 사람들이 모여 스크린을 함께 보며 투표하는 경우도 생겨날 수 있기 때문이다. 이러한 여러 가지 문제점 때문에 인터넷 투표에 대한 현실적인 활용은 상당한 제약을 갖게 되었다. 이 때문에 인터넷의 기술적인 진보에도 불구하고 실제 선거에서 활용된 경우는 그다지 많지 않다. 아일랜드에서는 논의 끝에 인터넷 투표의 도입을 보류하기로 결정한 바 있으며, 호주 역시 이 방식의 전면 도입에는 매우 소극적이다.

인터넷 투표에 대한 논란은 끊이지 않고 있지만 이와는 별개로 디지털 기술의 발전을 투표나 개표관리에 활용함으로써 투개표에 소요되는 시간과 비용을 줄이고, 개표과정의 실수를 최소화하는 등 투개표관리를 현대화하려는 노력은 계속되어 왔다. 그 중 대표적으로 활발하게 논의되고 있는 것 가운데 하나가 전자기록 투표방식(direct-recording electronic : DRE)이다. 전자기록 투표방식은 터치스크린이든 키보드를 이용한 것이든 투표장에 설치된 컴퓨터 단말기를 통해 투표행위가 이뤄질 수 있도록 하고, 그 결과를 개별 컴퓨터의 메모리 카드나 CD에 전자적으로 저장하게 하는 방식이다. 인터넷 투표와는 달리 외부망과 연계되어 있지 않고 투표소에 분리 설치하는 것이므로 해킹 등 보안문제를 쉽게 해결할 수 있고, 또 투표결과가 디지털화되어 저장되어 있기 때문에 개표과정이 신속하고 정확하게 이뤄질 수 있다는 장점도 갖는다. 물론 프로그램에 오류가 생기게 되면 치명적인 결과를 초래할 수도 있고 또 투표장비 마련에 적지 않은 비용이 든다는 단점이 있지만(김용철·윤성이 2005, 170), 인터넷 투표에 대한 불안감이 여전한 상황에서 기존 투표방식을 보다 효율적으로 처리할 수 있다는 점에서 현실적인 대안으로 받아들여지고 있다. 이 글에서 논의하는 호주의 전자투표 역시 이러한 전자기록 투표방식(DRE)에 기초해 있다.

전자기록 투표방식은 인터넷 투표에 비해서는 분명히 안정성이 높고 또 투개표관리의 차원에서도 효율성을 높일 수 있을 것으로 보이지만, 이러한 새로운 기술이나 방식의 도입은 사회적 혹은 문화적인 이유로 인해 예상치 못한 문제점에 직면하기도 한다. 사실 투표행위는 단순히 개인의 정치적 선호를 투표소에 가서 표현하는 것 이상의 정치문화적 의미를 담고 있다. 투표장에 가는 행위를 통해 주권자로서 자신의 정치적 효용을 느낄 수도 있고, 시민으로서의 의무를 다하고 있다는 자긍심을 가질 수도 있는 것이다. 이런 점이 전자투표의 도입 문제가 단순히 효율성을 고려하는 행정적인 차원에서만 다뤄질 수 없는 이유이기도 하다. 이러한 특성을 본격적으로 살펴보기 전에 다음 절에서는 호주 전자투표의 실험경험을 상세하게 분석함으로써 정보화로 인한 정치과정상의 변화와 그에 대한 유권자의 수용성에 대해서 논의하기로 한다.

III. 호주에서 전자투표 도입의 원인

앞에서 지적한 대로 호주에서 전자투표의 도입은 낮은 투표율의 문제점보다는 선거관리의 차원에서 필요성이 제기된 것이다. 현재 ACT에서 사용되고 있는 선거제도와 개표방식이 다소 복잡하기 때문이다. 호주는 연방국가라서 각 주별로 다양한 선거제도를 채택하고 있다. 연방 하원 선거는 다수제 방식인 선호투표제[preferential vote 혹은 대안투표제(alternative vote)]를 사용하고 있지만, 주 하원 선거에서는 지역별로 다른 방식이 사용되고 있다. 연방 선거처럼 선호투표제 방식을 채택한 주가 많기는 하지만 타즈마니아 주, ACT에서는 헤어-클라크(Hare-Clark)라고 부르는 방식의 비례대표제를 사용하고 있다.

그동안 ACT에서는 두 가지 종류의 선거제도가 사용되어 왔다. 과거에는 변형된 동트(Modified d'Hondt) 방식을 이용한 비례대표제가 사용되었는데 17명을 단일 선거구로 하는 것이었다. 그러나 이 방식에 대한 주민의 불만이 높아지면서 1992년 선거 때는 선거제도 개정을 위한 주민투표를 함께 실시하여 현재와 같은 헤어-클라크 방식으로 바꿨다. 이 제도는 1859년 영국 법률가 헤어(Hare)가 고안한 비례대표제 방식을

토대로 호주 타즈마니아의 검찰총장이었던 앤드류 클라크(Andrew Clark)
가 1897년 타즈마니아 주 의회 선거를 위해 헤어 방식을 변형하여 이 제
도를 고안했다.

호주에서는 헤어-클라크 선거방식으로 부르고 있지만 사실 이 방
식은 아일랜드 등에서 사용하는 단기이양식 비례대표제(single transferable
vote : STV)의 일종이다. 단기이양식 선거제도는 유럽대륙의 대부분 국가
에서 사용하는 비례대표제 방식과는 달리 정당이 아니라 개별 후보자를
유권자들이 선택하도록 하고 있으며, 선거구의 규모도 대체로 크지 않
다. ACT의 경우에는 세 개의 선거구로 나눠져 있으며, 17명의 의원을 2
개의 5인 선거구(Brincabella, Ginninderra)와 한 개의 7인 선거구(Molonglo)에
서 선출한다.

현재 ACT에서 사용하는 헤어-클라크 방식에 대한 설명이 우선
필요할 것 같다. ACT에서 사용하는 선거제도의 구체적인 방식은 다음
과 같다. 유권자들은 해당 지역구에서 선출할 의원의 수만큼 선호를 표
시하도록 요구받는다. 예컨대 5인을 선출하는 선거구라면 출마한 후보
자들 가운데 1부터 5까지 선호에 따라 순서대로 표기하도록 한다. 그 수
보다 더 적게 혹은 더 많게 선호를 표시하더라도 문제될 것은 없으나 최
소한 가장 좋아하는 한 명에 대한 선호는 반드시 표기해야만 한다.

개표과정에서 중요한 점은 당선을 위한 쿼터(quota)이다. 후보자
가 당선되기 위해서는 정해진 쿼터를 넘는 득표를 해야 한다. 쿼터는 해
당 선거구에서 선출하는 의석 수와 총 유효 득표 수에 따라 결정된다. 호
주에서 사용되는 단기이양식 선거제도의 쿼터는 아일랜드와 마찬가지로
드룹(Droop) 쿼터 방식을 사용한다. 드룹 쿼터의 계산방식은 $q=v/(s+1)$
$+1$인데[$q=$쿼터, $v=$총 유효 투표 수, $s=$선출하는 의석 수], 드룹 쿼터는
1868년 수학자이며 법률가였던 헨리 드룹(Henry Droop)이 고안해낸 방

식이다. 만약 2,000명이 투표했고, 그 지역구에서 4인을 선출한다면 쿼터는 401표가 된다. 만약 어떤 후보가 받은 제1선호의 득표만으로도 이 쿼터를 넘게 되면 자동적으로 당선이 확정된다. 그런데 이 경우에도 쿼터를 넘는 당선자의 표는 다음 순위의 선호를 조사하여 그 비율대로 다른 후보에게 배분된다. 위의 예를 따르면, 제1선호로 500표를 얻은 후보는 401표가 당선에 필요한 쿼터이므로 그 수를 넘은 99표의 비율만큼은 제2선호를 조사하여 다른 후보에게 이양된다. 이처럼 이미 당선된 후보로부터 이양받은 득표를 통해서 쿼터를 넘긴 후보는 당선이 확정된다. 이런 과정을 통해서도 쿼터를 채운 추가 당선자가 나오지 않거나 주어진 의석 수를 다 채우지 못하게 되면 남은 후보 가운데 제일 적은 득표를 한 후보를 탈락시키고, 탈락한 후보의 제2선호의 분포를 조사하여 그 비율에 따라 다른 후보에게 배분된다. 의석을 모두 채울 때까지 이러한 과정이 반복되어 진행된다.

이 제도는 투표 수와 의석 수를 고려하여 정해진 쿼터를 통해 당선자를 결정하기 때문에 과대득표나 과소득표로 당선된 경우를 피할 수 있어서 높은 비례성을 보장할 수 있다. 또한 탈락한 후보를 지지한 유권자에게도 2, 3선호 순위에 따라 승사결정에 참여할 기회를 준다는 점에서 대표성을 높일 수 있는 제도이기도 하다. 즉 한 후보만을 선택해야 하는 일반적인 다수제 방식에 비해서는 유권자의 선호가 고르게 반영될 수 있다. 한편, 정당명부식 비례대표제가 대부분 정당이 작성하여 제시한 후보자 명부 가운데서 유권자가 하나를 선택해야 하는 것임에 비해서 이 제도는 유권자가 자신의 선호 순서에 따라 자유롭게 후보자를 고를 수 있다는 점도 장점으로 볼 수 있다. 그런 만큼 후보자들도 정당에만 묶이지 않고 선거운동을 전개할 수 있으며, 무소속 후보의 출마도 얼마든지 가능한 비례대표제도이다.[1] 이처럼 STV 혹은 헤어-클라크 방식은

선거제도상으로는 여러 가지 장점이 많은 제도이지만 문제는 개표과정
에서 계산방식이 너무 복잡하다는 것이다. [표 8-1]에서 제시한 실례를
통해서 이 제도의 실제 계산방식에 대해서 살펴보기로 한다.

[표 8-1] 헤어-클라크 방식(단기이양식 비례대표제)의 예

단계	A	B	C	D	E	F	비고
1	**10,000**	750	4,000	2,750	1,500	5,000	A 당선
	-3,999	2,399*	0	0	1,599*	0	A 초과 득표 이양
2	–	3,149	4,000	2,750	3,099	5,000	A 초과 득표 합산 결과
	–	1,750	500	-2,750	500	0	최소 득표 D 탈락, 득표 이양
3	–	4,899	4,500	–	3,599	5,000	D 득표 합산
	–	1,500	500	–	-2,000	0	최소득표 E 탈락, 득표 이양**
4	–	**6,399**	5,000	–	1,599	5,000	E 득표 합산a, B 당선
	–	–	699	–	-1,599	899	E 득표 이양**
5	–	–	5,699	–	–	5,899	E 득표 합산
	–	-398***	331	–	–	66	B 초과 득표 이양
6	–	–	**6,030**	–	–	5,965	C 당선

유효 득표 수 v=24,000, 경쟁 의석 수 (s)=3, 쿼터 q=24,000/(3+1)+1=6,001
출처 : http://www.elections.act.gov.au/education/factHC.html (2009/06/15 검색)에 근거 수정.
　* 원래는 A에게 표를 던진 10,000명의 유권자의 제2선호의 분포는 B에게 6,000표, E에게
　　4,000표로 가정되었다. 그런데 이양해야 하는 초과 표의 수가 3,999표이므로 B는 6,000
　　× (3,999/10,000)=2,399표, E는 마찬가지 계산법으로 (4,000×0.399=) 1,599표가 이
　　양된 것이다. 이러한 계산과정으로 실제 이양된 표는 한 표 모자란 3,998표가 되었다.
　　이처럼 당선된 후보의 잉여 득표를 이양할 때 계산되는 비율 (여기서는 0.399)을 이양
　　율(transfer value)이라고 한다. 이양율은 [초과득표 수/당선 직전 얻은 득표 수]이다.
　　A는 제1선호에 의해 당선되었으므로 3,999/10,000으로 계산된다.
　** E의 표 3,599표 가운데 2,000표와 1,599표를 분리하여 계산하는 까닭은 2,000표는 E를
　　1선호 혹은 2선호로 표기한 유권자들의 표를 그대로 나눈 것이지만 나머지 1,599표는
　　당선된 A의 10,000표로부터 이양율 0.3999를 토대로 얻은 표이기 때문이다. 앞의 *에
　　서 A의 10,000표 중 E를 2선호로 표기한 득표가 4,000표로 가정했다. 이 4,000표 가운
　　데 그 다음인 세 번째 선호(즉 A→E→C 혹은 A→E→F)가 C의 경우 1,750표, F의 경
　　우 2,250표로 가정하면 C에게 이양될 표는 1750×0.3999=699, F에게 이양될 표는

2250×0.3999=899가 될 것이다.

*** B의 당선 후 초과 득표는 398표이다. B의 당선 확정 표 6,399표는 A, D, E로부터 이양
된 표가 모두 합쳐진 것이다. 이 가운데 B가 당선 직전 받은 표는 E로부터 받은 1,500
표이다. 따라서 이양율은 398/1500=0.2653이다. 1,500표 가운데 C가 받은 표(즉 E→
B→C)는 1,250, F의 표(즉 E→B→F)는 250표로 가정했다. 따라서 C는 1250×0.2653
=331, F는 250×0.2653=66이 되었다. 소수점의 문제로 한 표가 줄어들었다.

[표 8-1]에서는 3명을 선출하는 지역구를 예로 들고 있다. 유효
투표자의 수는 24,000명이며, 모두 6명의 후보가 출마했다. 3명을 선출
하고 유효 투표가 24,000이므로 당선에 필요한 쿼터는 q=24,000/(3+1)
+1=6,001 이다. 즉 6,001표 이상을 얻은 후보자는 당선이 확정된다. [표
8-1]에서 제시된 예에서 A 후보는 10,000표를 얻어 쿼터를 넘었으므로
당선이 확정되었다. 그런데 ACT의 선거제도에 따르면 당선에 필요한
쿼터를 넘은 3,999표에 대해서는 제2선호를 조사하여 다른 후보에게 이
양하도록 되어 있다. 비례성을 높이기 위해 쿼터만큼의 표만이 당선에
필요하고 그 나머지는 다른 후보의 당선에 활용되도록 이양하는 것이다.
여기서는 B가 2,399표, E가 1,599표를 가져간 것으로 가정되었다.

A의 초과 득표를 이양하였음에도 쿼터를 넘긴 추가 당선자가 나
오지 않았기 때문에 이번에는 최소 득표를 한 D를 탈락시키고 그 득표
수만큼 D를 선택한 유권자들의 차기 선호 후보를 조사하여 그 비율만
큼 각각 다른 후보에게 이양하도록 하였다. 여기서는 B가 1,750표, C가
500표, E가 500표를 가져간 것으로 가정되었다. 그럼에도 불구하고 또
다시 당선자가 나오지 않았기 때문에 또 다시 남은 후보자 가운데 최소
득표자인 E를 탈락시키고 E의 득표만큼 차기 선호 후보를 조사하여 그
수만큼 각각 다른 후보자들에게 이양하였다. E로부터 이양받은 표의 덕
택에 B가 쿼터를 넘게 되어 당선되었다. 그러나 B가 마지막으로 이양
받은 득표를 합하면 당선에 필요한 쿼터를 넘게 되므로 다시 당선된 B의

초과 득표만큼을 다시 다른 후보에게 이양함으로써 마지막 당선자 C가
확정되었다.

이처럼 이 선거제도는 비례성과 대표성이 높다는 장점에도 불구
하고 [표 8-1]의 예에서 보듯이 개표절차와 당선자 결정방식이 너무나
복잡하다. 개표가 복잡할 뿐만 아니라 실제로 개표시간이 너무나 오래
걸린다는 문제점도 있다. 수작업으로 선거 개표를 진행하게 되면 투표일
당일이 아니라 몇 주가 지나서도 승자를 가려내지 못하는 일이 생겨나
기도 한다. ACT의 경우에는 전자투표 도입 등 제도 개선에도 불구하고
선거의 공식 결과가 나오기까지 대체로 두 주 정도의 시간이 소요된다.
더욱이 개표과정에서 실수가 생겨날 수도 있다. 개표과정의 실수는 특히
두 후보 간 팽팽한 접전이 벌어지는 경우에는 승자를 잘못 선정하는 매
우 중대한 잘못을 저지를 수도 있다.

사실 ACT에서 전자투표를 도입하기로 한 직접적인 계기 역시
개표과정의 실수와 관련이 있다. 1998년 ACT 의회 선거에서 몰롱글로
(Molonglo) 선거구에서 두 후보가 마지막 한 의석을 놓고 각축을 벌였는
데 두 후보 간 표 차이는 불과 세 표였다. 이 가운데 한 후보가 낙선되자
재개표를 요구했고, 재개표과정에서 처음 개표 때의 실수가 확인되어 당
락이 바뀌는 일이 생겨났다(ACT 2002, 6). 이에 따라 개표방식의 실수를
줄일 수 있는 제도적 개선에 대한 필요성이 강하게 제기된 것이다. 이처
럼 헤어-클라크 방식은 제1선호뿐만 아니라 제2선호 혹은 제3선호를
고려해야 하고, 이양율을 고려한 표의 이양 등 여러 가지 복잡한 과정을
겪게 되므로 수작업으로 개표하게 되는 경우에 의도하지 않은 계산상의
실수가 생겨나기 쉽다.

더욱이 ACT에서는 투표용지에 후보자 기명 방식으로 롭슨 교대
(Robson Rotation) 방식을 사용하고 있어 개표과정을 더욱 어렵게 하고 있

다. 롭슨 교대 방식은 투표용지에 후보자의 명칭이 인쇄된 순서에 따라 예상치 않은 혜택을 볼 수도 있는 경우를 배제하기 위해 각 용지별로 후보자의 이름이 명기되는 순서를 돌아가며 투표용지를 인쇄하도록 한 방식이다. 즉 투표용지의 맨 위칸, 혹은 맨 아래 칸에 자신의 이름이 명기된 후보자가 유리할 수도 있는 경우를 배제하기 위한 것이다. 이 방식은 1977년부터 타즈마니아 주 의회에 처음 도입되었으며 ACT에는 1995년부터 사용되기 시작했다. 공정한 선거를 위해서는 의미 있는 방식이지만 개표과정에서는 매 투표용지마다 후보자의 순서가 달라져 있기 때문에 각 후보별 득표를 집계하는 데에는 어려움이 더욱 가중될 수밖에 없다. 또한 그만큼 개표과정에서 오류가 발생할 가능성도 크다.

이와 같은 선거제도의 복잡함과 개표과정의 어려움으로 인해 ACT에서는 전자투표 도입의 필요성이 제기되기 시작했다. 따라서 호주에서 전자투표 도입의 목적은 이처럼 개표과정을 신속하게 하고 개표의 정확성을 높이기 위한 것, 즉 선거관리의 차원에서 제기된 것이다.

IV. 도입현황

1998년 선거 이후 생겨난 재검표 '사고' 이후 ACT 선관위는 전자투표 도입에 대한 검토에 들어갔다. 이후 1999년 보고서를 통해 내놓은 제안 가운데 15개 항이 ACT 의회에서 받아들여지면서 본격적으로 추진할 수 있게 되었다. 이 과정에서 ACT 선거관리위원회에서는 각 정당 대표, 주 ACT 의회 의원, ACT 시각장애인협회 등 관련 단체의 대표들로 구성된 자문기구를 만들어 전자투표 실시 과정에서 생겨날 수 있는 문제점 등에 대해 자문을 받았다. 이들 자문기구는 이후에도 지속적으로 활동하면서 2004년 선거를 앞두고도 2001년 선거에서 드러난 문제점을 교정하는 데 도움을 주었다.

　　2000년 12월 ACT 의회에서 선거법 개정을 통해 전자투표의 시행이 가능해졌고, 2001년 10월 ACT 의회 선거에서 호주 최초로 전자투표 방식이 실시되었다. 2001년 선거에서는 4곳의 사전투표소(pre-poll voting centres)와 선거 당일 8곳의 투표소에서 사용되었는데, 전자투표 방식만이 사용된 것은 아니며, 유권자들은 투표소에서 전자투표 방식과 종이투표 방식 가운데 하나를 선택하도록 하였다. 2001년 선거에서 사전 투표소는 사람들의 출입이 잦은 각 지역별 중심지에 2주 동안 설치되었는데, 사전투표를 행한 이들 가운데 52.4%가 전자투표를 이용하여 투표하였다. 2004년 선거에서는 전자투표기를 이용한 사전투표 기간을 과거 2주에서 3주로 연장하여 실시하였고, 사전투표를 행한 이들의 비율도 68%로 늘어났다. 사전투표소에서 전자투표를 이용한 유권자의 비율이 2001년에 비해 그 비율이 16% 가까이 늘어났으며, 사전투표소를 통해 투표를 행하는 이들의 대다수가 전자투표를 이용하고 있음을 알 수 있다. 2008년에도 캔버라 시내의 다섯 곳에서 3주 동안 전자투표기가 설치되었다.

　　그런데 [표 8-2]에서 보듯이 2001년의 경우에는 투표소 위치별로 전자투표 이용에 상당한 편차가 나타났다. 시티(City) 지역에 설치된 사전투표소에서는 전자투표를 이용한 유권자의 비율이 38.1%에 불과했지만 보덴(Woden) 지역의 사전투표소에서의 이용 비율은 그 두 배가 넘는 76.8%였다. 그러나 2004년이 되면 전체적으로 전자투표를 이용한 이들의 비율도 크게 늘어났을 뿐만 아니라 투표소 간 이용자 비율의 편

[표 8-2] 사전투표소(pre-poll centres)별 전자투표 비율

투표소 위치	Belconnen	City	Tuggeranong	Woden	합계
2001년	53.5	38.1	45.8	76.8	52.4
2004년	66.3	58.6	77.9	73.1	68.3

출처 : ACT(2002, 38) ; ACT(2005, 32).[2]

차도 크게 줄어들었다는 사실을 알 수 있다. 사전투표소에서 투표하는 경우에 전자투표에 대한 인지도와 활용 비율이 점차 높아지고 있음을 보여주는 것이다.

호주에서 eVACS(electronoic Voting And Counting System)으로 불리고 있는 전자투표 방식은 일반적인 개인용 컴퓨터와 같은 형태의 단말기를 이용하며, 단말기와 서버를 로컬 네트워크를 통해 연결하고, 보안성의 확보를 위해 인터넷과 같은 외부 서버와 연결됨 없이 각 투표소별로 분리되어 유지되는 형태이다. 인터넷 투표와는 근본적으로 다른 것이다. 각 투표소별로 행한 투표의 기록 데이터는 투표가 끝나고 난 뒤 2개의 별도의 CD롬에 저장되어 개표소(the Tally Room)로 옮겨져 집계된다. 2장의 CD롬으로 동시에 기록하는 까닭은 만약의 사태를 대비한 백업용의 목적 때문이라고 할 수 있다. 유권자는 바코드를 이용하여 인증을 받도록 했다. 앞에서 논의한 대로 전자기록 투표방식(DRE)의 일종이다.

호주의 전자투표 방식을 간략하게 설명하면 다음과 같다. 유권자가 투표소에 들어서면 선거인 명부 대조를 마친 뒤 전자투표 방식과 종이투표 방식 가운데 하나를 선택하도록 요구받는다. 유권자가 전자투표 방식을 선택하면 개인에게 고유한 바코드를 지급받는다. 바코드는 암호화되어 있으며, 한 투표소에서 한 번만 사용할 수 있다. 전자투표를 위한 단말기가 설치된 투표장으로 들어가면 우선 스크린상에 12개의 언어 중

하나를 선택하도록 하는 화면이 뜬다. 영어를 모를 수도 있는 소수 인종을 위해 모두 12개국의 외국어로 투표과정을 설명하도록 한 것이다. 언어의 초기 값은 영어로 되어 있다. 원하는 언어를 선택하고 지급받은 바코드를 접촉하면 후보자들의 명부가 스크린상에 나타난다. 위-아래, 좌-우의 방향키를 이용하여 자신이 원하는 후보자를 고르고 '선택(select)'이라고 되어 있는 키를 누르면 자신이 고른 제1선호의 후보자가 표시된다. 앞에서 말한 대로 ACT의 선거제도는 각 선거구의 유권자들이 그 지역구에서 선출하는 의원의 수만큼 순서대로 선호 표시를 하게 되어 있기 때문에 요구된 수만큼의 모든 후보자에 대한 선택을 하고 '완료(finish)' 키를 누르면 선택한 후보자들의 명단이 순서대로 스크린상에 나타난다. 자신의 선택과 틀림이 없다면 최종적으로 다시 바코드를 통해 확인함으로써 투표는 종료되고, 그 유권자의 표는 전자적으로 해당 기기의 CD롬에 기록되게 되는 것이다. 잘못이 발견된다면 투표과정 중간마다 '새로 고침(undo)'의 키가 마련되어 있기 때문에 이것을 이용하여 수정하면 된다.

지금까지 호주 ACT에서 전자투표가 실시된 2001년, 2004년, 2008년 세 차례 선거에서 모두 4-5곳의 투표소에 선거일 2-3주 전부터 사전선거가 가능하도록 전자투표 방식을 도입하였고, 일부 지역에서는 투표일에 전자투표 방식을 종이투표와 함께 사용할 수 있도록 하였다. 그러나 나머지 대다수 투표소에서는 여전히 종이투표 방식에 의한 선거 방식으로만 투표를 실시하였다. 2001년에는 198,721명의 투표자 가운데 16,559명이 전자투표 방식으로 선거하였고, 2004년에는 209,749명 가운데 28,169명이 전자투표 방식으로 투표한 것으로 나타났다. 2001년에는 8.3%, 2004년에는 13.4%가 전자투표 방식을 이용한 셈이다. 전체 유권자들 가운데 전자투표를 이용한 비율은 아직도 소수에 불과하지만 3년 사이에 사용자의 비율이 제법 늘어났음을 알 수 있다. 흥미로운 점은 2004년 전자투표를 이용한 28,169명 가운데 투표일에 전자투표를 이용한 이들은 모두 7,447명으로 나타났다는 점이다. 즉 선거 당일에 전자투표를 이용한 이들의 비율은 아직 그다지 많은 수라고 보기 어려우며, 오히려 선거 이전에 행하는 사전투표의 한 형태로 전자투표를 이용하는 이들의 수가 더욱 많다는 사실을 알게 한다. 즉 투표일에 투표하는 '전통적인' 종이투표 방식에서 전자투표의 수용성은 상대적으로 낮은 반면, 사전투표와 같이 보조적으로 투표하는 방식에서는 전자투표에 대한 활용도가 높다는 사실을 알게 한다.

전자투표가 본격적으로 도입되기 전에는 정확성과 안전성에 대한 우려가 제기되기도 했으나 두 차례 선거를 치른 지금에는 투표 사후 검증과정을 거쳐 전자투표 방식이 믿을 만하고 안전하다는 긍정적인 평가를 받고 있다. 전자투표 방식이 도입된 이후 제대로 조작하지 못해 무효투표로 처리된 경우도 있기는 하지만 그런 유권자의 수는 대단히 작은 수였으며, 대부분의 사용자들은 전자투표 방식에 대한 만족감을 나타낸 것으로 조사되었다.

실제로 2001년 선거에서 전자투표를 이용한 유권자 가운데 295명이 참여한 투표 후 조사(exit poll)결과에 따르면 이들 가운데 89%가 전자투표가 쉽다고 응답했으며, 81%는 전자투표를 위한 도움말과 지시가 명료했다고 밝혔다. 또한 응답자의 70%는 전자투표 방식이 신속하고 효율적이라고 응답했다(ACT 2002, 10). 2004년 조사에서도 이러한 질문에 대해 모두 80%가 넘는 긍정적인 응답이 나타났다(ACT 2005, 14). 2004년의 조사에서는 조사된 표본의 크기가 54명에 불과하기 때문에 그 자료의 해석에 신중해야 할 것으로 보이지만, 전반적으로 이 방식을 사용한 유권자들의 만족도나 수용성이 비교적 크다는 점만큼은 분명해 보인다.

또한 무효표로 처리된 경우도 2001년에는 종이투표 방식의 경우 4.27%에 달했지만 전자투표 방식은 단지 1.22%에 불과했다는 점에서 오히려 무효표는 전자투표 방식에서 더 적었다(ACT 2002, 12). 2004년에도 무효표의 비율이 종이투표 방식의 경우 2.9%임에 비해서 전자투표의 경우에는 1.9%로 상대적으로 낮게 나타났다(ACT 2005, 15).

이런 점에서 볼 때 전자투표의 사용 미숙이나 사용 안내를 제대로 따르지 못해 생겨나는 문제점은 그리 심각한 것으로 보기는 어려울 것 같다. 전자투표를 이용한 이들 가운데 무효표의 발생은 스크린상에 표시되는 지시문을 제대로 따르지 않아 발생한 경우가 대부분이었다. 유권자들이 후보자를 다 선택하기 전에 마침 버튼을 눌렀거나, 초기 인증을 위한 바코드를 제대로 사용하지 못했거나, 마지막 종료 이전 다시 최종 인증을 위해 바코드를 사용해야 하는 것을 잊었기 때문에 생기는 경우가 많은 것으로 나타났다. 2001년에는 바코드가 제대로 작동하지 않아서 불편을 일으키는 경우가 적지 않았지만 이러한 문제는 2004년에는 상당히 해소되었다.

ACT에서 전자투표의 도입이 선거관리, 특히 개표관리와 긴밀한 관련이 있다는 점을 앞에서 지적한 바 있지만, 실제로 전자투표를 도입하고 난 이후 개표과정에서 정확성과 효율성이 증대되었다. 우선 개표시간이 줄어들었고, 개표과정의 부주의한 실수를 줄일 수 있었으며 무효표의 수도 감소했다. 개표과정의 효율화는 전자투표의 도입뿐만 아니라 종이투표 결과를 디지털화하는 방식의 도입으로 가능했다. 즉 유권자가 찍은 투표의 내용이 개표과정에서 컴퓨터에 입력되는 방식은 두 가지인 셈이다. 전자투표를 이용한 이들은 자동적으로 컴퓨터를 통해 개표가 이뤄지지만, 종이투표를 이용한 이들의 표에 대한 개표작업은 그 데이터를 컴퓨터에 입력하는 방식으로 전자화를 시도했다. 즉 입력원을 고용하여 각 투표용지에 적혀 있는 내용을 컴퓨터에 다시 입력하는 방식을 사용한 것이다. 구체적으로는 입력원들을 두 그룹으로 나눠 각기 종이투표에 있는 내용을 컴퓨터에 입력하게 하고 이들이 입력한 내용을 서로 대조하고 비교함으로써 입력과정에서 생겨날 수 있는 오류나 왜곡을 방지하도록 하였다. 2004년의 경우 각각 30명으로 구성된 두 개의 별도의 팀이 종이투표 결과를 컴퓨터에 입력하도록 했다. 또한 각 후보를 대표하는 참관인들이 입력원들과 함께 하면서 그 작업을 감시·감독하도록 하고, 의문이 있을 때마다 그 입력내용을 확인하도록 하였다. 또한 검사관이 기입내용을 대조하도록 함으로써 공정성과 객관성을 높일 수 있도록 하였다.

이러한 입력을 통한 개표방식은 ACT뿐만 아니라 호주 상원 선거, 뉴사우스 웨일즈(New South Wales), 웨스턴 오스트레일리아(Western Australia), 그리고 사우스 오스트레일리아(South Australia)의 주 상원 선거에서도 사용되고 있다. 종이투표의 내용을 다시 별도의 작업을 통해 컴퓨터에 입력해야 하는 번거로움이 있지만, 이 방식은 전자투표의 도입과 함께 그동안 복잡한 선거제도뿐만 아니라 롭슨 교대 방식으로 인해 수작업으로 진행하던 개표과정에서 겪었던 어려움을 고려할 때 개표의 정확성과 신속성을 높이는 데 기여했다고 평가할 수 있다. 2008년에는 종이투표보다 전자입력 방식의 정확성을 높임으로써 입력원의 역할에 대한 의존을 줄일 수 있도록 했다. 즉 지능형 문자 인식 스캐닝 시스템(an intelligent character recognition scanning system)을 통해 종이투표지의 내용을 읽어내는 기능을 향상시키고자 한 것이다.

전자투표의 도입으로 투표 및 개표와 관련하여 시간상으로도 적지 않은 개선이 이뤄졌다. 그동안 종이투표에 대한 수작업 개표로는 상당한 시간이 소요되었다. 호주에서는 토요일에 선거가 행해지지만 선거 당일 저녁 그 결과를 알 수는 없다. 투표용지별 데이터 입력 작업은 그 다음 월요일부터 시작되고, 또 우편투표는 선거일 이후 금요일까지 계속 해서 접수하고 난 뒤 제1선호에 대한 집계와 재검표가 이뤄진다. 그런 뒤에야 제2선호 등 다른 선호를 고려한 표의 이양 등 실질적인 개표과정 이 진행되는 것이다. 그리고 최종 선거결과는 선거일 이후 두 번째 목요 일이나 금요일, 그러니까 대체로 선거일 이후 두 주 정도가 지나서야 당 선자가 결정되곤 했다. 그러나 전자투표 방식을 이용한 투표결과는 선거 일 당일 저녁이면 집계가 끝나 공표가 가능해졌다.

2001년의 경우에는 종이투표를 사용한 유권자와 전자투표를 이 용한 유권자들 사이에 정당 지지에 있어 다소 차이가 나타났다. 2001년 은 민주당(Australian Democrats)과 녹색당(ACT Greens)이 종이투표 방식에 비해서 전자투표에서 보다 높은 것으로 나타났다(ACT 2002, 12). 이러한 차이는 아마도 교육 수준이나 연령 등 전자투표 방식에 대한 유권자별 수용성의 차이가 반영된 것이거나, 소수 표본으로 인한 선호 분포의 왜 곡이 반영된 것으로 생각된다. 실제로 전자투표를 통한 투표율이 보다 높아진 2004년 선거에서는 이러한 차이는 그리 크게 나타나지 않았다. 즉 전자투표와 같은 투표방식의 변화로 인한 정당 지지의 편향은 확인 되지 않은 것이다.

그런데 전자투표를 통한 정당 지지율의 차이가 주목의 대상이 되 는 까닭은 종이투표의 개표과정이 오랜 시간이 걸리기 때문에 투표일 저녁에 발표되는 정당별 지지율은 전자투표를 통해 투표한 결과이기 때 문이다. 이와 함께 전자투표결과를 일종의 출구조사(exit poll)처럼 선거결 과를 예상하는 '표본'으로 보려는 경향도 생겨났다. 2004년의 경우 전 자투표를 이용한 유권자의 비율이 13.4%라는 점에서 이미 전자투표결 과는 전체 선거결과를 예상하는 척도로 사용될 만큼 큰 비중을 차지하게 되었다. 실제로 전자투표결과는 이미 상당한 수준의 예측력을 보이고 있다. 2004년의 ACT 선거에서 선출하는 17명 가운데 전자투표를 통해 선거일 저녁에 예상한 당선자 가운데 16명이 실제로 나중에 당선된 것으로 확인되었다. 몰롱글로(Molonglo) 선거구에 출마한 노동당(Australian Labor) 소속 앤드류 바(Andrew Barr)라는 후보만 전자투표의 당선 예상과 달리 개표가 완료된 후 낙선한 것으로 나타났다. 17명 중 16명의 당선을 맞출 정도의 예측력을 갖는 것으로 드러난 만큼 향후 전자투표를 이용하는 유권자의 비율이 늘어날수록 선거결과의 예상 척도로서 전자투표의 의미는 더욱 중요해질 것으로 보인다.

전자투표의 도입과 개표과정의 디지털화는 의회구성을 위한 총선뿐만 아니라 공석이 생기는 경우에도 편리함을 제공해 주고 있다. ACT에서는 의회 의석에 공석이 생기는 경우 별도의 보궐선거를 행하는 대신 이전 총선거에서 유권자가 던진 표를 재검표하여 당선된 후보에게 의석을 넘겨주는 방식을 취하고 있다. 즉 이전 선거에 출마하여 낙선한 이들 가운데 참여의사를 밝힌 이들을 대상으로 하여 그 가운데 과반 득표를 한 이를 당선자로 선출한다. 그런데 과거에는 공석이 생기면 재검표를 위해 최소 2일 이상을 소비해야 했지만 이제는 모두 그 결과를 디지털화해 둠으로써 신속하게 이런 문제에 대응할 수 있게 되었다.

이상에서 살펴본 대로 ACT에서 도입한 전자투표는 비교적 성공적으로 자리 잡고 있으며, 여러 가지 면에서 상당한 변화를 이끌어내고 있다. 그 차이가 크지는 않지만 2001년에 비해서 전자투표를 통한 투표율도 늘어났고 개표과정의 신속성이나 정확성도 높아졌다. 애당초 의도한 개표관리의 효율성을 높이는 데 상당한 기여를 한 것으로 보인다. 이러한 효과를 극대화하기 위해서는 전자투표의 도입을 확대하는 것이 필요할 것이지만 급격한 확대를 기대하기는 어려울 것으로 보인다.

ACT 선관위에서도 자체적으로 평가하고 있지만 ACT의 81개 전 투표소에 동시에 전자투표 방식을 도입하는 일은 매우 큰 비용을 수반 하고 단기적으로는 실현 가능한 것으로 보이지도 않는다. 전자투표제의 전면적 도입 대신 ACT 선관위는 다른 방식으로 전자투표 방식의 확대 를 꾀하고 있다. ACT에서는 ‘투표일’에 대한 새로운 해석을 제안하고 있다. 전통적인 개념처럼 투표일을 ‘하루’로 규정하는 대신 이를 일정한 기간으로 재해석하자는 것이다. 즉 투표일을 1–3주에 걸친 기간으로 설 정하고 그 사이에 유권자가 자유롭게 투표할 수 있도록 하자는 것이다. 그리고 시내 중심가, 쇼핑센터나 직장 근처에 전자투표기를 설치하게 되 면 훨씬 효율적으로 전자투표가 이뤄질 것으로 보았다. ACT에서는 이 미 2001년 선거에서 전체 유권자의 15% 이상이 되는 31,000명이 넘는 유권자가 사전투표 혹은 우편투표 방식으로 선거에 참여한 바 있기 때 문에 이와 같은 선거일의 확대방식이 반드시 기존의 투표 관행을 근본 적으로 변혁하는 것이라고 보기도 어렵다는 것이다. 이런 논의결과 2008 년에는 캔버라 시내에 투표소가 3주간 설치되어 조기 투표에 활용되었 다. 그러나 인터넷 투표에 대해서는 안전상의 문제나 온라인 유권자 인 증 등 여러 가지 예상되는 문제점으로 인해 앞으로도 크게 고려될 것으 로 생각되지는 않는다(Green 2000). 따라서 지금까지 사용된 것과 같이 투 표소라는 통제할 수 있는 제한된 범위와 조건 내에서 전자투표가 추진 될 것으로 보인다.

V. 장애자, 소수자의 정치적 권리와 전자투표

ACT를 넘어선 호주 연방정부 차원에서 전자투표에 대한 관심은 이 제도를 통해 장애인 등 사회적 약자의 참여를 도울 수 있다는 사실에 주목하고 있다. 전자투표 방식을 활용하면 그동안 신체적 장애나 업무 여건으로 인해 투표를 제대로 행할 수 없었던 이들에게 정치적 권리의 행사를 보장하는 데 도움을 줄 수 있을 것이라는 점에 착안했다. 이처럼 호주 연방정부 차원의 전자투표의 도입은 공평한 정치적 권리를 보장하기 위한 방편에서 적극적으로 논의되고 있다.

호주에서의 논의과정에서 특히 주목할 것은 시각장애인이다. 시력이 매우 나쁘거나 시력을 잃은 장애인들은 투표에 참여하는 데 여러 가지 어려움이 많았다. 특히 이들은 비밀선거라는 민주선거의 원칙이 지켜지기 어려웠다. 시각장애인이 투표를 하기 위해서는 다른 사람의 도움을 필요로 했기 때문이다. 호주 연방정부에서 전자투표 도입 논의는 이처럼 정치적 권리 행사가 사실상 제약을 받고 있는 장애인들이 정상인들과 마찬가지로 자신의 정치적 권리를 최대한 보장받을 수 있도록 하기 위한 차원에서 비롯된 것이다. 즉 전자투표 방식의 목적은 시각장애인들이 외부의 도움 없이 독자적으로 투표할 수 있도록 도와주는 장치를 마련하자는 것이었다.[3]

연방의회 상하원 합동위원회의 결정에 뒤이어 2007년 3월에 정식으로 법안이 입법화되었다. 시각장애인용 전자투표는 시각장애인을 위해 특별한 형태로 고안된 키보드를 갖춘 별개의 투표기기에서 이어폰과 음성 안내에 의해 시각장애인이 독자적으로 투표할 수 있도록 했다.

그런데 이들이 전자투표 장치를 통해 행한 투표는 디지털 정보로 컴퓨터 내부에 저장되는 방식은 아니며, 투표를 마치면 투표기에서 바코드의 형태로 자신의 투표지가 프린트되어 나오도록 하였다. 그 투표지를 봉투에 봉인하여 투표함에 넣으면 그 표는 나중에 개봉과 해독과정을 거쳐 다른 일반 투표용지와 함께 개표하도록 했다. 디지털 저장이 아닌 일반 종이투표에 가까운 방식을 이용한 것은 자신의 정치적 결정이 표로 적절하게 전환하였는지를 확인할 수 있는 기회를 마련해 주기 위해서였다. 전자투표 도입과 관련하여 자주 제기되는 의구심 가운데 하나가 전자투표 방식은 디지털 정보로 전환하여 저장되기 때문에 내가 행한 투표내용이 왜곡 없이 저장되었는지 확인하기 어렵다는 것이었다. 호주에서 도입한 전자투표 방식은 이런 우려를 감안하여 자신이 찍은 표를 바코드로 전환하여 일반인들이 그 내용을 확인할 수는 없지만 검증이 가능할 수 있는 방식을 도입한 것이다.

시각장애인을 위한 전자투표가 입법화된 이후 투표기에 대한 시험적인 작동이 이뤄졌고, 빅토리아 주 6개의 사전투표소에 투표기를 설치하여 사전실험을 행하기도 했다. 선거관리위원회(Australian Electoral Commission)는 2007년 11월에 실시한 호주 총선에서 6개 주와 두 곳의 특별 구역(Northern Territory, Australian Capital Territory)을 포함한 호주 전역에 걸쳐 29개의 전자투표 투표소를 마련해서 시각장애인들이 스스로 투표할 수 있도록 했다. 호주에서는 전국적으로 30만 명 정도가 시각 장애로 고통을 겪고 있으며, 그 중 2만 명 정도는 아예 시력을 잃은 이들인 것으로 조사되었다. 전자투표의 도입으로 인해 선거구당 평균적으로 2천 명 정도의 시각 장애를 가진 유권자들이 혜택을 본 것으로 평가하고 있다. 2007년 총선에서 선거일 2주 전부터 선거일까지 전자투표 시설을 설치하여 시각장애인들이 투표에 참여할 수 있는 충분한 시간을 보장하도록 했다.

연방의회 상하원 합동위원회에서 내린 또 다른 전자투표 관련 결정은 현실적으로 투표하기가 어려운 곳에 머물러 있는 이들에게 전자투표 방식을 통해 선거에 참여할 수 있는 기회를 부여하도록 한 것이었다. 즉 해외에 머물고 있는 유권자들에게 선거기회를 부여하기 위한 방식으로 전자투표가 활용되었다. 그동안 호주의 해외 거주 유권자들은 일반적으로 해당국 대사관에 마련된 임시투표소에서 투표를 행해왔기 때문에 해외에 일시적으로 거주하고 있다고 해서 투표할 수 있는 기회를 갖는 것이 불가능한 상황은 아니었다. 그러나 문제는 보다 극한적인 지역에 놓여 있는 유권자들이었다. 대표적인 경우가 이라크, 아프가니스탄, 솔로몬 제도, 동티모르 지역에 머물고 있는 호주 군 장병들이며, 남극 극지에 거주하고 있는 이들도 여기에 포함된다. 이들은 그동안 여러 가지 열악한 환경으로 인해 사실상 정치참여의 기회를 가질 수 없었다. 이런 문제점을 인식하여 연방의회 상하 양원위원회에서는 국방부가 전투지역에 배치된 군인들이 투표할 수 있도록 전자투표를 활용하도록 결정하였다. 이에 따라 2007년 총선에서 전투지역에 파병된 호주 군 장병들은 위성과 지상 통신장비를 이용하여 현지에서 총선에 참여하였고, 이들이 행한 투표는 국방부의 인트라넷을 통해 집계될 수 있도록 하였다.

이러한 호주의 시도는 정보화가 미치는 민주주의의 영향과 역할이라고 하는 측면에서 적지 않은 시사점을 주고 있다. 앞에서 지적한 대로 그동안 정부 주도의 정보화 사업은 대체로 효율성을 증대하는 행정적 편의를 추구하는 차원에서 이뤄진 경우가 많았다. 호주 ACT에서 도입된 전자투표 방식 역시 복잡한 선거제도의 투개표관리를 효율적으로 하겠다는 목적에서 이뤄진 것이었다. 그러나 호주 연방정부 차원에서 관심을 갖는 전자투표 방식의 도입은 이러한 행정적 효율성의 추구에서 벗어나 사회적 소외계층, 정치적 약자를 지원하고 그들의 정치적 권리를 보장해 주기 위한 목적에서 도입 결정이 이뤄졌다는 점에 주목할 필요가 있다. 즉 전자투표에 대한 호주의 시각에 주목하게 되는 이유는 디지털을 활용한 새로운 기술적 진보가 민주주의 원칙을 보다 폭넓게 구현하는 데 어떻게 기여할 수 있는지 잘 보여주고 있기 때문이다. 전자투표가 제공할 수 있는 기술적 강점을 최대한 활용함으로써 정치참여의 권리가 사실상 침해받아 왔던 이들에게 정당한 정치적 기회를 마련해 주고자 한 것이기 때문이다. 그런 점에서 볼 때 정치참여라는 측면에서 제약을 받아온 시각장애인들이 전자투표라는 방식을 통해 정치적 권리를 보장받게 된 것은 정보화의 진전이 사회적 격차나 차별이 아니라 소외되었거나 차별받아 온 소수자의 권리를 보장해 주는 수단으로 적절하게 활용될 수 있음을 보여주는 좋은 예가 된다고 할 수 있다.

호주의 사례에서 찾아볼 수 있는 또 다른 중요한 점은 전통적인 정치관행과 전자투표라는 새로운 방식이 공존·병행할 수 있는 가능성을 보여주었다는 점이다. 많은 곳에서 전자투표 도입에 대한 접근은 기존 방식을 전면 대체하는 새로운 제도의 시행이라는 차원에서 주로 논의가 이뤄져 왔다. 이 때문에 전자투표의 도입은 기존의 정치관행으로부터 급격한 변화를 수반할 수밖에 없는 것으로 간주되었다. 그러나 2007년 호주 연방 선거에서 활용된 것과 같이 시각장애인이라는 사회적 약자를 위한 목적으로 전자투표가 '보완적으로' 도입되는 것도 얼마든지 가능하다는 사실이 확인되었다. 즉 기존 제도를 바꾸는 것에 대한 거부감이나 갈등을 일으키는 일 없이 새로운 방식을 무리 없이 도입할 수 있게 된 것이다. 제한적이지만 전자투표라고 하는 새로운 방식이 호주 사회에 도입되어 큰 문제 없이 활용되었기 때문에 앞으로 치러질 총선에서도 전자투표는 계속해서 활용될 것이며, 경우에 따라서는 보다 큰 폭으로 확대되어 활용될 가능성도 생겼다. 만약 전자투표의 도입을 처음부터 기존 투표방식을 전면 대체하는 수준으로 도입하려고 했다면 대단히 거센 거부감과 마찰을 불러일으켰을 것이다. 호주의 전자투표 도입 방식은 사회적 약자의 권리를 보장하기 위한 방안이라는 정치적 명분과 함께 점진적이고 제한적인 도입을 통해 호주 사회 내에 연착륙하는 데 성공했다는 평가를 받을 수 있을 것이다.

VI. 결론 : 평가와 전망

호주에서는 전자투표 방식이 비교적 성공적으로 자리 잡아 가고 있고 점차 그 활용도도 증대될 것으로 예상되지만, 이러한 '성공'에도 불구하고 그 파급효과는 제한적인 것 같다. 앞에서 지적한 대로 전자투표 방식을 통한 투표가 ACT 내에서도 단기간 급격하게 확대될 것으로 보이지 않는다. 더욱이 ACT의 성공적인 실험에도 불구하고 전자투표 방식은 장애인 등 일부 유권자를 위한 제한적 수준을 넘어 보다 확대된 형태로 활용되고 있지 않다. 지역적으로도 ACT에 국한되어 있다. 이런 점에서 볼 때 호주에서 전자투표의 도입은 매우 신속했지만 그 확대 적용에 대해서는 비교적 보수적이고 신중한 입장을 보이고 있는 셈이다.

그러나 이러한 신중함이 전자투표 방식에 대한 일반 국민의 낮은 신뢰감 때문이라고 볼 수는 없다. 이 제도에 대한 사회적인 신뢰감은 오히려 높은 편이다. ACT를 예로 들면 이미 두 차례의 선거를 통해 확인된 만큼 이 제도의 정확성과 효율성, 안정성에 대한 믿음은 높아졌다고 할 수 있다. 실제로 전자투표 방식을 도입한 곳에서의 개표작업은 매우 신속하고 정확하게 이뤄졌다. 어떤 이유로 이와 같은 성공에도 불구하고 호주 유권자들은 이 제도의 확대 도입에 보수적인 태도를 보이는 것일 까?

　　모두(冒頭)에서 지적한 대로 호주는 제도적으로 의무투표제를 실시하고 있는 탓에 투표율의 저하 문제는 전자투표 도입 방식에 그리 심각한 것은 아니었다. 앞서 지적한 대로 호주에서 헤어-클라크 방식이라고 부르는 단기이양식 비례대표제라는 복잡한 선거방식이 이 제도를 도입하게 된 가장 주요한 원인이라고 할 수 있다. 그러나 개표절차나 투표과정의 복잡함에도 불구하고 투표제도를 포함하여 전반적인 호주의 민주주의에 대한 국민적 신뢰감과 만족감은 높은 편이다. 전자투표의 도입을 추진하고 있는 쪽은 개표관리의 효율성이나 정확성 등에 민감한 선거관리를 맡고 있는 국가기관이며, 일반 국민들은 현행 선거방식에 대해 큰 불만을 갖고 있지는 않다. 다시 말해 당선자가 확정되는 데 시간이 걸리고 개표가 복잡하더라도 현 정치제도에 대한 전반적인 만족도는 높기 때문에 일반 국민들은 전자투표라는 새로운 방식에 대해 그리 큰 매력을 느끼지 못하는 것이다. 즉 현재의 방식이 아주 불편하지 않다면, 혹은 감내할 만한 불편이라면 굳이 많은 돈을 들여가며 익숙하지 않은 방식으로 바꿔야 한다는 데 대한 사회적인 공감을 이끌어내기는 쉽지 않을 것이다. 이처럼 호주에서 전자투표가 도입된 원인이 선거관리와 같은 행정적 효율성의 차원에서 논의되기 시작했으며, 투표율의 지속적인 하락과 같이 사회 전체가 심각성을 공유할 수 있는 정치사회적 병리 현상에서 비롯된 것이 아니기 때문에 ACT의 실험이 비교적 성공적인 평가를 받으면서도 크게 확대되지 못하는 것으로 보인다.

　　더욱이 호주에서는 전자투표가 아니더라도 유권자의 불편을 덜

어줄 수 있는 다양한 선거방식이 허용되고 있다. 예컨대 사정이 있어 직접 투표소에 가기 어렵다면 우편투표를 이용할 수 있어서 반드시 사전 투표소에 가서 투표해야 할 필요는 없다. 또한 개표과정이 늦어지고 실수가 생겨날 수 있다는 문제점을 보완하기 위해 컴퓨터에 종이투표 결과를 입력하게 하는 데이터 입력(data entry)작업을 행하고 있기 때문에 과거에 비해서는 시간이나 정확도가 높아졌다. 전자투표를 확대한다면 더욱 신속해질 수 있겠지만, 굳이 확대하지 않더라도 상당한 정도의 변화는 이미 유권자의 투표방식의 변화 없이도 가능해진 것이다.

이 때문에 새로운 방식이 아무리 효율적인 것이라고 해도 일반 국민이 이 제도의 도입에 대한 요구는 그리 크지 않은 편이며, 정치인들 역시 효율성과 편의를 인식하고 있더라도 시급하게 이 제도를 확대 도입할 필요성을 느끼고 있는 상황은 아닌 것으로 보인다. 따라서 단기적으로 볼 때 호주에서 전자투표가 빠르게 확대 도입될 것으로 보기는 어려우며, ACT와 같은 제한된 영역에서 시험적인 운용을 계속해 나갈 것으로 보인다.

또 다른 한편으로는 호주의 정치체계에서는 연방의회 및 각 주의회별로 각기 다른 선거제도를 취하고 있다는 것도 ACT에서 행한 실험의 경험이 다른 곳에 직접적으로 응용되기 어렵게 하는 또 다른 제약으로 작용할 수 있다. 즉 다른 주에서는 선거제도가 다르기 때문에 ACT에서 경험한 것과 같은 선거관리, 개표관리의 복잡함이나 어려움에 대한 공감의 정도가 다를 수 있다는 것이다.

따라서 전체적으로 볼 때 ACT에서 두 차례 행한 성공적인 전자투표제의 도입에도 불구하고 유권자들이 반드시 새로운 방식에 호의적이라고 보기는 아직 어렵다. 기존의 방식에 보다 익숙해 있는 유권자들이 많기 때문에 보다 신속하고 효율적인 새로운 방식의 도입에도 불구하고 기존의 종이투표 방식이 아직도 폭넓게 이용되고 있는 실정이다. 따라서 호주의 사례는 전자투표와 같은 새로운 제도적 장치의 도입이 성공을 거두기 위해서는 안전성, 신뢰성의 구축과 같은 기술적인 부분의 문제뿐만 아니라 정치문화적으로 새로운 제도에 대한 수용성 역시 매우 중요하다는 점을 보여주고 있다. 다시 말해 효율적이고 편안하고 신속하다는 것이 선거라는 정치적 행사에서 유권자들이 가장 우선적으로 고려하는 가치가 아닐 수 있다는 것이다. 인터넷으로 투표하는 것보다 투표장에 가서 투표하는 데서 만족감을 갖는 유권자들이 많을 수 있는 것처럼(Green 2000), 어떤 유권자들은 투표장에 가서 전자투표기를 이용하는 것보다 종이투표지에 직접 기재하는 투표방식에서 심리적 만족감이나 자신의 투표행위에 대한 정치적 상징성을 느낄 수 있다. 정보격차라고까지 말할 수는 없더라도 전자투표 방식에 대한 심리적 거부감이 존재할 수도 있는 것이다. 또한 호주처럼 투표결과가 늦어지더라도 그에 익숙한 이들에게는 전자투표의 도입이 기존의 정치적 관행을 급격하게 변화시킬 수 있다는 점에서 거부감을 가질 수도 있다. 이처럼 호주의 경험은 전자투표에 대한 기술적인 측면뿐만 아니라 정치제도와 관행, 새로운 제도 도입에 대한 정치문화적 효과 등과 관련하여 우리에게도 많은 시사점을 줄 수 있을 것으로 생각된다.

| 참고문헌 |

강원택. 2007b.『인터넷과 한국정치 : 정당정치에 대한 도전과 변화』. 집문당.

김용철, 윤성이. 2005.『전자민주주의 : 새로운 정치패러다임의 모색』. 오름.

김용호. 2005. "미국의 인터넷 선거운동의 정치적 함의." 한국정치학회 연례학술
회의 발표논문.

김종길. 2005. "사이버공론장의 분화와 숙의민주주의의 조건."『한국사회학』39
집 2호, pp.34-68.

김종길, 김문조. 2006.『디지털 한국 사회의 이해』. 집문당.

방희경. 2006. "한 사이버 공간의 소수적인 문화를 위하여 : '사이버 폐인' 들의
다르게 정치하기." 사회연구 11권, pp. 47-74.

윤성이. 2001. "정보사회의 명암과 시민사회의 역할." 한국정치학회, 한국사회
학회 공동학술회의 발표 논문.

이원태. 2004. 인터넷 정치참여에 관한 연구 : 2004년 한국의 제 17대 총선 정국
을 중심으로, 서강대학교 박사학위 논문.

이현우. 2001. "인터넷 투표와 대표성의 문제 : 2000년 애리조나 민주당 예비선
거."『한국정치학회보』35집 3호, pp. 379-398.

장우영. 2006. "영국의 전자투표와 국가전략." '전자투표와 민주주의' 학술회의
발표 논문. 8월 21일. 서강대학교.

정동규. 2004. "인터넷과 선거참여 : 온/오프라인 정치참여의 상호작용." 한국정
치학회 춘계학술회의 '17대 총선과 정치개혁' 발표 자료집, pp. 133-150.

중앙선거관리위원회 전자선거실무추진팀. 2005.『세계의 전자투표사례 연구』.

Australian Capital Territory. 2005. *ACT Legislative Assembly Election 2004 : Electronic
Voting and Counting System_Review.*

Australian Capital Territory. 2002. *The 2001 ACT Legislative Assembly Election : Elec-
tronic Voting and Counting System_Review.*

Australian Political Science Association's Politics of the Future Seminar http://www. elections.act.gov.au/adobe/PolFut.pdf(검색일 2006. 7. 1).

Cairncross, Frances. 1999. 홍석기 역. 『거리의 소멸@디지털 혁명』. 세종서적.

Chadwick, Andrew. 2006. *Internet Politics : States, Citizens, and New Communication Technologies*. Oxford : Oxford University Press.

Grofman, Bernard and Arend Lijphart (eds.). 1986. *Electoral Laws and Their Political Consequences*. New York : Agathon Press.

Benjamin, Gerald. 1982. "Innovation in Telecommunications and Politics," in Benjamin (ed.). *The Communications Revolution in Politics*. New York : Academy of Political Science.

Chadwick, Andrew. 2006. *Internet Politics : States, Citizens, and New Communication Technologies*. Oxford : Oxford University Press.

Farrell, David. 1997. *Comparing Electoral Systems*. London : Prentice Hall.

Koku, Emmanuel, Nancy Nazer and Barry Wellman. 2001. "Netting Scholars : Online and offline." *American Behavioral Scientist*, vol. 44, no. 10, pp.1752-1774.

Green, Philip. 2000. "The Politics of the Future," presented to the Mossberger, K., C. Tolbert, and M. Stansbury. 2003. *Virtual Inequality : Beyond the Digital Divide*. Washington D.C. : Georgetown University Press.

Norris, Pippa. 2007. Digital Divide. 이원태 외 옮김. 『디지털시대의 민주주의 : 정보불평등과 시민참여』. 후마니타스.

Ward, Stephen, Rachel Gibson, and Paul Nixon. 2003. "Parties and the Internet : an overview," in Gibson, Nixon and Ward (eds.). 2003. *Political Parties and the Internet : Net Again?*, pp. 11-38.

| 주 |

* 귀중한 자료를 제공해 주고 친절하게 자문에 응해준 호주 ACT 선거관리위원회 필립 그린(Phillip Green) 위원장과 관계자 분들께 감사드린다. 이 글은 『한국정당학회보』 6권 2호(2007), pp. 167−186에 실린 논문을 기초로 수정한 것이다.

1. ACT에서 무소속 후보는 별도의 칸으로 따로 묶어 투표용지에 제시된다.

2. 이 글을 쓰고 있는 시점까지 2008년 ACT 선거에서 전자투표 활용에 대한 보고서가 발간되지 않은 까닭에 2008년의 구체적 수치는 여기에 포함시킬 수 없었다.

3. http://www.cio.com.au/index.php/id ; 33270907 (2007. 12. 01 검색).

제9장

일본의 전자투표

과정, 효과, 과제

김용복

I. 서론

급속히 퍼져가고 있는 정보화의 물결은 정치, 경제, 사회, 문화 등 모든 분야에서 근본적인 변화를 야기하고 있다. 인터넷의 급속한 확산은 정치제도와 정치과정에도 큰 변화를 일으키고 있다. 시민들은 기존의 매스미디어에 대한 의존으로부터 벗어나 자유롭게 정보를 접할 수 있게 되었다. 이에 따라 시민들의 정치적 토론이 활성화되고, 직접적인 정치적 결정에의 참여가 증대되었다. 또한 인터넷을 통하여 선거과정에도 참여할 수 있다. 최근 여러 나라에서 논의가 진전되고 있는 전자선거(e-elec-tion)나 전자투표(e-voting)도 제도적 차원에서 정보화의 물결을 수용하려는 중요한 정치적 쟁점이자 전자민주주의 논의의 기초라고 할 수 있다.

일본에서의 전자투표 논의는 일본 정보화 전략의 수립과 밀접한 연관을 가지고 진행되었다. 일본의 정보화 추진은 1990년대 중반에 시작되었다. 세계화와 정보화의 물결이 거세고 신경제로 상징되는 IT산업의 발전이 두드러졌던 당시 상황에서 일본의 IT에 대한 관심은 그리 높지 않았으며, 인터넷 보급률도 미국, 유럽에 비하여 훨씬 뒤떨어져 있었고, 심지어 아시아 각국과 비교해 봐도 뒤처져 있었다. 그러나 2000년 이후에 일본 정부는 매우 적극적으로 IT혁명을 추구하였으며, 그 결과 2001년 1월에는 일본의 IT정책에 관한 국가전략인 'e-Japan 전략'을 수립하기도 하였다(IT戰略本部 2001). 이러한 정보화 전략 중에 공공부문의 정보화, 즉 전자정부 구축의 일환으로 자치성(후에는 총무성)을 중심으로 선거행정의 효율성을 제고하기 위해 전자투표 도입 방안이 논의되었다. 즉 전자투표가 도입이 되면 투표 및 개표과정의 관리에 드는 인력과 비용이 줄어들어 예산절감 및 행정의 효율화를 제고할 것으로 기대되었다. 따라서 전자투표에 관한 초기의 논의나 최근의 실시과정에서 나타난 쟁점들도 주로 선거관리의 효율성과 기술적 신뢰성 차원에서 제기되고 있다.

이 글은 2002년부터 지방선거에 본격적으로 도입된 일본의 선사투표제가 어떠한 요인에 의해 도입되었으며, 어떠한 문제점과 해결해야 할 쟁점이 있는지를 개괄적으로 고찰하는 데 목적이 있다. 첫째, 일본에서 전자투표를 도입하려는 이유가 무엇이었으며, 그 과정에서 나타난 특징은 무엇이었는가? 둘째, 전자투표 실시를 위한 법제도 정비 이후 13회에 걸쳐 전자투표가 시행되었는데, 그 실시 현황과 쟁점은 무엇인가? 셋째, 지방선거에 도입된 전자투표는 어떠한 효과를 나타냈으며, 앞으로 전자투표가 국정선거로 확대되고 온라인 송신을 도입하려는 방향으로 논의가 발전되기 위해 필요한 과제는 무엇인가?

II. 일본 전자투표의 도입배경과 과정

1. 초기 논의와 도입배경

'전자적 기록식 투표'[1]라고 불리우는 전자투표에 대한 논의는 1990년대 초부터 시작되었으나 본격적으로는 1990년대 후반 정보화 전략을 추진하는 배경 하에서 급진전되었다. 1990년 8월 민간사업자의 차원에서 현재〈전자투표보급협업조합〉의 전신인〈전자투표연구회〉가 발족되어 전자투표에 대한 논의를 시작하였으며, 2년 후인 1992년에 전자투표 시작기(試作機)를 시연하기도 하였다. 1993년 2월 의원연맹으로〈전자식투개표 시스템 연구회〉가 발족하였지만 당시 정치개혁법 논의에 밀려 큰 진전을 보지 못하였다. 1990년대 중반에는 몇몇 단체에서 전자투표에 대한 검토 요청이 있었지만 본격적인 논의가 진전되지는 못하였다.

전자투표의 논의를 정리하고 법제도 정비의 기초를 마련한 것은 1990년 후반 자치성의 조사였다. 1999년 7월에 자치성 선거부는 학자를 중심으로 하는〈전자기기 이용에 의한 선거 시스템 연구회〉를 설치하여, 2000년 8월에 '중간보고'를, 2002년 2월에 '최종보고'를 공표하였다. 또한 1999년 9월에는 동경도 선거관리위원회에서〈동경도 전자투표제도 검토 연구회〉를 설치하여 전자투표 도입에 있어 여러 과제들에 대한 실무적인 검토와 연구를 행하였다. 그 논의를 2000년 11월에 '중간보고'로, 2002년 3월에 '최종보고'로 공표하였다. 또한 전자투표 도입에 적극적인 자치단체에서도 구체적인 연구회를 발족시키고 정부에 필요한 보조금을 요청하였다. 이러한 논의의 결과 일본은 2001년 선거관리 업무의 효율화를 위하여 전자투표를 도입하기로 결정하였다.

첫째, 자치성 〈연구회〉의 논의는 중요한 쟁점을 정리해 주었다.[2] 〈연구회〉는 전자투표의 장점과 단점, 도입에 따른 과제와 해결책, 기술적인 조건 등에 관해서 연구를 진행하였다. 동 보고서에 따르면, 전자투표를 도입하기 위해서는, 첫째 선거인이 지정된 투표소에서 투표기를 사용하여 투표하는 제1단계에 중점을 두고, 둘째 국민적 합의에 기초하여, 셋째 선거인의 장점(투표시 편리성의 향상, 개표결과의 신속한 공표, 착오에 의한 무효표 감소 등), 선거사무 집행의 장점(사무의 효율화, 신속화, 종사자 확보의 문제 등), 그리고 종이절약 등과 같은 장점을 고려하고, 넷째 비용을 고려할 필요가 있다고 지적하였다.

동 보고서는 우선 ① 전자투표의 개념을 정리하였다. 전자투표를 3단계로 구분하였는데, 1단계가 선거인이 지정된 투표소에서 전자투표기를 이용하여 투표하는 단계이고, 2단계는 지정된 투표소 이외의 투표소에서도 투표할 수 있는 단계이며, 3단계는 투표소에서의 투표를 의무화하지 않고 개인이 소유하고 있는 컴퓨터 단말을 이용하여 투표하는 단계로 나누었다. 제2단계는 각 투표소에 도입된 전자투표기를 네트워크화하는 단계이다. 이에는 본인 확인 및 이중투표 방지를 위해 선거인명부의 네트워크화 및 후보자 정보의 네트워크화가 필요하다. 제3단계는 오픈 네크워크화의 단계로서 네트워크상 확인되는 본인과 실제로 투표를 행하는 사람과의 동일성 확인이 과제가 되며, 유권자의 자유로운 의사에 의한 투표를 확보하는 것이 가능한가 하는 것도 과제이다. 보고서에서는 2단계 및 3단계의 과제는 용이하게 해결되는 것이 아니며 시간이 많이 소요되기 때문에 제1단계에 중점을 두고 각종 대응책을 검토하고 있다. 또한 ② 전자투표 도입의 이점을 강조하였다. 개표의 신속화, 유권자의 입장에서는 신속히 선거결과를 알 수 있다는 점, 선거관리의 입장에서는 다수가 심야까지 개표작업에 종사하지 않아도 된다는 점, 그리고 무효표와 의문표가 적어진다는 점 등이 지적되었다. 반면에 비용문제도 지적되었는데, 전자투표는 금전으로 환산되어 평가하는 것 이상의 이점이 있으므로 종합적으로 검토해야 한다고 제안하였다.

그리고 전자투표 시스템의 고유한 문제를 해결할 것이 제안되었는데, 유권자 편의의 관점에서 이용용이성, 고령자와 장애자 문제, 착오 발생의 방지, 선거관리 집행의 관점에서 후보자 정보의 등록방법, 소송제도에의 대응, 복수 선거에의 대처, 범용성과 유연성의 확보, 설치 · 보관의 용이성, 원활한 선거의 관리집행 등의 과제가, 전자투표 시스템의 신뢰성 관점에서는 다운시의 안전성 확보 문제, 온라인의 안전성 확보 문제, 선거인의 신뢰성 확보, 부정 및 불공정의 방지 문제 등의 과제에 대한 기술적인 대응이 필요하다고 제기되었다.

둘째, 동경도 〈검토연구회〉에서 발표한 최종보고서는 중요한 쟁점을 정리하고 전자투표의 원활한 도입을 위해 다음과 같은 제언을 하였다(淸水大資 2002a, 26-28). ① 국정선거에 전자투표의 조기도입, ② 부재자 투표에의 도입, ③ 투표 데이터를 개표소로 온라인에 의해 송신, ④ 기술표준의 설정과 시스템 인증의 실시 및 시스템 인증제도의 구축, ⑤ 개표입회인 제도의 수정, ⑥ 투표가능한 투표소의 확대 등이다(田中宗孝 2002, 53-54).

또한 '전자투표 특례법'에서 제외하고 있는 부재자 투표에 대해서 〈동경도 전자투표제도 검토 연구회〉에서는 증가하고 있는 부재자 투표를 전자투표에서 제외하는 것은 수작업에 의한 개표작업을 가져와 의문표와 무효표의 처리를 해야 하고, 시간이 많이 걸려서 전자투표 도입의 효과를 크게 상쇄하고 있다고 지적하고 있다. 그래서 선거권 확정일을 투표일 당일에서 공시일로 바꾸고, 부재자 투표를 당일 투표와 같이 취급하며, 부재자 투교 개시 전에 후보자 정보를 전자투표 시스템에 등록시키며, 입후보 마감기한과 부재자 투표 기한을 수정할 것 등을 규정하는 법률을 새롭게 정비할 것을 제안하였다(淸水大資 2002c, 30-33).

　　이러한 논의에 비추어 볼 때 일본에서 전자투표를 도입하게 된 배경은 일반적으로 선거관리의 실무적인 차원에서 제기되었는데, 크게 다음과 같이 요약할 수 있다. ① 개표사무의 효율화와 신속화, ② 유권자들의 편리성 향상, ③ 의문표와 무효표의 감소, ④ 투표율의 향상, ⑤ 투표용지 인쇄의 불필요 등과 같은 환경요인 등이 그것이다.

2. '전자투표특례법'과 조례 제정 : 전자투표의 법제화

　　전자투표에 대한 검토를 토대로 일본 정부는 우선 지방자치단체 선거에 전자투표를 도입하기로 결정하였다. 2001년 11월 9일 정부는 지방선거에서 컴퓨터나 단말기를 사용하여 투표할 수 있도록 하기 위하여 전자투표법안을 각의결정하고 국회에 제출하여 11월 30일 국회를 통과하여 공직선거법 특례법으로 '지방공공단체의회의원 및 상의 신서에 관한 전자적 기록식투표기를 이용하여 행하는 투표방법 등의 특례에 관한 법률'(이하 특례법)이 성립되었다. 이에 2002년 2월 1일과 지방자치단체 선거에서부터 전자투표를 실시하기로 하였다. '특례법'은 일정기간의 임시적인 조치로서 지자체의 조례에 따라 지방의원 및 자치단체장의 선거를 전자투표로 행할 수 있게 한 법률이다. 따라서 전자투표의 진전에 따라 공직선거법상 항구적인 제도로서 자리매김될지가 결정될 것이다.

　　첫째, 전자투표의 방식으로서 터치패널(터치스크린) 방식을 채택하였다. 일반적으로 전자투표 방식은 터치스크린 방식[3]과 같은 투표소

투표(Poll Site E-Voting)방식과 전자적 수단에 의한 원격투표 방식(Remote Voting by Electronic Means), 전화, SMS(Short Message Service), 디지털(TV, 인터넷 투표) 등으로 나뉜다. '특례법'에서는 전기통신 회선에 접속을 금지하고 있는데, 그 결과 투표소에서 개표소로 투표정보를 송신하는 것이 불가능하게 되었다. 이는 제1단계에 국한된 전자투표를 도입한다는 것을 의미하였다.

또한 이번 '특례법'에서는 부재자 투표, 점자투표, 가투표는 전자투표의 대상에서 제외하였다. 그리고 정보격차와 장애자 문제에 대응하기 위하여 기존에 행하던 대리투표제도를 인정하고 새롭게 조작보조제도를 도입하였다. 또한 하나의 선거에서도 일부 지역에서는 전자투표를, 다른 지역에서는 자서식(혹은 기호식) 투표를 용인하였다. 따라서 동일선거에서는 조례에 따라 부분적으로 전자투표의 도입이 가능하게 되었다.

이러한 전자투표의 도입은 오랫동안 유지해 왔던 투표제도의 변화를 의미하는 것이었다. 즉 자서식(自書式) 투표에서 기호식 투표로의 변화를 의미한다. 일본의 투표제도는 1878년 부현회 규칙과 1889년 중의원선거법 이래 국정선거 및 지방선거에서 자서식(自書式) 투표를 실시해 왔다. 예외적으로 1962년 및 1970년 공직선거법 개정에 의해 지방선거에 도입된 기호식 투표였다. 국정선거에서는 자서식 투표를 규정하고 있으며, 지방선거에서는 해당 지자체의 조례로서 기호식 투표를 가능하게 하고 있지만 이를 채택하고 있는 곳은 극히 일부이다.[4] 또한 과거에 실시했던 지역에서 폐지한 경우도 있었다. 기호식 투표를 채택하기 어려운 실무적인 이유로는 선거운동 기간이 짧아 투표용지의 제조가 어렵다는 점, 선거일 전에 후보자가 사망하는 등의 사태에 대응이 필요하다는 점, 국정선거 등 다른 선거가 자서식이어서 유권자의 혼란을 초래할 우려가 있다는 점, 정치인들이 기호식 투표 채택에 소극적이라는 점 등이 지적되었다(田中宗孝 2005, 46).

이는 1994년 개정된 공직선거법이 기호식이었지만 1995년 11월에 자서식으로 개정한 것에서도 알 수 있다. 당시 개정의 제안자는 기호식 투표에서 자서식 투표로 바꾸는 이유를 동일한 국정선거인 중의원선거와 참의원선거의 투표방법이 다르면 유권자에게 혼란을 준다는 점, 중의원선거에서 다수의 후보자나 정당이 나오면 투표용지가 복잡해져 유권자에게 용이하지 않다는 점, 선관위의 투표용지 관리상 어려움이 있다는 점 등을 거론하였다. 그러나 이외에도 정치인들이 자서식에 대한 애착 때문에 이를 폐지하는 것에 대한 저항감이 강하다는 것을 지적할 수 있다(田中宗孝 2005, 50-51). 혹자는 자서식을 자민당이 고집한 것은 자서식이 대정당에 유리하다는 판단 때문이었다고 주장한다(仮野忠男 2006, 86-87). 자서식 투표는 유권자가 투표용지에 후보자의 성명을 기재하는 것이어서 유권자의 능동적인 정치의사 표명이라고 이해되기도 한다. 따라서 전자투표를 국정선거로 확대하기 위해서는 정치인들과 국민들에 대한 합의 산출이 매우 중요하다고 생각된다. 이러한 과정에서 성립된 전자투표특례법은 일본 투표제도에서 새로운 국면을 여는 것이라고 평가할 수 있다.

한편, 총무성은 전자투표 실시에 따른 지자체의 사무 부담을 경감시키고 관리집행상의 유의점을 정리하여 장애를 회피할 목적으로 전자투표에 의한 선거의 수순을 명확히 정리하여 '전자투표 도입의 절차'를 2005년 5월 25일에 공포했다.[5]

3. 부재자 투표로의 확대

2001년 제정된 '특례법'에서는 부재자 투표는 전자투표의 대상이 아니었다. 당시에는 부재자 투표가 입후보 마감 전에 투표를 시작하는 것이어서 후보자 정보를 제공할 시간적인 여유가 없었다는 점과 투표일을 기준으로 선거인이 유권자로서의 자격을 인정받는 시점을 정하였기 때문에 부재자 투표는 전자투표 대상에서 제외되었던 것이다.

그런데 유권자의 투표 기회를 확대하고 투표방법을 개선하기 위해 1997년에 공직선거법을 개정하여[6] 투표시간을 연장하고 부재자 투표의 요건을 완화하였는데, 그러한 개정에 의해 부재자 투표 수가 현저하게 증가되는 경향을 보였다. 일본에서의 전자투표는 신속하고 간편한 개표의 효율화가 중요한 도입의 이유였는데, 전자투표 대상에서 제외된 부재자 투표의 증가는 개표작업을 더디게 하는 요인이 되었다. 따라서 부재자 투표를 전자투표의 대상으로 하려는 요구들이 제기되었으며, 2003년에 공직선거법을 개정하여 '기일 전 투표제도'를 창설하였다. 투표일 전에 투표하는 기일전 투표는 부재자 투표를 전자투표의 대상이 되게 하였다. 기일 전 투표제도에 의하여 유권자는 기일 전에 투표하는 날에 투표권을 가지고 있으면 유효한 투표로 인정을 받았으며, 기일 전 투표의 개시는 선거일 공시일 또는 공시의 다음날로 하였다. 이러한 공직선거법에 부합되게 전자투표특례법도 개정되어 2003년 12월 1일부터 선거일 이전에도 부재자들이 전자투표를 할 수 있게 되었다(田中宗孝 2005, 49).

다음은 일본에서의 전자투표 도입과정을 정리한 것이다.

[표 9-1] 일본 전자투표의 도입과정

연도	월	내용
1989년	4월	〈전자투표연구회〉 발족
1992년	3월	'전자투표 도입'을 자치성에 제안
	9월	〈전자투표연구회〉, 터치스크린식 전자투표기의 시작기(試作機) 공개
	12월	〈자민당〉의 정치개혁 기본 방침 '투표 및 개표구조에 컴퓨터 기구 등을 활용하는 것을 적극적으로 검토한다.'
1993년	2월	초당파 국회의원 연맹 〈전자식 투개표시스템 연구회〉 발족(2005년까지 활동)
	4월	〈자치성〉, 〈선거시스템의 전자계산기 이용에 관한 조사연구회〉 발족(1994년 3월까지 활동)
1996년	7월	〈전국 시구 선거관리위원회 연합회〉, '전자투표의 도입 검토를 요청'
1997년	11월	〈신문협회〉(TV포함), '전자투표의 도입검토를 요청'
1999년	1월	〈경제산업성〉, 1998년도 3차보정예산 사회정보화 기반정비사업 '사회조사, 전자투표 소프트 개발' (2000년 8월까지)
	4월	川口市, 高知市에서 전자투표 실증시험 실시
	4월	〈자치성〉, 〈전자기구 이용에 의한 선거시스템연구회〉 발족(2002년 3월까지 활동)
2000년	3월	의원회관 실시 검증
	6월	〈민주당〉 '전자투표 2003년도 실시' 당론 결정
	9월	〈전자식 투개표 시스템 연구회〉, 지방선거에 도입을 결의
2001년	5월	〈전자투표보급 협동조합〉 인가 설립
	11월(22일)	'지방선거전자투표특례법' 성립
2002년	2월	'지방선거전자투표특례법' 시행
	6월	新見市(시장, 시의회선거)에서 전국최초 전자투표 실시
2003년	2월(2일)	히로시마 시장 선거, 전자투표 실시
	4월(27일)	시로이시 시의회 선거, 전자투표 실시

	7월(20일)	가니 시 시의회 선거, 전자투표 실시
	8월	可兒市(가니 시), 전자투표 무효소송
2004년	3월	전자투표 도입 지자체가 국정선거에 도입을 요청
	4월(28일)	쿄토 시 시장선거(동산구), 전자투표 실시
	7월	참의원 선거 실증 실험
	11월(28일)	요카이치 시장 시의원 선거, 전자투표 실시
2005년	3월	고등법원 가니 시 전자투표 무효판결
	4월	전자투표 보조금 폐지, 특별교부세 지원으로 변경
	7월(8일)	최고재판소, 가니 시 전자투표 선거무효 확정판결(8월 21일 재선거 실시)
	11월	〈총무성〉, 〈전자투표시스템조사검토회〉 발족
2006년	4월(26일)	총무성의 〈전자투표시스템조사검토회〉의 「전자투표 시스템의 신뢰성 향상을 향한 정책의 기본적인 방향」 보고서 공표

III. 일본 전자투표의 실시와 문제점

2002년 발효된 '전자투표특례법'은 시정촌(市町村)의 자치단체장이나 의원을 선출하는 선거에서 전자투표를 실시하는 조례 제정을 인정하였으며, 도지사선거와 같은 도도부 현(都道府縣)의 지사선거나 지방의회 의원선거에서 조례 제정을 통하여 전자투표를 실시한다고 규정하였다. '특례법'이 제정된 이후 전자투표는 2008년까지 11개의 지자체에서 20회에 걸쳐 실시되었다. 오카야마 현 니이미(新見) 시에서 최초로 실시된 이래 2004년 7월에는 참의원선거에서도 시범적으로 도입되었으며,

그해 11월 28일에는 인구 30만 명 이상인 요카이치(四日市) 시에서도 성공적으로 실시되었다.

　　다음의 [표 9-2]는 그동안 전자투표가 실시된 지역을 투표일 순으로 정리한 것이다. 그동안 실시되었던 전자투표 사례는 다음과 같은 특징을 보였다. 첫째, 총 20회 전자투표 중에서 1회만 실시한 지역은 5개 지역이며, 2회를 실시한 지역은 4개 지역이고, 3회를 실시한 지역은 1개 지역, 4회를 실시한 지역이 1개 지역이었다. 즉 총 11개 지역에서만 전자투표가 실시되었으며, 반복해서 실시한 지역은 이 가운데 6개 지역으로 이들 지역에서 실시된 전자투표가 전체의 3/4을 차지하였다. 그리고 최근으로 올수록 새로운 지역의 참여보다는 경험 있는 지역을 중심으로 실시되는 경향이 강해지고 있었다.

　　둘째, 대체로 인구가 중소규모 지역에서 실시되었다. 네 차례 실시된 시로이 시 지역은 유권자가 3만 명 정도였으며, 세 차례 실시된 로쿠노베 지역은 유권자가 1만 명도 안 되는 지역이었다. 인구가 30만 명 이상(유권자는 23만 정도)인 요카이치를 제외하고는 모두 유권자가 10만 이하 지역이었다. 따라서 요카이치에서 성공적으로 전자투표가 실시된 사례는 장차 대도시에서도 전자투표가 도입될 수 있는 좋은 선례를 세공하였다.

　　셋째, 특정 선거구에서는 기본적으로 자서식 투표를 시행하면서 일부 지역에서만 전자투표를 부분적으로 도입하여 실시한 경우도 있었다. 히로시마 시장선거에서 安藝區 선거구와 교토 시 시장선거에서 東山區 선거구, 上京區 선거구 등 세 지역에서는 전자투표가 실시되었는데, 이는 자서식 현행 투표와 전자투표를 비교할 수 있는 좋은 경험을 제공하였다.

　　넷째, 특정의 지방자치단체가 다른 지역과는 달리 전자투표의 도

[표 9-2] 일본의 전자투표 실시 현황

실시 연도	투표지역 (실시일)	선거 종류	유권자수 (투표소 수)	투표율 (전회)*	개표시간**	특징
2002년 (1회)	니이미(新見) 시 (6.23)	시장/ 의회	19,689 (43)	86.83% (-0.53%)	2시간 (25분)	최초 선거
2003년 (6회)	히로시마 시 安藝區 (2.2)	시장	58,748 (17)	52.52% (2.67%)	44분 (20분)	
	시로이시(白石) 시 (4.27)	시의회	32,274 (38)	72.50% (0.44%)	2시간 5분(55분)	
	사바에(鯖江) 시 (7.6)	시의회	51,034 (18)	73.34% (-2.34%)	1시간 30분(14분)	조례폐지 (04.9)
	가니(可兒) 시 (7.20)	시의회	68,612 (29)	64.95% (-2.47%)	1시간 6분(13분)	선거무효 판결
	오다마(大玉) 촌 (8.3)	촌의회	6,637 (6)	83.44% (-6.05%)	1시간 (16분)	
	에비나(海老名) 시 (11.9)	시장/ 의회	90,418 (20)	66.05% (10.25%)		이의신청 기각
2004년 (5회)	로쿠노베(六戶) 정 (1.18)	정장	8,917 (10)	81.37% (14.75%)	23분 (10분)	기일 전 투표개시
	교토(京都) 시 東山區(2.8)	시장	35,667 (13)	43.51% (-2.12%)	22분 (13분)	
	니이미(新見) 시 (10.24)	현지사	19,155 (43)	52.09% (-8.57%)	35분 (15분)	조례폐지 (05.4), 2회
	시로이시(白石) 시 (10.31)	시장	32,777 (38)	61.96% (-7.08%)	1시간 10분(30분)	이의신청 기각, 2회
	요카이치(四日市)시 (11.28)	시장/ 의회보궐	229,696 (56)	42.07% (10.66%)	1시간 20분(30분)	최대 규모
2005년 (1회)	로쿠노베(六戶) 정 (6.12)	정장	8,852 (10)	83.21% (1.84%)	20분 (7분)	2회
2007년 (3회)	로쿠노베 정 (4.22)	정의회	8,833 (10)	78.09%	26분 (2분)	3회

2007년 (3회)	시로이시 시 (4.22)	시의회	32,072 (38)	71.55% (-0.95%)	49분 (25분)	3회
	오다마(大玉) 촌 (8.5)	촌의회	6,755 (6)	80.62% (-2.82%)	1분 40초	2회
2008년 (4회)	교토 시 東山區 (2.17)	시장	34,021 (13)	38.79% (-4.72%)	5분 22초	부분선거 2회
	교토 시 上京區 (2.17)	시장	64,317 (19)	43.23% (0.87%)	9분 15초	부분선거
	시로이시 시 (10.26)	시장	31,920 (38)	68.33% (6.37%)	9분 21초	4회
	요카이치(四日市)시 (11.30)	시장	242,879 (56)	42.24% (0.17%)	6분 5초	2회

＊시장과 의회의 동시선거인 경우에는 의회투표율로 제시하였음.
＊＊( )는 전자투표 분만의 개표시간임.
출처 : 古川大樹(2005, 17) ; 總務省(http://www.soumu.go.jp/senkyo) 자료 ; 電子投票普及協
業組合(2009)를 참조하여 재작성.

입을 결정하게 된 데에는 환경적 요인, 단체장의 의지, 정책적 판단, 선거
개표의 정확화 등이 작용하였다. 일본 최초로 전자투표를 실시한 니이미
시는 유권자 수에 비해 투표소가 많이 설치되어야 하는 산간지역이었다.
따라서 개표시간도 많이 걸리고 선거사무 종사자도 많았다. 이러한 요인
이 전자투표 도입을 촉진시켰다. 또한 니이미 시는 지역정보화 계획을
책정하고 지역정보화 기반의 확립을 위해 적극적으로 노력하였는데, 선
거사무에서 전자투표의 도입도 지역정보화의 일환으로 추진되었다(吉田
彰 2002, 68-76 ; 淸水大資 2002b, 54-55). 히로시마는 리더십의 요인이 중요
하게 영향을 미친 지역이다. 사민당 출신의 히로시마 시장은 전자투표
도입에 매우 적극적이었으며, 이러한 시장의 개인적 성향과 리더십이 히
로시마 시에 전자투표제를 도입하게 만들었다. 많은 지역에서는 지역정
보화 기반을 구축하는 과정에서 전자투표의 도입을 모색하는 정책적 판

단도 영향을 주었다. 로쿠노베 정이 전자투표를 도입하게된 이유는 무효표와 의문표를 줄이기 위해서였다. 로쿠노베에 전자투표 도입의 계기가된 것은 1999년 정의원선거였다. 최하위 당선과 차점의 차이가 23표였는데, 무효표는 69표였다. 그 가운데 27표는 기재된 이름이 불명료한 것이었는데, 무효표 처리는 당락에 영향을 미치는 정도였다. 또한 로쿠노베 정은 65세 이상의 고령자가 26%를 넘었는데, 투표용지에 연필로 쓰는 것이 어려운 조건이었다. 그리고 지방에서는 동성의 후보자가 많아 안분표(案分票, 비율에 따라 나뉘는 표)가 되기 쉬운 상황이었다. 이러한 상황에서 전자투표의 도입은 무효표와 의문표를 줄이고 정확하게 투표하는 것이 가능하게 만들었는데, 2004년 정장선거부터 전자투표를 도입하였다. 2003년 시의원선거와 2004년 시장선거에 전자투표를 도입한 시로이시 시는 전자투표 도입의 이유로 정확한 선거결과의 반영을 거론하였다(朝日新聞 2007/04/16).

다섯째, 전자투표 도입의 가장 큰 장애요인은 경제적인 비용의 문제였다. 자치성 보고서나 도쿄도 보고서 모두 비용 대 효과에 대해서 매우 비관적이며, 직접적인 효과를 추구하는 것은 곤란하다고 보고 있다. 이 점이 지방재정이 매우 어려운 상황에서 전자투표의 도입을 어렵게 만드는 가장 큰 이유라고 주장된다(淸水大資 2002d, 44). 2005년 8월에 총무성에서 실시한 조사에서는 전국 2,360개 지자체 가운데 전자투표의 도입을 검토하고 있는 지자체는 72곳에 불과했다. 전자투표의 도입 예정이 없다고 한 지자체를 대상으로 그 이유를 물은 결과에 따르면 가장 많은 응답이 "도입비용이 비싸다" 75%, "기술적인 신뢰성이 낮다" 58% 등으로 주로 비용과 보안상의 문제를 우려하고 있었다.

1. 최초의 실험 : 니이미(新見) 시의 경우와 유권자들의 반응

니이미 시는 일본에서 최초로 2002년 6월 23일 전자투표를 실시했다. 니이미 시의 과거 투표현황과 전자투표가 실시된 두 차례의 현황은 다음의 [표 9-3]과 같다. 니이미 시의 자료에 의하면, 전자투표의 도입은 무효표와 의문표가 대폭 감소하여 유권자의 투표의지를 정확하게 반영할 수 있고, 선거결과를 신속히 공표할 수 있다. 또한 정치에 대해 무관심한 젊은이들도 전자투표를 적극적으로 받아들여 투표율 향상에 도움이 된다고 한다. 니이미 시 의회의 논의과정에서 전자투표 도입의 반대자들은 개표시간이 2시간 단축되는 데에 1억 5천만 엔의 비용을 사용할 이점이 없고, 4년에 한 번 정도 사용하는 데 비해 도입비가 너무 많이 들며, 기계에 익숙하지 않은 고령자에게는 불편하다고 주장하였다. 찬성자들은 정보화에 적극적으로 임해야 한다고 주장하였다. 결국 의회에서는 전자투표 실시 조례가 압도적인 다수의 찬성으로 가결되었다.

니이미 시의 전자투표 시범사업을 통해 모의투표를 체험한 사람들을 대상으로 한 앙케이트 조사를 보면 총 체험자 12,239명(유권자의 62.16%) 중에서 조사에 응답한 사람이 868명이었다. 앙케이트 조사결과를 보면 전자투표의 신뢰도는 "투표용지에 의한 선거와 같다"라는 응답이 58.4%, "대체로 신뢰할 수 있다" 28.1% 등 90% 가깝게 신뢰한다는 응답을 표명하였다.

니이미 시의 투표 카드는 IC 카드 방식이었으며, 시장선거와 시의원선거의 동시선거였기 때문에 유권자는 투표 카드 삽입 → 시장선거 선택 → 시장선거 확인 → 시의회 의원선거 선택 → 시의회 의원선거 확인 → 투표 카드 반납의 흐름으로 진행되었다(淸水大資 2002b, 54-55).

[표 9-3] 니이미 시의 투표현황

선거일	유권자 수	선거사무 종사자 수	시장선거			시의회 의원선거		
			투표율	개표시간	무효표	투표율	개표시간	무효표
1994.6.19	20,278	투표소 180명 개표소 85명	92.6%	3시간	242표	92.6%	4시간 25분	212표
1998.6.14	19,852	투표소 179명 개표소 84명	무투표			88.36%	3시간 20분	113표
2002.6.23 (전자투표)	19,381		86.82%	12분		86.83%	12분	
2004.10.24 (지사선거)	19,155		52.09	15분		지사선거를 자치단체가 독자적으로 전자투표 실시		

전자투표의 도입에 의해 처음 실시된 선거결과는 다음과 같았다. 개표에 소요된 시간은 전자투표는 25분, 부재자 투표는 2시간 5분이었다. 개표결과를 보면 전자투표에 의해 투표한 것 중 무효표는 없었으며, 단지 투표하지 않은 채로 종료한 경우가 시장 253표, 시의원 100표였다. 이 표는 '특례법'에 따라 투표자수에는 포함되지만 투표 수에는 포함되지 않는다. 부재자 투표에서는 무효투표가 시장 53표, 시의원 29표로, 유효 투표 수 시장 1,705표, 시의원 1,719표에 비해 많이 나왔다고 할 수 있다.[7]

전자투표가 행해진 다음에 유권자 803명이 응답한 조사결과에 따르면 전자투표 도입에 찬성하는 응답이 83.4%, 반대하는 응답이 3.6%, 어느 것도 아니다라는 응답이 13.0%로 나타났다. 찬성한 사람들은 조작이 용이하다가 547명, 개표가 신속하다라는 이유가 292명, 의문표와 무효표가 없어진다가 169명이었다. 반대한 이유로는 도입경비가 높다가 13명, 투표용지에 익숙해져 있다가 3명, 조작이 어렵다가 1명이었다. 투표 당일 투표소에서 발생한 장애는 총 4건이었는데, 2건은 투표 관리자

[표 9-4] 전자투표 도입에 대한 느낌

(%)

	新見市	廣島市	白石市
찬성	57.3	64.0	30.3
대체로 찬성	19.1	20.4	19.7
모르겠다	9.2	9.5	25.0
대체로 반대	2.2	1.4	10.6
반대	1.3	0.6	9.3
무응답	11.0	4.1	5.1

출처 : 田中宗孝(2005, 52)에서 재인용.

[표 9-5] 터치패널의 조작성

(%)

	新見市	廣島市	白石市
조작이 쉽다	91.2	86.8	74.8
조작이 어렵다	0.7	0.6	5.6
모르겠다	2.0	1.3	10.3
무응답	6.1	11.3	9.3

출처 : 田中宗孝(2005, 52)에서 재인용.

가 전자투표기의 기동순서를 잘못하여 일어난 인위적인 실수였으며, 2건은 전자투표기의 카드 읽기 장치가 고장나서 생긴 장애였다. 이번 전자투표의 도입으로 개표시간이 대폭 단축되고 의문표, 무효표가 없어진 것이 큰 효과로 나타났다. 반면에 전자투표 도입 경비의 문제나 부재자 투표 문제, 그리고 고장난 2대의 전자투표기의 기술적인 문제 등이 향후 해결되어야 할 과제로 부각되었다.

　　이후 실시된 다른 지역의 전자투표에 대한 유권자들의 반응을 살펴보면 위의 [표 9-4]와 같이 유권자들의 전자투표에 대한 찬성 비율이 높았다. 니이미 시의 유권자들은 76.4%가 찬성했으며, 히로시마 시는 84.4%가 찬성했다. 반면에 시로이시 시는 50% 정도에 머물렀는데, 이는 시로이시 시에서 발생했던 전자투표 장애 때문에 상대적으로 부정적인 반응이 높았다고 추론된다.

터치패널 혹은 터치스크린 방식의 전자투표기에 대한 용이성을 묻는 질문에 대하여 대부분의 유권자들은 조작이 쉽다는 반응을 보였다. 니이미 시는 91.2%, 히로시마 시는 86.8%, 시로이시 시는 74.8%가 조작이 용이하다고 반응하여 호의적인 평가를 하였다.

2. 기술적 장애와 가니(可兒) 시의 경험

그동안 실시된 전자투표 중에서 여러 기술적인 장애들도 발생하였다. 기술적인 장애는 크게 두 가지로 구분된다(田中宗孝 2005, 52-53). 첫째, 전자투표 시스템의 장애로서, 투표기가 투표 카드를 읽거나 인식하지 못하고 복사용 전자적 기록매체에 투표 데이터를 기록할 수 없거나, 선거인이 투표 중에 후보자 확인 화면이 표시되지 않는 경우가 있었다. 또한 투표 데이터를 기록하는 서버의 과열에 의해 일시적으로 전투표소의 투표기가 투표 불가능 상태가 되었거나 투표 단말과 투표 데이터를 기록하는 서버사이에 회선접속 불량에 의해 서버가 일시적으로 정지되기도 하였다(클라이언트-서버형 전자투표기 장애). 둘째, 관리 운용상의 잘못에서 비롯되는 것으로 선거인으로부터 투표기의 0표 확인 없이 투표를 가능하게 한 상태가 되었거나, 투표 카드 발권기의 조작 수순이 잘못되어 투표개시가 늦어진 사례가 있었다.

이러한 기술적인 장애는 대체로 큰 문제 없이 해결되었지만 몇몇 지역에서는 선거결과에 대한 이의신청이 있었다. 가니 시의 의회선거, 에비나(海老名)의 시장과 시의원선거, 시로이시 시의 시장선거 결과에 대해 이의신청이 있었는데, 가니 시를 제외하고는 모두 기각되었다.

　　　가니 시의 경우에는 선거무효가 결정되어 자서식으로 재선거를 치러야 했다. 2003년 7월 20일 전자투표가 실시된 가니 시 의회 선거에서 전자투표기가 고장이 일어나 투표소에 따라 9분에서 많게는 1시간 23분이나 투표가 중단되는 사태가 발생하였다. 투표 중단 상황에서 투표를 포기하고 되돌아간 유권자도 다수 발생하였다. 선거결과 최하위 당선자와 차점으로 낙선한 후보와의 득표차가 35표밖에 되지 않아 투표 진행상황에 따라 당선자가 바뀔 수도 있다고 판단되었다. 이에 선거무효 소송이 제기되었는데, 2005년 7월 8일 최고재판소에서 선거무효가 확정되었으며, 2005년 8월 2일 자서식 투표방식으로 재선거가 실시되었다. 이것을 계기로 지금까지 실시된 전자투표에 의한 선거에서의 기술적 신뢰성 문제가 제기되었다. 이 사건은 일본의 전자투표 시스템을 '겨울의 계절'에 들어가게 만들었다(仮野忠男 2006, 86-87).

　　　그러나 자민당 의원들은 가니 시 선거무효 사건은 "전자투표 시스템의 문제가 아니라 운영상에서 발생한 문제"라고 판단하였으며,〈선자투표 문제 프로젝트팀〉을 발족시켜 2005년 12월 7일 1회 모임을 열어 전자투표를 국정선거에까지 확대하는 방안을 검토하기 시작하였다. 총무성도 전자투표의 기술적인 신뢰성 향상을 위해서 새로운 조직을 만들어〈전자투표 시스템 조사 검토회〉를 개최하고, 전문적인 입장에서 조사 검토하였다. 동검토회는 2005년 11월 14일 제1차 회의가 개최된 이래 2006년 3월 29일 제5회까지 논의가 지속되었다. 그 결과가 2006년 4월 26일에 공표된 "전자투표 시스템의 신뢰성 향상을 향한 정책의 기본적인 방향"이다. 이 보고에서는 전자투표 시스템의 신뢰성을 확보하기 위

해서는 사업자 및 지방 공공단체 이외의 제3자에 의한 새로운 인증제도의 도입이 필요하다고 제안하였다. 더불어 민간에 의한 검사와 더불어 정부에 의한 검사라는 2단계의 검사를 기본으로 할 것으로 제안하였다. 또한 현행제도가 정보 안전 확보라는 관점에 따라 전자투표기를 전기통신 회신에 접속하는 것(즉 온라인 방식)을 금지하고 있지만, 전자투표의 확실한 보급을 촉진하기 위해서는 온라인 송신의 실현을 검토할 필요가 있다고 제안하였다(電子投票システム調査檢討會 2006).

그럼에도 불구하고 총무성 내부 자료에 의하면 2002년 전자투표의 도입을 검토한 지자체는 451개였는데, 선거무효 판결 이후에 80개로 격감하였다고 한다.[8] 많은 경우가 기계의 신뢰성에 의문을 제기하였다. 가니 시의 판결을 계기로 오카야마 현과 히로시마 현, 후쿠이 현 사바에 시가 전자투표 조례를 폐지하였다. 2004년 시장선거에서 전자투표 일부를 실시하였던 교토 시는 2007년 시의원선거에서도 실시를 검토하였지만 자서식으로 선거를 행하려는 선관위가 난색을 표명하여 연기되었다. 무효판결 이후에 새롭게 전자투표조례를 제정한 지자체는 없었다. 총무성에서는 기계의 검사를 제3기관에 위탁하여 결과를 공표하는 등 신뢰 복에 노력했지만 지자체의 불신감을 불식시키지는 못하였다(朝日新聞 2007/04/16). 이러한 분위기를 반영하듯 2007년 통일 지방선거에서는 약 1,100개의 선거가 있었는데, 그 중에 전자투표가 시행된 곳은 미야기 현 시로이 시 시의원선거와 아오모리 현 로쿠노베 정의원선거 두 곳에 불과하였다. 과거 2회에 걸쳐 전자투표가 행해진 시로시이와 로쿠노베만이 성공적으로 전자투표가 실시되었다(朝日新聞 2007/04/23). 사실 2004년 11월에 시장선거와 시의원 보궐선거에서 전자투표를 실시하였던 요카이치 시도 이번 선거에서(정수 36명, 후보 42명)는 전자투표를 실시하지 않았다. 현재의 전자투표기로는 한 화면에 입후보자를 36명까지만 표시

할 수 있어 시의원선거에서는 명부가 두 화면 이상이 필요하게 된다. 제2
화면 이후에 등재된 후보는 절대 불리하게 된다는 의원들의 반발이 강
하게 제시되기도 하였다(讀賣新聞 2007/04/17).

IV. 전자투표의 정치적 효과와 쟁점

여기에서는 일본의 전자투표 경험에서 나타난 정치적 효과를 둘
러싼 쟁점을 살펴보고자 한다. 이는 전자투표 도입의 목적 및 이점과 관
련된 논의로 개표시간, 무효표, 투표율 등에 국한하여 살펴본다.

1. 선거행정의 효율화 : 개표시간의 축소

먼저 개표시간의 감소로 인한 선거행정의 효율화 문제이다. 투개
표에 많은 인원이 동원되고 개표에 많은 시간이 소요되기 때문에 개표
업무의 효율화와 행정 비용의 감소를 이유로 제시하는 견해는 대부분의
지방선거에서 확인되었다. 위의 [표 9-6]은 전자투표를 실시한 지역의
개표시간을 전회의 투표와 비교한 것이다. 모든 지역의 전자투표 개표시
간은 대폭 단축되었음을 알 수 있다. 전자투표의 대상이 아니었던 부재
자 투표의 경우에는 개표에 많은 시간이 들어 전체 개표시간을 많이 지
연시키고 있었다. 기일전 투표를 도입한 로쿠노베 정과 교토 시를 보면
전체 개표시간이 23분과 33분으로 매우 감소하였음을 보여준다. 투표개

[표 9-6] 전자투표 실시 지역의 개표시간

실시 지역	선거종류	전자투표분 개표시간	전체 개표시간 (부재자투표)	전회 개표시간
新見市	시장/시의회	25분	2시간	4시간 25분
廣島市 (安藝區)	시장	20분	44분	1시간 35분
白石市	시의회	55분	2시간 5분	4시간 18분
鯖江市	시의회	14분	1시간 30분	2시간 30분
可兒市	시의회	13분	1시간 6분	3시간 15분
大玉村	촌의회	16분	1시간	2시간 30분
海老名市*	시장/시의회			3시간
六戸町**	정장	10분	23분	1시간
京都市** (東山區)	시장	13분	33분	57분
新見市	지사선거	15분	35분	2시간 12분
白石市	시장	30분	1시간 10분	2시간 28분
四日市市	시장/의회보궐	30분	1시간 20분	1시간 40분***
六戸町	정장	7분	20분	23분****
六戸町	정의원	49분		4시간 20분(1999) 2시간 5분(2003, 전자투표)
白石市	시의원	29분		2시간 30분(1999)

* 에비나 시의 경우에는 중의원 총 선거와 동시에 실시되었기 때문에 시장과 시의원 선거 개표시간을 특정할 수가 없다.
** 로쿠노베와 교토 시는 기일 전 투표에 전자투표가 도입되었다.
*** 요카이치 전회 개표시간은 시장선거 개표시간이다.
**** 로쿠노베 정장선거의 전회도 전자투표가 실시되었다.
출처 : 高澤賢一(2004, 15) ; 電子投票システム調査檢討會(2006) 참조하여 재정리.

표업무의 신속성과 효율성의 측면에서 보면 전자투표의 도입은 매우 큰 효과가 있음을 보여주었다.

2. 민주주의의 내실화 : 무효표와 의문표의 감소

무효표와 의문표의 감소와 관련된 민주주의 내실화 문제이다. 일본의 투표방식이 자서식이기 때문에 빚어지는 무효표와 의문표가 전자투표의 도입으로 인하여 없어질 것이라는 이점이 주장되었다. 특히 고령자와 장애인들의 자서식 투표제도에 대한 어려움을 극복할 수 있을 것으로 기대되었다. 전자투표분의 개표결과를 보면 무효표는 거의 발생하지 않았다. 로쿠노베에서 전자투표 도입의 계기가 된 것도 무효표 때문이었다. 1999년 정의원선거에서 최하위 당선과 차점의 차이가 23표였는데 무효표는 69표였다. 그 가운데 27표는 쓰여진 이름이 불명료한 것이었는데, 무효표 처리는 당락에 영향을 미치는 정도였다. 또한 로쿠노베정은 65세 이상의 고령자가 26%를 넘었고, 지방에서는 동성의 후보자가 많은 것이 배경이 되었다. 2003년 시의원선거와 2004년 시장선거에 전자투표를 도입한 시로이시 시는 전자투표 도입의 이유를 정확한 선거결과를 반영하기 위한 것이라고 거론하였다(朝日新聞 2007/04/16).

그러나 '투표하지 않고 종료'하는 사례는 상당수 나타나고 있어 이를 해석하는 문제는 여전히 남아 있다. 전자투표가 도입되지 않은 부재자 투표에서는 무효표의 발생이 지속적으로 나타났다. 민의의 정확한 반영이라는 점에서 무효표와 의문표의 감소는 매우 중요한 정치적 효과라고 볼 수 있다.

3. 참여의 확대 : 투표율의 향상

전자투표가 투표율을 향상시켜 참여의 확대를 가져올 것이라는
쟁점이다. 투표율을 제고하기 위해서 전자투표의 도입을 주장하는 견해
는 그동안의 경험에 비추어 보면 정당화되기는 어렵다고 보인다. 터치스
크린 방식은 기존의 투표방식과 같이 특정의 투표장에 나가야 하기 때
문에 특별히 투표율을 제고하는 방식이라고 보기는 어렵다. 현재 일본의
전자투표는 제1단계로 확정되어 있고, 1단계에서의 목표는 주로 개표사
무에 있어서 효율화 및 신속화를 도모하는 것이기 때문에 투표율의 향
상은 다소 부차적인 목적이라고 할 수 있다. 투표율이 향상될 것이라고
생각하는 입장에서는 전자투표가 투표과정이 간단하고 젊은이들에게
참여를 유인할 수 있다는 점에서 그 이유를 찾기도 한다.

다음의 [표 9-7]은 전자투표를 실시한 지역의 투표율을 전회의
투표율과 단순 비교한 것이다. 특히 각 선거의 투표율은 당시의 정치환
경, 쟁점 등에 민감하게 연관되어 있기 때문에 투표율의 증감이 전자투
표 도입에 따른 것이라고 추론하기는 매우 어렵다. 전자투표 시행 이후
투표율의 증감을 고찰하면 높게 증가한 지역도 있는 반면에 상당히 감
소한 지역도 많았다. 2008년까지 실시된 총 20회 가운데 직전 선거에 비
해 투표율이 증가한 지역은 9개로 가장 높은 증가폭은 14.75%였으며,
투표율이 감소한 지역은 10개 지역이었고 가장 큰 감소폭은 −8.57%로
나타났다([표 9-2]와 [표 9-7] 참조). 따라서 이 결과를 통해 전자투표의
도입에 따른 투표율의 영향을 고찰하기는 어렵다. 다만 2003년의 히로
시마와 2004년 교토 시의 경우에는 전자투표가 부분적으로 실시되었기
때문에 자서식으로 선거한 지역과 전자투표로 선거한 지역을 단순 비교

[표 9-7] 전자투표 실시 이후 투표율 분석

실시 지역	선거종류	전자투표실시 투표율	직전선거 투표일	증감
新見市	시장	86.82 (%)	92.06 (%)	-5.24 (%)
	시의회	86.83	88.36	-1.53
廣島市 (安藝區)	시장 시전체	44.94	46.80	-1.86
	시장 安藝區	52.52	49.85	2.67
白石市	시의회	72.50	72.06	0.44
鯖江市	시의회	73.34	75.68	-2.34
可兒市	시의회	64.95	67.42	-2.47
大玉村	촌의회	83.44	89.49	-6.05
海老名市	시장	66.05	55.79	10.26
	시의회	66.05	55.80	10.25
六戶町	정장	81.37	66.62	14.75
京都市 (東山區)	시장 시전체	38.58	45.90	-7.32
	시장 東山區	43.51	45.63	-2.12

출처 : 高澤賢一(2004, 15) 참조.

하여 볼 수는 있을 것이다.

　한 조사에 따르면(高澤賢一 2004, 15), 히로시마 시의 경우 전자투표가 실시된 선거구(安藝區)의 투표율이 8개 구 중에서 1위(전회에도 1위)였으며, 시 전체 평균을 약 7.5% 상회하였다. 특히 자서식이 실시된 다른 모든 선거구들은 투표율이 전회보다 낮아졌지만 安藝區만 유일하게 전회보다 투표율이 2.67% 증가하였다. 교토시의 경우에도 마찬가지 추세를 볼 수 있었다. 교토 시에서도 전자투표가 실시된 선거구(東山區)의 투표율이 11개 구 중에서 1위(전회는 8위)였으며, 시 전체 평균을 약 5%로 상회하였다. 특히 전회의 투표율과 비교하여 볼 때 모든 구에서의 투표율은 감소했지만 그 중에서도 전자투표가 실시된 東山區의 투표율 감소가 가장 낮은 -2.12%였다. 그런데 2008년 교토 시 시장선거에서 東山區와 上京區에만 전자투표가 실시되었는데, 직전선거에 비해 東山區는 4.72% 투표율이 감소했고 上京區는 0.87%로 투표율이 증가했다([표 9-2] 참조). 반면에 전자투표 실시 이후 행해진 조사에 따르면, 전자투표라서 투표를 하였다라고 응답한 사람이 가니 시에서는 10.2%, 히로시마 시에서는 13.6%, 시로이시 시에서는 5.6%였다. 따라서 전자투표 도입이 선거인의 투표행동에 영향을 주고 있다는 분석도 있었다.

이러한 사실을 고려할 때 제1단계로서의 전자투표 실시가 유권자의 정치참여 확대라는 투표율의 향상에 직접적인 영향을 주고 있는지를 현재의 자료로 단정하기는 어렵다. 그러나 몇몇의 조사와 데이터들은 유권자들의 정치참여에 긍정적인 영향을 미치고 있다는 점을 보여주기도 한다. 결국 일본의 전자투표는 낮은 수준의 전자투표이지만 투표과정에서 무효표가 없어지고 유권자의 의사가 보다 정확하고 신속하게 정치에 반영되는 계기를 만들었다는 점에서 의의를 찾을 수 있다. 특히 일본에서 진전되고 있는 전자정부에 발맞추어 선거 행정업무의 간소화와 효율화를 가져오는 데 큰 역할을 할 것으로 기대된다.

V. 결론 : 일본의 경험과 한국에의 시사점

최근 부분적으로 실시되고 있는 일본의 전자투표는 스위스, 에스토니아 등에 비해 낮은 수준이지만, 투표과정에서 무효표가 없어지고 유권자의 의사가 보다 정확하고 신속하게 정치에 반영되는 계기를 만들었다는 점에서 의의를 찾을 수 있다. 특히 일본에서 진전되고 있는 전자정부에 발맞추어 선거 행정업무의 간소화와 효율화를 가져오는 데 큰 역할을 할 것으로 기대된다. 그동안 일본의 경험은 몇 가지 문제점과 해결해야 할 과제를 제시하였다. 먼저 투표과정의 안전성과 신뢰성을 확보하고, 전자투표에서 본인임을 확인하는 문제와 투표결과에 대한 익명성 확보 또한 중요한 과제로 제기되었다. 그리고 전자투표기의 검사 및 인정기관을 설립하고 기록매체를 보존하는 문제 또한 검토해야 할 과제로 부각되었다. 무엇보다도 전자투표 도입의 가장 큰 장애요인은 경제적인 비용의 문제였다. 자치성 보고서나 도쿄도 보고서 모두 비용 대 효과에 대해서 매우 비관적이며, 직접적인 효과를 추구하는 것은 곤란하다고 보고 있다. 이 점이 지방재정이 매우 어려운 상황에서 전자투표의 도입을 어렵게 만드는 가장 큰 이유라고 주장된다(淸水大資 2002d, 44).[9]

전자투표가 더욱 확산되기 위해서는 국정선거에의 도입이 필요하다고 본다. 재정상황이 열악한 지자체가 경제적인 부담을 감수해 가며 전자투표를 지방선거에만 도입한다는 것은 매우 어려운 일이다. 국정선거에 전자투표가 도입되면 경제적인 문제도 국정선거와의 혼란 문제도, 기술적인 신뢰성 문제도 한꺼번에 해결될 가능성이 있다. 그러나 국정선거로의 확대에는 전자투표가 지방선거에서 충분한 실적과 평가가 축적되어야 가능하다는 데 딜레마가 있다. 그렇지만 지자체에서 전자투표의 도입을 확산시키기 위해서는 역설적으로 국정선거에 전자투표를 도입하는 것이 중요한 계기가 될 것임에 틀림없다.

나아가 전자투표를 제2단계와 제3단계로 진전시키는 것도 중요한 과제이다. 이러한 단계가 되면 정보화가 정치과정에 미치는 영향은 매우 커질 것이고, 전자민주주의의 구현이라는 새로운 쟁점과 과제에 직면하게 될 것이다. 2단계로 이행하기 위해서는 선거인 명부의 네트워크화, 후보자 정보의 네트워크화, 투표정보의 네트워크화 등이 필요하며, 이에 네트워크의 안전성을 확보하는 것도 불가결한 과제이다. 3단계로의 이행에서는 유권자의 자유로운 의사에 의한 투표의 확보가 가능한가 하는 문제가 가장 중요하다. 이 문제를 해결하지 않는한 제3단계로의 실현은 어렵다고 할 수 있다. 이러한 진전은 전자투표가 단순한 행정효율성의 차원이 아니라, 정치과정을 재구조화하고 민주주의의 질적인 변화를 가져오는 정치변화의 중요한 수단이자 목표가 될 수 있다는 것을 의미한다.

이러한 일본의 경험과 교훈은 한국의 전자투표 도입에 어떠한 시사점을 주고 있는가? 먼저 일본처럼 중앙 수준에서 전자투표 실시를 위한 법제도를 정비하고 추진기관, 지원기관의 설치를 통해 중앙정부에서 체계적으로 지원하는 시스템의 구축이 필요하다. 전자투표로 인하여 예상되는 이점과 문제점을 심도 있고 신중하게 대처할 수 있는 제도적 차원의 뒷받침이 있어야 초기의 기술적·정치적 어려움을 극복할 수 있을 것이다.

그리고 전자투표 도입을 지방자치단체에서 자율적으로 결정할 수 있는 제도적 개선도 고려할 필요가 있다. 일본처럼 한국도 '공직선거법'을 고쳐서 지방선거를 지방자치단체에서 자율적으로 결정하여 실시할 수 있도록 법제도를 바꾸어 지방의 특수한 사정과 필요에 의해 전자투표를 시범적으로 도입할 수 있는 제도적인 개방을 시도할 필요가 있다. 이러한 경험들이 축적됨에 따라 국정선거에도 도입되어 전자투표의 획기적 실시를 앞당길 수 있는 공감대와 제도적·기술적 개선을 도모할 수 있을 것이다.

그렇지만 전자투표의 도입을 일본과는 달리 국정선거 일정에 적극적으로 도입하기 위한 로드맵을 가지고 진행할 필요가 있다. 일본에서처럼 지방선거와 국정선거를 분리해서 단계적으로 실시하면 초기 단계의 기술적 장애, 경제적인 문제, 정치문화와 관행 등으로 인하여 지방자치단체가 전자투표를 도입하는 데 직면하게 될 어려움을 회피할 가능성도 높을 것이다. 그리고 이러한 전자투표의 실시는 초기에는 이익보다는 비용이 훨씬 많이 드는 문제를 가지고 있다. 이러한 경제적 어려움을 극복하기 위해서는 전자투표 실시에 대한 강력한 리더십이 요구된다. 일본의 사례도 전자투표의 실시는 리더십 요인에 의해 크게 영향을 받고 있음을 보여주었다.

또한 일본에서 전자투표의 도입은 무엇보다도 투개표 행정의 효율화를 위한 것이었다. 자서식 투표제도를 갖고 있는 일본에서는 무효표, 의문표, 개표과정의 어려움 등이 자주 발생하였다. 그러나 기호식 투표제도를 갖고 있는 한국에서 전자투표의 도입에는 다른 필요성이 제기되어야 한다. 특히 투표율의 저하가 문제가 되고 있는 한국의 상황에서는 투표율을 제고하고 민주주의를 내실화하기 위한 전자투표의 도입이 요구되고 있다. 따라서 일본에서처럼 1단계에 그치는 전자투표의 실시는 그다지 큰 의미를 찾기가 어려울 것이다. 그것보다는 어떠한 투표소에서도 본인 확인만 되면 투표할 수 있는 제2단계의 전자투표 실시를 적극적으로 고려해야 할 필요성이 있다. 그러한 것은 투표율과 유권자의 관심을 제고시킬 수 있는 유인을 제공할 것이다. 이를 위해서는 일본의 전자투표 실시 과정에서 나타난 시행착오와 실패 사례를 참고로 하여 기술적 신뢰성과 안전성을 확보하기 위한 여러 가지 노력이 전제되어야 할 것이다.

끝으로 전자투표를 성공적으로 실시한 지역은 지속적인 홍보와 사전교육에 힘을 기울였다. 전자투표 과정에서 문제가 생겼을 때 신속하

게 해결할 수 있도록 관료에 대한 교육과 지역주민들이 친숙하게 접근
할 수 있도록 다양한 홍보가 필요하다.

| 참고문헌 |

고선규. 2005. "일본의 전자투표와 정치적 함의." 한국일본학회.『일본학보』Vol. 64.

김용복. 2006. "일본의 정보화 전략 : e-Japan 전략을 중심으로." 유석진 외.『정보화와 국가전략 : 아시와와 서구의 비교』. 푸른길.

김용복. 2007. "일본 정보화, 인터넷 선거운동 그리고 전자투표 : 제도와 현실." 『일본연구논총』Vol. 26.

김용철·윤성이. 2005.『전자민주주의 : 새로운 정치 패러다임의 모색』. 오름.

中野 實, 이충묵, 이면우. 2002. "일본 정치과정에서의 정보화." 연세대학교 동서문제연구소.『동서연구』Vol. 13, No. 2.

사카무라 겐. 2002. 신보철 역.『21세기 일본의 정보전략』. 동방미디어.

서울시립대학교 전자정부연구소. 2002.『세계의 전자정부』.

유석진외. 2006.『정보화와 국가전략 : 아시아와 서구의 비교』. 푸른길.

임혜란. 2007. "미국 전자투표 도입과정이 주요 특징과 견정요인."『국제기여연구』Vol. 16, No. 4.

정연정. 2005. "미국의 전자투표 : 현황과 함의를 중심으로." 중앙선거관리위원회 주최 전자투표 국제컨퍼런스 발표문(2005/03/17).

정진우. 2003. "전자투표의 효과와 문제점에 관한 탐색적 연구."『행정논총』Vol. 41, No. 4.

조희정. 2006. "미국의 전자투표와 기술수용의 정치 : 브라질, 에스토니아와 비교를 중심으로." 서강대학교 대학원 정치학박사논문.

川崎賢一. 1994.『情報社會と 現代日本文化』. 東京大學出版會.

奧野正. 2002.『電子社會と市場經濟』. 東京 : 新世社.

C&C振興財團 編著. 2002.『デヅタル・デバイド : 構造と課題』. 東京 : NTT出版株式會社.

公文俊平. 2003.『リーデイシグズ 情報社會』. 東京：NTT出版株式會社.

岩淵美克. 2001. "日本におけるインターーネットと政治."

橘木俊詔. 2004.『市民の政治學』. 東京：株式會社 岩波書店.

石井良一他. 2002.『電子自治体経營イノベーション』. ぎょうせい.

高瀬淳一. 2005.『情報政治學講義』. 新評論.

高澤賢一. 2004. "電子投票の現狀(期日前投票への導入)等について(1),(2)." 『選擧』. 57-5/6(2004. 5-6).

岡本哲和. 2001. "2000年衆院總選擧における候補者ホームページ分析."『レヴ ァイアサン』. 第29号.

_____. 2003. "政治家のホームページ、スタイル─衆議院議員ウェブサイトにつ いての數量分析の試み."『選擧學會紀要』. 第1号.

山本龍大. 2005. "2003年衆議院選擧における候補者ホームページとその政策 公約に關する分析."『選擧學會紀要』. 第5号.

經濟審議會. 1999. 7. 5. "經濟社會のあるべき姿と經濟新生の政策方針."

經濟戰略會議. 1999. 2. 26. "日本經濟再生への戰略"(經濟戰略會議答申).

IT戰略本部. 2001a.『e-Japan 戰略』(2001. 1. 22).

_____. 2001b.『e-Japan 重点計畵』(2001. 3. 29).

_____. 2001c.『IT戰略の今後の在り方について』, 2001.

_____. 2001d.『e-Japan プログラム』(2001. 6. 26).

_____. 2002.『e-Japan 重点計畵─2002』(2002. 6. 18).

_____. 2003a.『e-Japan 戰略 II』(2003. 7. 2).

_____. 2003b.『e-Japan 重點計劃─2003』(2003. 8. 8).

_____. 2004a.『e-Japan 戰略 II 加速化パッケージ』(2004. 2. 6).

_____. 2004b.『e-Japan 重點計劃─2004』(2004. 6. 15).

_____. 2004c.『IT國際政策の基本的考え方』(2004. 9. 10).

_____. 2005.『IT政策パッケージ─2005』(2005. 2. 24).

IT時代の選擧運動に關する研究會. 2002.『IT時代の選擧運動に關する研究會 報告書』(2002. 8).

電子機器による利用選擧システム研究會. 2002.『報告書』.

電子投票システム調査檢討. 2006. "電子投票システムの信賴性向上に向け た方策の基本的方向"(2006. 3).

電子投票普及協業組合. 2004.『電子投票』.

電子投票普及協業組合. 2009. "論より證據：電子投票檢證データ"(http:// www.evs-j.com, 검색일 2009. 3. 35).

淸水大資. 2002a. "電子投票導入上諸課題(1)：東京都電子投票制度檢討研究會

論議."『選擧時報』. 第51卷 8号. 全國市區選擧管理委員會聯合會編(2002. 8).

_____. 2002b. "電子投票導入上諸課題(2) : 東京都電子投票制度檢討硏究會論議."『選擧時報』. 第51卷 9号. 全國市區選擧管理委員會聯合會編(2002. 9).

_____. 2002c. "電子投票導入上諸課題(3) : 東京都電子投票制度檢討硏究會論議."『選擧時報』. 第51卷 10号. 全國市區選擧管理委員會聯合會編(2002. 10).

_____. 2002d. "電子投票導入上諸課題(4 : 東京都電子投票制度檢討硏究會論議."『選擧時報』. 第51卷 10号. 全國市區選擧管理委員會聯合會編(2002. 11).

總務省. 2004.『電子投票による模擬投票の結果槪要』.

_____. 2005a. "電子投票導入の手引き(1-4)."『選擧』. 58/8-11(2005. 8-11).

_____. 2005b.『情報通信白書』. ぎょうせい.

_____. 2006.『情報通信白書』. ぎょうせい.

總務省行管理局. 2002.「行政情報化基本調査結果報告書」.

牧內勝哉. 2002.「IT革命と電子政府の推進」.

田中宗孝. 2002. "電子投票システム導入の意義と課題 : 今後は地方選擧での實績の積み重ね."『議會政治硏究』. No. 64(2002. 12).

_____. 2005. "新しい投票方式, 電子投票の可能性と課題."『選擧硏究』. 20号.

吉田彰. 2002. "初の電子投票條例を制定した新見市議會."『議會政治硏究』. No. 64(2002. 12).

仮野忠男. 2006. "霞が關を斬る."『經濟界』(2006. 1. 10).

古川大樹. 2005. "電子投票導入の手引きについて."『選擧』. 58-7(2005. 7).

新見市選擧管理委員會. 2002.『電子投票の實施』.

新見市電子投票導入硏究委員會. 2002.『新見市電子投票導入硏究委員會』.

岩崎 正洋. 2004.『電子投票』. 日本經濟評論社.

新開伊次郎他. 2002.『デモクラシーという地域戰略』. 小學館スクウェア.

Alvarez, R. M. and Thad E. Hall. 2004. *Point, Click, and Vote : The Future of Internet Voting*. Brooking Institution Press.

Tkach-Kawasaki, Leslie M.. 2003. "Clicking for votes : assessing Japanese political campaigns on the web." *Asia.com : Asia encounters the Internet*. London and New York, Routledge Curzon.

Chadwick, Andrew. 2006. *Internet Politics : States, Citizens, and New Communication Technologies*. Oxford University Press.

Kersting, Norbert and Harald Baldersheim(eds.). 2004. *Electronic Voting and Demo-*

cracy : A Comparative Analysis. Palgrave Macmillan.

Wilhelm, Anthony G. 2000. *Democracy in the Digital Age : Challenges to Political Life in Cyberspace.* Routledge.

| 주 |

1. '전자투표 특례법'에 따르면 전자적 기록식 투표기란 "해당 기기를 조작하는 것에 의해 해당 기기에 기록되어 있는 공직의 후보자를 선택하고 동시에 해당 공직의 후보자를 선택한 것을 전자적 기록으로서 전자적 기록매체에 기록하는 것이 가능한 기기를 일컫는다"(제2조 2호).
2. 電子機器利用による選擧システム研究會(2002) 참조.
3. 터치스크린 투표방식을 일본에서는 '직접기록식 전자투표'라고 부른다.
4. 기호식 투표의 실시상황을 보면 2000년 12월 31일 현재 도도부 현 지사선거 5, 시정촌장선거 532(정장선거에서 기호식 투표를 폐지한 것은 2, 도도부 현 의원선거 0, 시정촌 의원선거의 보궐선거 29 등에 불과했다(電子機器による利用選擧システム研究會 2002 참조).
5. 자세한 내용은 古川大樹(2005, 6-8)와 總務省(2005a)을 참조하시오.
6. 중의원선거의 투표방법을 자서식으로 변경(1995년), 투표시간의 연장 및 부재자투표 요건의 완화(1997년), 재외투표제도의 창설(1998년), 팩시밀리에 의한 해상투표제도의 창설(1999년), 선거투표특례법 제정(2001년), 기일 전 투표제도의 창설(2003년), 우편 등에 의한 부재자 투표에 해당되는 대상자 범위의 확대 및 대리기재제도의 창설(2003년) 등이다. 이러한 개정은 기본 적으로 유권자의 투표기회 확대 및 투표방법의 개선을 도모하는 것이었다.
7. 유효 투표 수 대비 무효 투표 수의 비율을 과거의 투표결과와 비교해 보면 1994년 시장선거는 1.29%, 시의원선거는 1.13%였으며, 1998년 시의원선거에서는 0.64%였다. 그러나 전자투표가 실시된 2002년도의 부재자 투표분 중에서 유효표 대비 무효표의 비율은 시장선거 3.1%, 시의원선거 1.68%로 부재자 투표에서 무효표의 비율이 과거보다 높게 나왔다고 할 수 있다.
8. 총무성의 조사에 따르면 전자투표를 검토하고 있는 지자체가 2002년에는 431개, 2003년에는 413개였다가, 가니 시의 선거무효 판결 이후 2004년에는 158개, 2005년에는 72개, 2006년에는 8개, 2007년에는 82개, 2008년에는 78개로 줄었다고 한다(電子投票普及協業組合 2009, 附錄 3 참조).

9. 2005년 8월에 총무성에서 실시한 조사에서는 전국 2,360개 지자체 가운데 전자투표의 도입을 검토하고 있는 지자체는 72곳에 불과하였다. 전자투표의 도입 예정이 없다고 한 지자체를 대상으로 그 이유를 물은 결과에 따르면 가장 많은 응답이 "도입 비용이 비싸다" 75%, "기술적인 신뢰성이 낮다" 58% 등으로 주로 비용과 보안상의 문제를 우려하고 있었다.

제10장

한국의 전자투표

도입 논의와 시행사례를 중심으로

류석진

I. 서론

1990년대 이후 민주주의를 시행하고 있는 동서양의 많은 국가들이 전자투표를 새로운 투표의 방식으로 도입하고 있다.[1] 그 중에는 민주주의로의 전환기 국가들(브라질, 에스토니아 등)이 있는가 하면, 민주주의의 공고화 단계를 넘어선 국가(미국, 스위스, 호주 등)도 있다. 또한 기술적인 조건으로서 정보화의 첨병을 달리고 있는 국가가 있는가 하면, 정보화에서 중간 정도의 발전 단계를 밟고 있는 국가도 있다.

이와 같이 전자투표를 도입하는 정치적, 기술적 환경이 다양하게 나타나고 있는 것은 물론이고, 전자투표의 도입을 통하여 달성하고자 하는 목적 또한 투표율의 저하 방지(영국, 스위스), 무효표의 방지(미국), 투표 과정에서의 용이성과 정확도 증진(일본), 개표 과정에서의 비효율성 제거

(호주) 등으로 다양하게 나타나고 있다.

이 글은 세계적 차원에서 다양하게 전개되고 있는 전자투표 도입의 배경과 목적 그리고 현황을 비교적 시각의 차원에서 염두에 두면서, 한국의 전자투표 정책의 도입과정과 시행사례의 분석을 통해 한국적 특징을 제시하는 것을 목적으로 한다. 글의 구성은 다음과 같다. 2장에서는 전자선거와 전자투표의 관계를 한국적 맥락에서 검토하고, 3장에서는 한국에서 전자투표의 도입이 어떠한 과정을 거쳐 이루어지고 있는지를 2009년 8월까지의 논의를 중심으로 검토하고, 4장에서는 한국에서의 전자투표정책 논의를 이해, 관념, 제도의 차원에서 분석적으로 논의하고 추진과정에서 나타난 특징과 이에 대한 대응책을 논의하며 결론을 맺는다.

II. 전자선거와 전자투표의 한국적 맥락

중앙선관위가 추진하고 있는 전자투표 및 전자선거 사업은 2003년 8월 참여정부의 정부혁신지방분권위원회 산하 전자정부 전문위원회가 제시한 전자정부 로드맵 과제 중 온라인 국민 참여 확대의 4대 세부 추진과제 중의 하나로[2] 선정되었다. 그러나, "주관기관인 중앙선거관리위원회 내부의 오랜 검토와 토론을 거쳐 2004년 7월에야 사업추진을 위한 기본계획이 수립되었고, 전자정부전문위원회와의 협의를 거쳐 2004년 11월부터 ISP가 추진"(정부혁신지방분권위원회 2005, 227)되었으며, 2005년 1월 17일 전자투표사업 추진 계획과 로드맵을 공표하였다. 그

[그림 10-1] 한국의 전자투표 로드맵

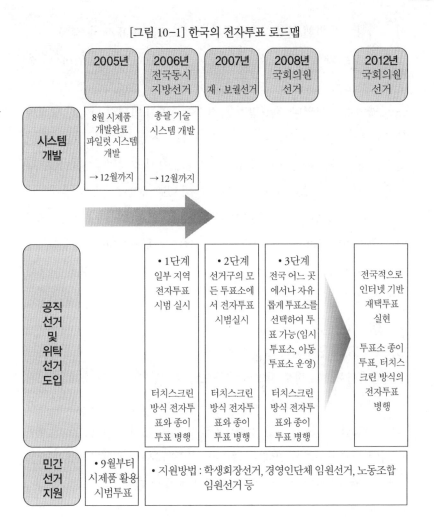

내용은 다음 그림과 같다.

　　로드맵의 구체적 내용을 살펴보면, 2005년 5월부터 전자투표기 및 인터넷 투표시스템을 동시에 개발하는데, 개발시스템은 분산방식을 채택한 중앙처리시스템(분산방식을 채택한 이유는 해킹이나 시스템 다운 등의 비상사태에 대비)으로 결정하였고, 모든 시스템에서 안정적으로 자료를 실시간 저장하기 위해 백업 시스템을 구축하고, 전자투표기 시스템은 키오스크 방식을 채택하였다. 선거인명부는 통합선거인명부 확인시스템을 구축하여 중복투표를 방지하고 개표 및 검표 시스템(바코드 검증 시스템)을 도입하기로 하였다. 투표방식은 전자투표만이 아니라 다양한 방식의 투표를 병행하며, 궁극적으로 선거인명부는 통합선거인명부가 온라인화되어 유권자는 전국 어디에서나 자유롭게 자신의 지역구 후보에게 투표할 수 있는 시스템을 구축하는 것을 목적으로 삼았다.

중앙선관위의 로드맵에 따르면 우리나라의 전자투표는 2006년 일부지역 지방선거에서의 시범실시, 2007년 재보궐선거에서 시범실시, 2008년 국회의원선거에서 전국 어느 곳에서나 자유롭게 투표소를 선택하여 투표가 가능하도록 하는 단계가 설정되어 있다. 하지만, 2006년 지방선거에서의 부분적 시범실시 이외에는 시행되지 않고 있으며, 2009년 현재 논의조차 중지되어 있는 상황이다.

이러한 전자정부 사업의 일환으로 추진된 전자투표 정책은, 이에 앞서 진행된 전자선거와의 연속성과 차별성의 맥락에서 파악할 필요가 있다. 중앙선관위는 전자선거 로드맵의 발표를 통해 본격적으로 전자투표 사업을 추진하기 이전에도, 내부적 선거관리사무와 선거과정의 전산화를 수행하여 왔다. 즉, 전자선거를 준비하여 온 것이다. 이러한 측면에서 볼 때 한국적 맥락에서의 전자투표는 투표와 개표에서의 전산화된 방식의 도입을 의미한다고 하면, 전자선거는 선거의 개시로부터 종료시까지 그리고 평상시에 선거와 관련된 각종 선관위의 업무에 전산화된 방식을 도입한다는 차별성을 가진다.

중앙선관위는 "1994년 최초로 선거관리 정보시스템을 구축하여 선거정보화의 초석을 마련한 이후 지속적인 보완·발전을 거듭하여 왔다. 2002년 제3회 동시지방선거부터는 투표지분류기를 개발·도입하여 개표에 소요되는 인력과 시간을 대폭 단축함으로써 심야개표로 인한 사회적 폐단을 제거하고 개표결과를 신속하게 제공"하였고, "2001년에는 인터넷 선거정보시스템을 구축하는 한편, 2002년 제17대 대통령선거부터 본격적인 개표관리시스템을 추가하여 방송사 등 언론사에 개표자료를 실시간으로 제공"(중앙선거관리위원회 2006a, 2)하였다.

2006년 5·31 지방선거에서는 "① 유권자 측면에서 다양한 선거정보 제공을 통한 알권리 보장과 후보자 선택 지원, ② 후보자 측면에서 선거운동 기회 확대 및 선거사무 편의 제고, ③ 행정능률화 측면에서 전산화, 자동화를 통한 위원회 선거사무의 간소화로 크게 대별"되는 사업을 추진하였다. 구체적으로 보면, 첫째 인터넷 홈페이지 선거정보시스템을 통하여 후보자 관련 재산, 병역, 전과, 납세실적 등의 객관적 자료 제공, 정견 및 정책 비교자료의 게시, 선거비용 수입지출 내용을 공개하였다. 둘째, 인터넷을 통하여 정책과 공약을 알릴 수 있도록 함으로써 정책선거를 유도하고 후보자의 홍보기회를 확대하였으며, 온라인으로 각종 신고, 신청이 가능하도록 후보자의 편의성을 제고하였다. 셋째, 위원회 내부적 선거사무 간소화를 위하여 읍면동위원회가 수행하는 후보자 선전벽보, 선거공보의 접수 및 발송 등 보고사무의 전산처리 시스템 구축을 통한 사무 간소화를 추진하고, 후보자 등록 및 각종 신고, 신청처리, 선거사무 안내의 전산화와 자동화를 통해 과다한 법정 절차사무를 효율적으로 수행할 수 있는 환경을 구축하였다(중앙선거관리위원회 2006a, 3).

5·31지방선거에서 새로 구축되어 활용된 선거관련 주요 정보화 시스템은 (1) e-선거도우미로 주요 업무처리 대상은 후보자, 예비후보자 등록관리, 신고, 신청 및 선거사무 안내 처리, 읍면동 위원회 선거사무 관리, 단속사무 관리 등을 담당하였다. (2) 정치포탈사이트의 운영을 통하여 메이저 포털 사이트와 공동으로 시스템을 구축 운영하여 다양한

콘텐츠와 이벤트로 네티즌의 선거참여를 유도하였다. (3) 투개표자료를 2002년 제3회 전국동시지방선거에 구축한 이래 현재까지 총 8회에 걸쳐 신속한 집계와 함께 각 언론사에 자료를 전송하고 중앙선관위 홈페이지와 포털 사이트를 통해 실시간으로 제공하여 유권자에게 신속한 결과를 제공하였다(중앙선거관리위원회 2006a, 4–6).

　　이러한 전자선거 관련 정부사업은 2000년 2월 16일 개정된 '공직선거 및 선거부정방지법' 에 새로 추가된 제278조(전산조직에 의한 투표·개표)에 근거하여,[3] 투개표 및 '기타 선거사무' 의 전산화라는 의미를 가지고 있다. 즉 전자선거는 투개표에만 해당되는 것이 아님에 반하여, 전자투표는 투개표와 직접적으로 관련된 사항을 포함하고 있다는 점에서 전자투표는 전자선거의 하위 집합으로 볼 수 있다. 이 법에 근거하여 전자투표와 관련하여는 1998년부터 버튼식 전자투표기 시험 개발에 이어 터치스크린 방식 전자투표기를 개발하여 실제로 2002년 민주당과 한나라당 대선 후보 경선 때 사용하기도 하였다(방석호 2003). 특히 2002년 3월 7일 개정된 4항은 전자투표 및 개표 사무관리의 전산화 실시 시에, 대국민 홍보는 물론 국회 내 교섭단체와의 협의 결정을 의무조항으로 규정하고 있다. 이에 더하여 2005년 8월 공직선거법에 '전자선거추진협의회' 의 설치와 '전자투표 시범실시' 에 대한 법률적 근거를 마련하였고, 관련제도의 정비를 추진하는 한편, 2005년 11월부터 터치스크린 투표 시범시스템 구축 사업을 본격 착수하였다.

　　참여정부의 국민참여확대의 4대 세부추진과제로 2003년 8월 선정된 전자투표는 위에 설명한 전자선거와 연계된 맥락에서 추진되어왔다. 다음 장에서는 한국에서의 전자투표의 도입과정을 살펴보기로 한다.

III. 한국의 전자투표 도입과정과 시행사례

2009년 현재 한국에서는 전자투표가 공직선거나 국민투표 등에 도입되기 보다는 이에 대한 전 단계로서 지자체와 민간단체 그리고 정당의 공직후보자 선출을 위한 당내경선 과정 혹은 교육감의 선출 등에 부분적으로 도입되고 있는 것이 현실이다. 2006년도에 시행된 전자투표 현황은 다음과 같다.

[표 10-1] 2006년도 전자투표 현황(2006년 12월 31일 현재)

구분	횟수	선거인 수	투표자 수	투표기 수	명부기 수	비고
정당경선	4	49,350	19,767	344	162	
대학장 추천	2	2,899	2,478	19	11	
농·수·축협 등 조합장	9	13,088	10,815	41	20	
학생·민간 선거	26	37,573	26,811	173	97	
계	41	102,910	59,871	577	290	

출처: 중앙선거관리위원회(2006b).

1. 지자체와 민간에서의 도입과정과 현황

지자체에서 전자투표를 도입한 사례로는 서울의 강남구를 들 수 있다. 2003년 4월 현재 192건의 인터넷 주민투표와 118건의 이메일을 통한 의견수렴으로 주요 정책현안을 결정한 경험을 가지고 있다. 강남구는 이메일을 이용한 투표 내지는 주민 의견수렴을 위하여 85,000명의 회원을 확보하였는데, 이는 강남구 전체 인구의 15%에 해당되고 대상자의 연령분포는 20대 35%, 30대 25%, 그리고 40대 이상이 40% 정도였다. 인터넷이나 이메일을 통하여 다양한 안건을 결정하였는데, 예를 들면 2002년 추경예산을 편성할 때 아웃소싱 사업의 우선순위 결정, 행정정보화 사업의 우선순위 결정, 그리고 강남구가 추진하는 사회복지 사업 중에서 중점적으로 추진해야 할 사업내용, 신설되는 지하철 분당선의 역명 결정 등이 있었다. 이 외에도 도시계획시설 변경에 대한 결정, 학교운동장 지하를 주차장으로 이용하는 법안에 대한 의견수렴, 강릉시 수재민 지원에 대한 주민설문조사, 구청 증축에 대한 주민의견조사 등이 이메일을 통하여 의견수렴을 거쳐 정책결정이 이루어졌다(고선규 2003). 2004년 7월 31일까지 492건의 정책이 설문조사되었고, 이후 2006년 8월 1일까지 532건의 정책 설문조사가 사이버 행정참여(설문조사/정책토론)를 통해 실시되었다.

스위스의 몇몇 캔톤에서 시행된 주민투표제에서 전자투표가 도입된 사례와 비교해 보았을 때 법적 · 정치적 근거가 없고 구속력을 갖고 있지 못하기 때문에 강남구의 사례는 여론조사 혹은 인기투표의 성격에 머무를 수밖에 없다는 점에서 한계를 가진다고 할 수 있으며, 이러한 선례를 통하여 전국적 선거나 법적 · 정치적 구속력을 가지게 되는 공직선거 및 국민투표에 적용할 수 있는 가능성을 판단할 수는 없다. 하지만 전자선거의 도입시 우려되는 보안성과 대표성 및 비밀성 등의 문제가 어떻게 나타날 수 있는지에 관하여는 강남구의 경험에 대한 면밀한 분석을 통하여 규명할 수 있다는 점에서 눈여겨 볼 만한 사례라고 할 수 있다.

지자체 외에도 민간부분에서 전자투표를 도입한 사례는 다음과 같다. 2001년 7월 부천여고 학생대표 선거에서 도입하였는데, 한 전자회사가 제공한 선거 프로그램을 인터넷 웹사이트상에서 이 학교의 홈페이지와 연결된 통신망을 구축하고 투표참여 사이트를 학생들이 클릭한 뒤 시작하라는 명령어에 맞춰 학생 개인에게 부여한 고유 ID와 패스워드를 사용해 투표를 마치면 최종 인증절차를 거쳐 후보자의 득표로 인정되는 방식을 채택하였다. 이후 2002년 3월 대구 경북고를 필두로 선거관리위원회가 위탁관리한 18개 학교에서 전교생이 학교에 있는 컴퓨터를 통해 마우스의 키를 눌러 자신이 원하는 학생대표를 선출하였다. 투표방식은 투표자의 이름과 패스워드를 처넣는 1단계 '인증과정'과 후보를 '선택'하는 2단계 과정, 최종적으로 자신이 선택한 후보를 '확인'하는 3단계 방식으로 진행했다. 2006년 6월 16일 실시된 경북대학교 총장선거에서는 터치스크린 투표 시스템에 의한 투개표 관리를 실시한 바 있다.

[표 10-2] 2006년도 대학 총장 후보자 추천 선거 전자투표 현황

기관 · 단체	일시	선거인 수	투표자 수	투표기 수	명부기 수
경북대학교	6월 16일	1,655	1,338	19	11
전북대학교	10월 25일	1,244	1,140	13	8

출처 : 중앙선거관리위원회(2007).

　또한 선관위가 위탁관리하는 교육감선거와 각종 조합장선거 등에서도 전자투표 방식이 부분적으로 도입되고 있다. 하지만 공직 선거에 합법적으로 도입된 사례는 없다.

[표 10-3] 2006년도 조합장 선거 전자투표 현황

	기관·단체	선거명	지원일자	선거인 수	투표자 수	투표기수	명부기 수	관할위원회
1	충남 영인농협	아산시 영인농협 조합장 선거	2006. 10. 04	1,703	1,478	5	4	충남 아산시
2	강원도 개인택시조합	강원도 개인택시 원주시 조합장 선거	2006. 11. 03	933	767	3	2	강원 원주시
3	전북 고창농협	고창농협 조합장 선거	2006. 11. 08	1,440	1,219	4	2	강원 고창군
4	경남 창녕축협	창녕축협 조합장 선거	2006. 11. 15	2,183	1,609	5	2	경남 창녕군
5	경남 거제농협	거제농협 조합장 선거	2006. 11. 18	1,341	1,098	5	2	경남 거제시
6	경남 상동농협	상동농협 조합장 선거	2006. 11. 21	1,114	1,000	5	2	경남 밀양군
7	경북 외촌농협	외촌농협 조합장 선거	2006. 11. 24	1,422	1,249	5	2	경북 경산시
8	진산농협	진산농협조합장 재선거	2006. 12. 07	1,688	1,354	5	2	충남 금산군
9	길상농업 협동조합	길상농협조합장선거	2006. 12. 19	1,264	1,041	4	2	인천 강화군

출처 : 중앙선거관리위원회(2007).

2. 정당의 공직선거 후보자 선출을 위한 전자투표 사례

2000년 8월 30일 진행된 새천년민주당의 전국 대의원대회에서 최고위원을 선출할 때 정당 최초로 전자투표를 실시하였다. 대우정보시스템에서 제공한 전자투표권을 이용한 간이투표소 전자투표(kiosk voting) 방식이다. 최고위원을 선출하기 위한 전자투표의 진행과정은 ① 대의원

[표 10-4] 2006년도 학생회장 선거 전자투표 현황

학교명	실시일자(2006년)	선거인 수	투표자 수	투표기 수	명부기 수
인제고	11월 4일	236	218	3	2
한남대학교	11월 7일	10,624	6,259	28	22
진해 세화여교	11월 8일	734	684	5	2
조종고	11월 13일	363	358	4	2
춘천실업고	11월 18일	605	541	4	2
구리토평중	11월 20일	1,600	1,480	4	2
울산대학교	11월 21일	5,446	3,072	18	11
한국항공대학교	11월 21-22일	451	232	2	2
설봉중	11월 27일	1,650	1,482	4	2
경인여자대학	11월 28일	3,670	676	6	4
양산여고	12월 13일	709	684	7	4
부발중	12월 15일	389	379	4	2
옥정중	12월 16일	1,271	1,271	6	6
진해고	12월 18일	677	677	8	3
대송고	12월 19일	1,007	992	8	4
장호원중	12월 19일	815	807	5	2
두암중	12월 20일	837	771	5	2
양덕중	12월 20일	550	538	8	3
영생고	12월 21일	1,192	1,136	5	2
칠원고	12월 21일	223	221	5	3
백사중	12월 22일	200	195	4	2
창신고	12월 22일	650	643	7	4
효원고	12울 22일	1,600	1,593	8	2
부산서여자고	12월 27일	675	661	5	2
둥조여상고	12월 28일	636	613	5	2

출처 : 중앙선거관리위원회(2007).

신원확인, ② 전자투표권 발급, ③ 투표, ④ 개표 및 집계, ⑤ 결과발표의 다섯 단계를 거치게 된다. 마지막으로 전자투표권을 회수하면 모든 투표 과정을 끝마치게 된다. 그리하여 개표에만 최소 3시간 이상 소요되던 과거와는 달리 투표 종료 선언과 함께 곧바로 개표결과를 확인할 수 있어 개표의 신속성과 정확성을 확보할 수 있었다(김재광 2002, 17).

2000년의 실험에 이어 2002년 민주당은 대통령 후보 경선에 인터넷 투표를 부분적으로 도입하였다. 당초 '인터넷 투표 검토 소위원회' 가 결정한 인터넷 투표 안은 몇 명이 참여하든 간에 전체 결과에 2.5% 비율로 반영한다는 것으로, 일반 국민(공모당원) 선거인단(전체선거인단의 50%)의 신청자 중 탈락한 사람을 대상으로 실시하기로 하였다. 이에 따라 민주당 대선후보 경선에 선거인단으로 신청한 사람들은 선거인단으로 뽑히지 않아도 표의 등가성은 다르지만 모두 투표권을 행사할 수 있게 되었다.

인터넷 투표는 본인의 인증 여부, 해킹의 위험성, 공정성 시비 등 여러 가지 문제들도 동시에 지적되어 왔기 때문에 민주당은 이런 문제점을 '2.5% 반영'과 '부제소 서약' 이라는 두 가지로 극복하고자 했다. 당초 5%를 반영하자는 주장이 있었으나 2.5%로 반영 비율을 축소했다. '부제소 서약' 은 혹시나 발생할지도 모를 인터넷 투표의 돌출 사고에 대해 모든 후보와 투표자들로부터 제소하지 않는다는 서약을 받는 것을 말한다. 2.5%라는 비율은 미미할 수도 있지만, 16개 권역 중 맨 마지막에 실시되면서 약 21.4%를 차지하는 서울지역 경선 전까지 1–3% 차이의 박빙의 승부가 진행될 경우 인터넷 투표가 중요한 영향을 미칠 가능성이 있다고 전문가들은 전망했다. 실제로 민주당은 권역별 경선과는 별개로 약 열흘 동안 전국적 규모로 인터넷 투표를 실시해 서울지역 경선 직전에 개표하는 방식을 신중하게 검토·채택하였다.

인터넷 투표 실시 결정으로 민주당 대선후보 경선 선거인단의 숫자에 약간의 변화가 생겼다. 당초 7만 선거인단 중 대의원 선거인단 : 당원(비대의원) 선거인단 : 일반(공모당원) 선거인단의 비율은 2 : 3 : 5였다. 이에 따라 국민참여 경선제로서 주목을 받고 있는 일반 국민의 참여 숫자는 50%인 3만 5천 명에 달했고, 인터넷 투표는 일반 선거인단 3만 5천 명의 일부분인 5%를 인터넷 투표의 표심으로 반영한다는 것(결국 전체에서 2.5% 반영)이었다. 따라서 일반 선거인단으로 뽑히는 사람들은 기존 3만 5천 명에서 5%인 1,750명을 제외한 3만 3,250명이었다.

인터넷 투표를 반영한 방식은 다음과 같다. 일반 선거인단 공모에서 탈락한 모든 사람들이 인터넷 투표를 실시해 각 후보가 득표한 비율에 1,750을 곱하면 그 후보가 인터넷 투표를 통해 얻은 표가 된다. 예를 들어 10만 명이 일반 선거인단에 응모하면 그 중 일반 선거인단으로 뽑힌 3만 3,250명을 제외한 6만 6,750명은 인터넷 투표를 실시할 수 있으며, 이후 각 후보의 인터넷 투표 득표수가 아닌 비율에 1,750을 곱하게 된다.

이런 방식을 거치면 일반 선거인단에 응모한 모든 사람들은 투표권을 행사할 수 있다. 하지만 표의 등가성은 달라진다. 일반 선거인단에 뽑힌 사람들은 1인1표의 가치를 지니지만, 뽑히지 않아 인터넷 투표를 하면 응모한 숫자가 많을수록 표의 등가성은 현저히 낮아진다. 10만 명이 응모할 경우(탈락한 사람들이 모두 인터넷 투표를 할 때) 온라인의 55표가 오프라인 선거인단 1표의 가치를 지니며, 100만 명이 응모할 경우 온라인 550표가 오프라인 1표의 가치를 지니게 된다(김재광 2002, 18-19). 제한되어 있던 일반 선거인단에의 참여를 인터넷 투표를 통하여 확대시켰다는 측면에서 참여의 기회를 증진시키는 순기능을 가져왔지만 표의 등가성이 심각하게 훼손되는 측면도 발생하였다.

2004년 2월 민주노동당이 국회의원선거 비례대표 후보자 당내 경선을 인터넷을 통하여 실시하였으며, 전체 투표자 중에서 인터넷 전자투표를 선택하여 투표한 당원은 68.6%에 달하였다. 또한 5월에는 최고위원 선거를 인터넷 전자투표 방식을 도입하여 실시하여 60.2%가 이 방식을 통하여 투표하였다. 또한 민노당은 예결위원선거 등 당내 각종 크고 작은 선거에서 인터넷 전자투표를 도입하여 실시하고 있다(김용희 2005).

선관위는 터치스크린 투표 시범 시스템을 활용하여 2006년 2월 18일 올림픽공원 체조경기장에서 개최된 열린우리당 당대표 경선 및 5월 2일 서울시장 후보 경선, 4월 12일 제주시 한라체육관에서 개최된 한나라당 제주도지사 후보자 선출대회 및 7월 11일 당대표 경선에서 터치스크린 투표 시스템에 의한 투·개표 관리를 성공적으로 실시하였다. 2006년도 4회에 걸쳐 실시된 정당 경선에서의 전자투표 도입을 표로 간단히 정리하면 다음과 같다.

[표 10-5] 2006년도 정당 경선 터치스크린 투표 현황

정당	일시	내용	유권자수	투표자수	투표기수	명부기수
열린우리당	2월 18일	당의장, 최고의원경선	12,130	9,227	120	72
한나라당	4월 12일	제주지사 후보경선	2,985	1,745	24	12
열린우리당	5월 2일	서울시장 후보경선	25,100	1,207	80	40
한나라당	7월 11일	당대표경선	9,135	7,588	120	72

출처 : 중앙선거관리위원회(2007).

우선 2월 18일 개최된 열린우리당 당대표 경선의 터치스크린 투표 시범 실시는 중앙선관위에 의한 최초의 전자투개표 관리가 성공적으로 실시되어 기존의 종이투표에 기반한 선거방식을 정보통신기술의 발

달에 부합하는 새로운 패러다임으로 전환하는 계기를 마련하였다는 데
그 의의를 둘 수 있다. 나아가 한나라당 제주도지사 후보 경선에 있어서
는 정당의 후보자 추천에 관한 구체적 절차와 방법을 정하고 있는 공직
선거법에 근거한 선거에서 최초로 전자투표가 실시되었다는 점에서 커
다란 시사점이 있다.

　　2006년 4월 12일 제주시 한라체육관에서 개최된 한나라당 제주
도지사 후보자 선출대회는 후보자 수 2명, 선거인 수 2,985명, 투표시간
은 2시간이 주어졌으나 선거인의 95% 이상이 투표 개시 후 1시간 이내
에 투표를 마친 바 있다. 투표에 사용된 시스템은 터치스크린 투표기 24
대, 선거인 명부확인 시스템 12대이며, 투표소는 6개가 설치되었고 2분
만에 개표가 완료되었다(김용희 2006, 12).

　　중앙선관위는 2006년 2월 18일 실시된 열린우리당 당의장 및 당
최고위원 선거[4]에 터치스크린 방식의 투개표를 지원하였는데, 지원 기
기는 다음과 같다. (1) 터치스크린 투표기 : 120대, 명부조회단말기 72대,
통합선거인 서버 1대(중앙위원회 전산실 설치운영), 개표용 노트북 PC 12대,
투표관리 요원은 위원회 직원대상으로 자발적 지원자 176명 활용. (2) 터
치스크린 투표관리 : 투표소 12개소 설치, 1개소당 명부단말기 6대, 터치
스크린 투표기 10대 운용. 명부단말기 관리인원 120명, 터치스크린 투표
기 관리인원 36명이었으며, 투표자 수 9,229명의 투표시간은 총 75분으
로 1인당 평균 25초가 소요되었다(김용희 2006, 12). 스마트 카드는 기록
을 클리어시킨 후 재활용이 가능하지만, 이번 선거에서는 스마트 카드를
충분히 제작하여 기록 제거 후 반복 사용하지는 않았다. (3) 터치스크린
개표 관리 : 노트북 PC 12대를 설치하고 투표소별 담당자를 12명 지정한
후 1회 개표 실시하였다. 투표기에 부착된 USB(64메가) 메모리를 투표
종료 후 개표소로 가져와 개표하였는데, 원래 하드와 USB 메모리 2개를

부착할 예정이었으나 이번 선거에서는 하드와 USB 1개에만 투표결과를 저장하였다. 개표과정에서 USB가 한 군데에서 제대로 매치되지 않아 문제가 발생하였으나 오류를 바로 그 자리에서 발견하고 즉시 시정하여 큰 문제는 발생하지 않았다. 개표시간은 총 20분이 소요되었다.

당시 참석 대의원을 대상으로 한 조사(한국정치학회 2006)를 보면 다음과 같다. 열린우리당 전당대회에 참석한 대의원 12,130명 중 터치스크린 투표방식을 사용하여 투표한 9,229명의 대의원을 대상으로 터치스크린 투표방식의 편의성, 터치스크린 투표기의 신뢰도, 터치스크린 투표방식의 공직선거에의 적용가능성을 물어보았다. 전체 응답자 중 93.8%가 터치스크린 투표방식에 만족감을 표시하였으며, 95.5%가 공직선거에 도입하는 것에 찬성하였다.

그러나 이러한 긍정적 평가에 비하여 터치스크린 투표기의 조작 가능성에 대해서는 조작할 수 없다는 응답이 44.9%, 조작할 수 있다는 응답이 27.7%로 나타나 상대적으로 낮은 신뢰성을 보여주고 있다. 투표결과의 조작방법으로는 투표기 프로그램 조작(49.5%)과 무선해킹(18.2%)을 선택하는 비율이 높게 나타났고, 터치스크린 투표방식을 공직선거에 노입하기 위해서는 기술적 안정성과 신뢰성을 확보해야 한다는 응답이 59.5%로 나타났다. 그러나 터치스크린 투표방식은 스탠드 얼론(stand-alone) 방식으로서 통신망에 연결되어 있지 않아 해킹 자체가 원천적으로 불가능하며, 투표종료와 동시에 투표결과가 인쇄된 내용을 선거인이 육안으로 확인하고 사후 검증 또한 가능하기 때문에 데이터 조작이 불가능하다. 결국 응답자들의 터치스크린 투표방식에 대한 낮은 신뢰성은 터치스크린 투표방식에 대한 적극적 홍보의 필요성을 제기하고 있다.

2006년 7월 한나라당 대표 경선에서 터치스크린 투표기 사용자 의견 조사[5](월드리서치 2006년 7월 조사자료)도 위와 유사한 결과를 보여주

고 있다. 터치스크린 투표기에 대하여 81%가 긍정적 사전인식을 가지고
있었고, 98% 가량이 편리성에 동의하였으며, 특이할 사항으로 부정적
사전인식을 가지고 있던 214명 중 실제 사용 후 94.9%가 편리하고 안전
하게 느꼈다는 점이다. 92.9%가 투표율 향상에 도움을 줄 것으로 판단
하였으며 89.7%가 공직선거 도입에 찬성하였는데, 그 이유로 어디서나
편리하게 투표(49.1%), 사회적 비용절감(31%), 정보화 시대에 부합
(12.5%), 신뢰성과 안정성(7.4%) 순으로 나타났다. 10.3%가 공직선거 도
입에 반대하였는데, 정보소외 계층 이용 어려움(51.2%), 투표기 절차 어
려움(15.7%), 조작가능성(12.4%), 투표권 카드 불편(8.3%), 정보유출(5%),
경제성에 의문(3.3%), 정확성에 의심(1.7%) 순으로 나타났다. 비교적 작
은 부분이기는 하지만 조작가능성과 정확성에 대한 의심은 여전히 불안
요소로 남아있음을 알 수 있다.

  2006년 5 · 31 지방선거에서는 전자투표가 도입되지는 않았지만
선관위는 50개 투표소를 선정하여 전자투표 모의실험을 진행하였다. 모
의실험의 결과가 어떻게 나왔고 어떤 문제들이 기술적으로 제기되고 또
어떤 문제들이 정치사회적으로 제기되었는지의 문제는 조사결과가 공
표되고 있지 않기 때문에 분석이 불가능하다. 전자투표의 공직선거에의
적극적인 적용이 이루어지기 위해서는 이러한 실험들이 각 정당 차원에
서의 실험에 그치는 것이 아니라, 그 과정에서 나타날 수 있는 다양한 문
제점과 이에 대한 대응방안을 모색할 수 있는 적극적인 조사와 고민이
필요하다. 또한 기술적 차원의 문제를 해결하기 위한 파일럿 사례로서만
이 아니라, 기술에 대한 정치사회적 불신을 해소하고 정보격차의 문제를
극복하여 전자투표 도입시 우려되는 정치사회적 혼란에 대한 예방책을
찾는 동시에 투표자들을 대상으로 한 전자투표에 대한 교육과 학습의
장으로 활용하는 지혜도 필요하다고 할 수 있다.

3. 국회의원 전자투표 의식조사

2005년 4월 기준 현직 국회의원 293명을 대상으로 유효 표본 100명을 집계한 월드리서치의 전자투표에 대한 국회의원 의식조사 결과(월드리서치 2005)를 정리하면 다음과 같다. 이는 터치스크린 방식의 전자투표 도입은 물론, 이를 넘어서는 전자투표 방식의 도입이 국회에서 논의되고 입법화되는 과정에서 제기될 핵심적인 쟁점과 정당 간의 입장 차이를 파악하는 데 있어서 중요한 참고자료로 활용될 수 있다.

전체 응답자 100명의 소속 정당별 분포는 '열린우리당' 52.0%, '한나라당' 35.0%, '민주노동당' 6.0%, '새천년민주당' 5.0%, '무소속' 2.0%의 순으로, 이와 같은 분포는 2005년 4월 기준 전체 의원들의 소속 정당별 분포와 거의 유사한 비율을 보이고 있다. 또한 응답자의 소속 지역구별 분포는 '수도권' 39.0%, '영남권' 21.0%, '호남권' 14.0%, '전국구' 12.0%, '충청권' 10.0%, '강원권' 3.0%, '제주권' 1.0%의 순으로 높게 나타나 권역별 인구분포와 유사한 비중을 보이고 있기 때문에 전체 국회의원 모집단을 내표하는 샘플로 간주하여도 무방하다고 할 수 있다.

전자투표 도입 필요성에 대해서는 긍정적 의견이 94%로 압도적으로 높았고, 부정적 의견은 4%에 불과했다. 긍정적인 이유는 세계적 추세이니 도입해야가 35%, 도입이 어느 정도 필요하니 검토해야가 59%로 나타났다. 도입방법과 관련하여 94%의 긍정 의견 중에서 종이투표를 병행하고 소규모 선거부터 점진적으로 도입하자는 의견이 69.1%로 가장 많았으며, 종이투표를 병행하고 전국 규모 선거부터 전격 도입하자는 의견이 19.1%, 종이투표 없이 전격적으로 도입하자는 의견은 11.7%에 불과한 것으로 나타나, 매우 조심스럽고 신중한 방식의 도입을 선호하는 것으로 나타나고 있음을 알 수 있다. 4%의 부정적인 의견은 선거 4대 원칙이 훼손될 수 있다는 불안감 때문인 것으로 나타났다.

　　전자투표 도입시 고려해야 할 사항으로는 선거부정 방지가 78.0%로 가장 많았고, 시스템 고장 방지가 13.0%, 유권자 정보유출 방지가 7.0%, 투표 편리성이 2.0%로 나타났다. '선거부정 방지'에 대한 응답은 한나라당(82.9%) 소속 의원이 민주노동당(66.7%)이나 열린우리당(73.1%)보다 상대적으로 높은 것으로 나타나 투표에서의 새로운 기술 도입에 대한 기술적 저항감이 한나라당에서 매우 높게 나타나고 있음을 알 수 있다.

　　국회의원들이 전자투표제에 대해 갖고 있는 인식은 '투표소에서 터치스크린 방식으로 전자투표기를 이용하는 투표형태'라고 생각하는 의견이 전체의 52.0%로 가장 높게 나타나 '지정된 장소'로서의 투표소 이용에 대한 인식이 높은 편으로 나타난 반면, '터치스크린과 집이나 사무실에서 인터넷 이용의 혼합된 투표형태'라는 인식은 43.0%로 다음 순위로 높았고, '집이나 사무실에서 인터넷을 이용하여 투표하는 형태'라는 순수한 의미에서의 원격투표 인식은 5.0%에 불과한 것으로 나타났다.

　　정당별로 전자투표에 대한 개념 인식은 다소간 입장 차이를 보이고 있는데, 전자투표라는 개념에 대해 '투표소에서 터치스크린 방식으로 전자투표기를 이용하는 투표형태'라는 인식은 한나라당 소속 의원(68.6%)들이 다른 당 의원들보다 상대적으로 높아 '투표소'라는 공식적 공간에 주목하고 있는 것으로 확인된 반면, '터치스크린과 인터넷이 혼합된 투표'라는 '인터넷'을 포함하는 다소 진보적인 입장에는 25.7%만이 주목하고 있어 다른 당보다 상대적으로 낮게 나타나고 있다.

　　이런 결과는 한나라당 소속 의원들의 개념 인식이 다른 당 보다 보수적인 영역에 머무르고 있다고 분석할 수 있는데, 즉 전자투표에 대한 개념 인식은 각 정당이 지향하고 있는 정체성과 보수–진보 혹은 새로운 기술의 수용성 정도의 차이에 따라 그 인식의 범위가 차이가 있는 것이 아닌가 유추해 볼 수 있다.

연령대별로는 30대 이하 국회의원들이 '터치스크린과 인터넷이 혼합된 투표'라는 개념 인식에 66.7%로 응답해 다른 연령층보다 인식범위가 다소 진보적·개방적인 경향을 보이고 있다.

IV. 한국 전자투표 도입 논의와 추진과정의 특징 :
이해, 관념, 제도

일반적으로 전자투표의 도입 시기, 도입 수준, 기술 선택 등과 관련된 정책결정에는 기술이라는 내적 변수 외에 다음 세 변수가 작용한다. 경제적·정치적 이해관계(interest), 사회적 관념과 담론(idea and discourse), 그리고 관료정치 차원의 제도적 요소를 들 수 있다.

이를 자세히 설명하면, 시장적인 요인으로서 전자투표 관련 기기와 소프트웨어 산업, 더 나아가서는 정보산업 전체의 이해관계가 있다. 이들은 기술의 완벽성을 강조하면서(보안문제의 해결), 신속한 전자투표 방식의 도입을 선호하는 세력으로서, 이를 통하여 새로운 시장의 창출을 시도하는 경향이 있다.

선거와 투표를 관리하는 관료집단은 제도적 차원에서 자신의 업무영역을 확장하고 신기술의 도입을 통한 지위의 향상을 꾀한다는 점,

그리고 선거관리 업무의 효율화를 추구하고 있다는 점에서는 전자투표의 도입을 선호하면서 전자투표 관련 정책을 생산하고 추동하는 측면이 있다. 하지만 다른 한편에서는 투표의 국가적 중요성 등에 대한 고려로 인하여 실질적인 도입과 시행의 과정에서는 모호한 입장을 나타내기도 한다.

사회적 관념과 담론을 생산해내는 지식인층과 사회단체(NGO) 등은 기술의 완벽성에 커다란 유보조건을 달면서 도입의 반대를 주장하거나 기껏해야 조심스럽고도 신중한 전자투표제의 도입을 주장한다.

정당과 정치인들은 새로운 방식의 투표제도 도입에 따른 이해득실을 따지면서 기존의 정치판에서 자신들이 점하고 있던 위상과 지지기반 등에 대한 판단을 통하여 전자투표제도의 도입 여부와 속도에 대한 입장을 정하게 된다. 지지기반이 넓지 못하면서 새로운 유권자를 확보해야 하는 소수 정당의 경우에는 부분적 혹은 전면적 도입을 찬성할 가능성이 높고(예를 들어 한국 민노당의 사례), 기존의 거대 정당들은 이러한 방식에 상당한 유보적 입장을 표명할 가능성이 높다. 이들은 투표의 안전성, 비밀성, 대표성 등에 대한 기술적 우려를 나타내기도 한다. 하지만 이러한 정당들도 전당대회와 같은 내부 의사결정을 위해서는 부분적으로 새로운 투표방식을 도입하기도 한다.

정부-정치권-시민사회-시장이 전자투표와 관련된 주요 행위자이기는 하지만 이들을 둘러싸고 있는 정치사회적 환경이라는 요소도 매우 중요하다. 민주주의가 얼마나 실현되어 있는가와는 별도로 가장 근본적으로 중요한 부분은 투표과정 자체에 대한 다양한 불신 속에서 새로운 기술의 도입이 얼마나 사회적으로 받아들여질 수 있는가의 문제라고 할 수 있다. 즉 기술 자체가 정당성과 보안성을 담보하는 것이 아니라 기술과 투표과정 자체에 대한 사회적 믿음, 즉 사회적 자본의 존재 유무와 정도가 도입의 시기와 범위 그리고 순서를 결정하는 데 핵심적으로 작용할 것이라는 점이다.

현재 한국에서 정책 차원에서는 거창한 선언이 있었지만 극히 일부에서만 도입되고 있는 전자투표의 특징은 법적 뒷받침을 가지고 있지 못하고, 행정적인 차원에서 진행되고 있다는 점이다. 다른 나라의 경우에는 미국의 Help America Vote 2001, 일본의 공직선거법 특례법, 네덜란드의 Remote Election Experiment Act 등과 같이 법률적 차원에 기초하여 전자투표의 도입이 이루어지고 있음에 반해, 한국은 행정적인 차원에서의 로드맵 형태를 통하여 이루어지고 있다. 이것이 가지는 의미는 관료 주도의 전자투표 도입이라는 특징으로 요약될 수 있다. 법의 제정과정을 거치면서 다양한 정치사회 세력들이 청문회의 형태를 통해 자신들의 의견과 우려를 개진하고, 이것이 국회라는 입법의 장에서 다양한 정당과 정파들 사이의 논의를 거쳐 이루어지는 과정이 생략되어 있다는 것이다. 현재 각 정당, 유관부처, 학계 등의 인사로 협의기구인 '전자선거추진협의회'(2005년 3월)와 사업추진의 전문적 자문을 위하여 정책 및 기술분야 전문가로 구성된 '전자선거자문위원회'(2005년 5월)가 있고 '전자선거추진단'(2006년 1월)이 정규 조직으로 신설이 되었지만 국가적 정책사안인 전자투표의 도입이라는 큰 쟁점을 다루기에는 역부족이다.

어떻게 보면 한국에서의 전자투표 정책이 로드맵의 발표라는 거창한 형태로 시작되었음에 반해, 이에 대한 사회적 반응이 부정적이거나 큰 반향을 불러일으키지 못하는 이유는 바로 이러한 공론화 과정을 거치지 않고 우회하였다는 사실에 기인할지도 모른다. 그리고 이러한 공론화의 부재가 곧바로 전자투표에 대한 기술적 불신과 사회적 자본의 감소를 가져올 수 있다는 점에 유의하여야 한다.

중앙선관위가 추진하고 있는 전자투표 및 전자선거 사업은 2003

년 8월 참여정부의 전자정부 로드맵 과제 중 '온라인 국민참여 확대'의 세부 추진과제 중 핵심 사업으로 선정되었으며, 민간선거, 주민투표, 위탁선거 등에 시범적으로 도입한 후 국회의원 선거와 같은 공직선거에 단계적으로 도입함으로써 전자정부의 실현을 통한 전자민주주의의 구현을 궁극적인 목표로 하고 있다.

터치스크린 방식의 전자투표제 도입을 축으로 하는 '전자투표 및 전자선거 사업'은 투표편의와 투표율 제고는 물론 참여방법의 다양화를 통하여 국민참여를 확대하고, 정당, 후보자와 유권자 간의 다양한 커뮤니케이션을 촉진하며, 정보통신기술의 적극적 활용을 통한 정책결정 과정 및 선거과정에 시민들의 참여를 제고함으로써 전자적 선거 서비스를 통한 '국민의 삶의 질 개선'을 목적으로 추진되고 있다(중앙선거관리위원회 2006a).

21세기에 들어와서 '선거의 일상화' 시대를 맞이하고 있으나 현재의 종이투표에 기반한 선거 시스템은 종이투표용지 조제, 개표장 설치 및 부재자 우편투표 관리 등 소모적 비용의 반복적 투입에 따른 예산, 인력 낭비를 초래하고 있으며, 전반적인 투표율 하락경향에 따른 대의제 민주주의 위기의 요인으로 작용할 개연성이 높으며, 효율적인 선거관리의 걸림돌이 되고 있다. 따라서 예산 및 인력의 낭비를 방지하고 낮은 투표율로 인한 민주주의의 위기를 해소하며 모든 선거에 광범위하게 적용될 수 있는 전자투표 시스템 도입의 필요성이 절실한 실정이다(중앙선거관리위원회 2006a, 7). 이렇게 선관위는 전자투표 도입의 목적을 예산과 인력의 효율적 활용, 투표율 하락의 방지 등으로 두고 있다. 그러나 위의 모든 목표가 실현 가능한 것은 아니다.

한국에서 전자투표 정책을 추진할 때 고려해야 할 사항들을 정리하면 다음과 같다. 한국의 전자투표 도입 정책결정에 큰 영향을 미친 주요 세력은 중앙선관위와 행정자치부를 중심으로 한 관료들이며, 이들은 일정 정도 관련 업계와의 연합 하에서 정책을 결정하였을 것으로 추론된다. 이 과정에서 사회세력의 담론과 관념은 배제된 것이 현실이다. 앞으로의 원활한 추진을 위해서는 관료와 업계의 양자 동맹이 아닌 시민사회까지 포함하는 삼각논의 체제 구축이 필요하고, 여기에 더 나아가 기술의 안전성 등을 검증하고 이의 사회적 · 정치적 파장까지 함께 논의할 수 있는 국회를 포함하는 공론장에서의 소통을 기초로 하여 추진되어야 한다.

각 정당은 근시안적 차원에서 규정되는 정치적 이해득실 관계에서 벗어나 정보화의 진전이라는 시대적 요구와 정치과정의 선진화라는 명제와 함께, 국가적 대사인 선거와 투표의 안정적 관리라는 측면에서 이에 대한 장기적 비전에 기초하여 국회에서 전자투표와 관련된 논의를 활성화시켜야 한다.

한국의 사례에서 두드러지게 눈에 띄는 부분은 전자투표의 도입 목적이 예산과 인력의 효율적 사용이라는 점과 아울러 투표율 하락을 방지하겠다는 것이다. 그러나 현재의 터치스크린 방식과 장기적으로 도입하고자 하는 인터넷 방식의 전자투표 사이에는 기기의 호환성이라는 문제를 발생시키고 있다. 전자투표를 통한 예산과 인력의 효율화라는 부분은 선거관리 비용의 측면에서 보았을 때 정당화되기 힘들다. 터치스크린 기기를 전국적 선거에서 도입하는 비용과 이 방식이 가지는 한시성, 그리고 장기적인 측면에서 도입될 인터넷 투표가 발생시킬 비용을 추산하여 볼 때 예산과 인력의 효율화라는 측면이 정당화되기는 어려운 부분이 많다. 따라서 기기의 보안성 문제와 아울러 도입하고자 하는 기기의 사용 가능한 연도와 이에 따른 비용 절감효과 혹은 비용유발 효과에 대한 엄밀한 산정과 논의가 필요하다.

둘째, 전자투표의 도입이 얼마나 투표참여 효과를 유발할 것인지에 대하여도 결과는 미지수이다. 미국은 사표의 방지라는 확실한 목표를 가지고 있었고, 호주 ACT(Australian Capital Territory)에서의 도입은 개표의 효율화라는 확실한 목적을 가지고 있음에 반하여 한국은 투표율 제고라는 미지의 결과를 목표로 내세우고 있다는 점에서도 취약하다. 영국에서 투표율 제고라는 목적으로 도입을 검토하다가 도입을 유보한 사례가 반면교사가 될 수도 있다. 특히 장기적인 목표로 제시되고 있는 인터넷 투표를 통하여 투표율 상승의 효과를 기도한다면, 현재 터치스크린 방식이 가지고 있는 장점조차도 인터넷 투표가 내재하고 있는 보안에의 취약성 부분이 지나치게 국민들에게 일찍 각인되어 전자투표 전체에 대한 불신과 사회적 신뢰의 붕괴를 증폭시킬 수 있다.

셋째, 민주화가 진행된 후에도 수없이 제기된 부정선거 의혹의 사례를 보았을 때 전면적인 새로운 투표방식의 도입은 오히려 투표에 대한 국민들의 신뢰를 약화시킬 가능성이 높다는 점을 고려하여 전자투표 도입을 신중하게 검토해야 한다. 2002년 대선 후에 제기되었던 개표 집계조작 의혹 등이 정치사회적으로 확산되어 재검표의 과정을 겪어야 했던 경험은 투표와 선거에 대한 우리의 사회적 자본이 낮은 수준에 머물러 있음을 보여준다. 이러한 신뢰에 기초한 사회적 자본의 현 상태를 정확한 판단에 기초하여 전자투표의 전면적 도입 논의가 이루어져야 할 것으로 판단된다. 전면적 인터넷 투표의 도입이라는 목적은 앞에서 지적한대로 선거에 대한 사회적 자본을 더욱더 약화시킬 수 있다.

2006년 5 · 31 지방선거를 거치면서 중앙선거관리위원회(2006a, 22-23)는 이러한 기존의 도입목적 외에 '국민의 알권리 충족'과 '유권자 편의 중심'을 추가하였다. 중앙선관위는 전자투표 사업의 의의를 다음과 같이 정리하고 있다. 첫째, 선거관리의 효율성 측면에 있어 투 · 개표 관리 경비와 투표용지 및 투표함 제작비용 절감, 정당 및 농·수·축협 등 선거관리 수요기관의 개별적인 시스템 구축비용 절감효과와 더불어 투·개표 업무의 신속·정확성 제고, 무효표 방지 등 업무의 정확성 증대의 효과를 기대할 수 있다. 또한 전자투표의 부수적 효과로서 개표시간을 현저하게 단축함에 따라 종이투표의 수작업 개표에 따른 심야 개표상황 청취 등 국가적·사회적 비용의 낭비를 방지할 수 있는 효과가 있다.

둘째, 국민들의 전자투표 이용 활성화 측면에서는 우선 교육감 및 교육위원선거를 포함한 공직선거 외에 농·수·축협 조합장선거 등 위탁선거, 주민투표와 민간선거에 활용함으로써 전자투표의 상시 활용이 가능하고 나아가 전자 투·개표를 통한 전자민주주의 실현이 가능하다.

셋째, 전자투표 및 전자선거 실시에 따른 만족도 측면에서 전자투표 시스템은 통합 선거인명부 시스템에 의하여 전국 어느 투표소에서나 편리하게 투표할 수 있으므로 투표편의를 획기적으로 개선할 수 있으며, 정치권 및 국민적 합의를 바탕으로 인터넷 투표를 실시할 경우 해외 부재자의 참정권을 실질화 할 수 있는 등의 장점이 있다.

특히, 전자투표의 개념을 현재의 터치스크린 투표에 한정시키는 사고에서 벗어나 인터넷 투표 등을 포함하는 원격투표의 개념까지 어떻게 확장시킬 것인지에 대한 모색도 필요하다. 가장 시급한 사안으로 재외국민의 투표에 관한 것을 들 수 있다. 재외국민등록법에 따라 2008년 이후 280만 명의 재외국민 투표수요가 발생할 것으로 예측되는데, 이들의 편의성을 고려할 때 전자투표에 대한 인식의 전환이 필요할 것으로 (투표소에서의 터치스크린 방식에서 인터넷 투표를 포함하는 방식으로) 보인다. 2005년 국회의원 의견조사 결과에 따르면 해외 부재자에게 선거기회를 제공하는 것이 '꼭 필요하다'는 의견이 84%이고 검토할 필요가 없다는 응답은 5%에 불과했다. 해외 체류 선거인의 투표방법으로는 '우편 또는 인터넷 중 선택 투표'에 대한 선호가 35.7%로 가장 높고 다음으로 '공관투표' 26.2%, '인터넷 투표' 21.4%, '우편투표' 16.7%의 순서로 의견이 다소 분산되는 경향을 보이고 있다. 소속 정당별로 살펴보면 열린우리당이 '인터넷 투표(30.4%)'를 선호하는 반면 한나라당은 '공관투표(40.7%)'를, 민주노동당과 민주당은 80.0%의 동일한 비율로 '우편·인터넷 선택투표'를 선호하고 있어 정당 간 입장 차이를 보이고 있다. 이러한 해외 부재자의 투표수요 증대와 이에 대한 현실적 대응방식을 생각할 때 원격투표에 대한 진지한 논의도 시작되어야 할 시점인 것으로 판단된다.

넷째, 국가위상 측면에서도 IT 강국으로서 위상을 확고하게 구축하고, 전자민주주의 선진국으로 진입할 수 있는 인프라를 확보하며, 미래 의제와 관련 기술의 선점을 통하여 지도적 국가로 격상될 수 있는 무한한 가능성을 가지고 있다.

한국의 전자투표 추진이 원활하게 진행되기 위해서는 정책의 입안단계에서부터 정부-정치권-시민사회-시장의 다양한 세력이 공동의 장에서 논의를 거쳐 도입의 필요성에 대한 최소한의 사회적 합의를 도출해내고, 이 과정에서 투표의 기본 원칙이 훼손되지 않고 유지될 수 있는 방안이 무엇인지에 대한 논의가 필수적이다. 그리고 민간이나 지자체 수준 혹은 정당에서의 다양한 전자투표 사례에 대한 면밀한 검토작업을 거쳐서 예상되는 문제점들에 대한 확실한 대응책을 준비하고, 이를 통하여 유권자들과 정치권이 가질 수 있는 불신의 구조를 제거하여 전자투표에 대한 사회적 자본을 확대재생산하는 것이 전자투표 도입 과정을 원활하게 하고 그 효과를 극대화시킬 수 있는 방안이 될 것이다.

| 참고문헌 |

고선규. 2003. "IT와 정치 : 전자투표와 전자민주주의." 『미래전략논단』 2003년 4
월.
김용희. 2005. "각국의 전자투표 현황과 한국에서의 적용가능성 진단." 자치정보
화조합. 『지역정보화』 Vol. 30, pp. 86-94.
김재광. 2002. "전자투표의 도입에 따른 관련법제 정비방안." 한국법제연구원.
방석호. 2003. "전자투표의 법제도적 문제와 도입 전망." 성균관대학교 국제정보
정책 전자정부 연구소 주관 「전자투표실현전략」 학술회의 발표문(2003. 10.
02).
월드리서치. 2005. 「전자투표 도입에 대한 '국회의원 의견조사' 결과보고서」
(2005. 04).
_____. 2006a. 「터치스크린 투표기 사용자 의견조사」(2006. 04).
_____. 2006b. 「터치스크린 투표기 사용자 의견조사」(2006. 07)
정부혁신지방분권위원회. 2003. "전자정부 추진을 위한 법제정비 방안."
_____. 2005. 『참여정부의 전자정부』.
중앙선거관리위원회. 2006a. "5 · 31 지방선거의 정보화와 전자선거 추진현황."
IT연구회 발표자료(2006. 05. 12).
_____. 2006b. 제262회 정기국회 공통질의 답변자료.
_____. 2007. "2006년도 터치스크린 투표 위탁선거 등 지원 및 홍보현황."
한국정치학회. 2006. 「터치스크린 투표자 의견조사 : 2006년 2월 18일 열린우리
당 전당대회에 참석한 대의원을 중심으로」 중앙선거관리위원회 제출보고
서(윤상진 · 이원태 · 장우영 · 조희정).
_____. 2007. "터치스크린 투표 도입의 사회정치적 영향에 관한 연구." 중앙선
관위 제출보고서.

Alvarez, Michael and Hall, Thad. 2004. *Point, Click and Vote : The Future of Internet*

Voting. Washington : Brookings Institution Press.

Gibson, Rachel. Paul Nixon and Stephen Ward. 2003. *Political Parties and the Internet : Net Gain?* London : Routledge.

Roy G. Saltman. 2006. *The History and Politics of Voting Technology : In Quest of Integrity and Public Confidence.* Palgrave.

| 주 |

1. 약 35개국이 공직선거에의 적용을 적극 추진하고 있다.
2. 온라인 국민참여 확대, 전자정부 서비스 이용 활성화, 행정정보 온라인 공개 확대가 나머지 3대 세부추진과제이다(정부혁신지방분권위원회 2005, 62).
3. ① 중앙선거관리위원회는 투표 및 개표 기타 선거사무의 정확하고 신속한 관리를 위하여 사무전산화를 추진하여야 한다. ② 투표사무관리의 전산화에 있어서는 투표의 비밀이 보장되고 선거인의 투표가 용이하여야 하며, 정당 또는 후보자의 참관이 보장되어야 하고, 기표착오의 시정, 무효표의 방지 기타 투표의 정확을 기할 수 있도록 하여야 한다. ③ 개표사무관리의 전산화에 있어서는 정당 또는 후보자별 득표수의 계산이 정확하고, 투표결과를 검증할 수 있어야 하며, 정당 또는 후보자의 참관이 보장되어야 한다. ④ 중앙선거관리위원회는 투표 및 개표 사무관리를 전산화하여 실시하고자 하는 때에는 이를 선거인이 알 수 있도록 안내문 배부, 언론매체를 이용한 광고 및 기타의 방법으로 홍보하여야 하며, 그 실시 여부에 대하여는 국회에 교섭단체를 가지는 정당과 협의하여 결정하여야 한다(개정 2002/03/07). ⑤ 투표 및 개표 기타 선거사무관리의 전산화에 있어서 투표 및 개표절차와 방법, 전산전문가의 투표 및 개표사무원 위촉과 전산조직운영프로그램의 작성, 검증 및 보관 기타 필요한 사항은 중앙선거관리위원회규칙으로 정한다.
4. 후보자 수 8명, 선거인 수 12,130명, 1인2표제 연기명 방식의 투표로 진행됨.
5. 샘플은 대상자 한나라당 대의원 9,135명 중 전당대회 투표참여자 7,588명이고, 유효표본은 1,770명이다.

[저자 소개]

강원택_ 숭실대 정외과 교수

김면회_ 한국외대 정외과 교수

김용복_ 경남대 정외과 교수

류석진_ 서강대 정외과 교수

임혜란_ 서울대 정치학과 교수

장우영_ 대구가톨릭대 국제행정학과 교수

조희정_ 서강대 사회과학연구소 상임연구원

한영빈_ 서강대 사회과학연구소 상임연구원

전자투표와 민주주의 : 9개국 비교 연구

초판1쇄 / 2009년 8월 20일

지은이 **류석진, 강원택, 김면회, 김용복,**
　　　 임혜란, 장우영, 조희정, 한영빈
펴낸이 **여국동**
펴낸곳 **도서출판 인간사랑**
인　쇄 **백왕인쇄**
제　본 **은정제책사**

출판등록 1983. 1. 26. / 제일 3호

정가 17,000원

ISBN 978-89-7418-288-5　93340

※ 잘못된 책은 교환해 드립니다.

(411- 815) 경기도 고양시 일산구 백석동 1178-1
TEL (031) 901-8144, 907-2003
FAX (031) 905-5815
e-mail/igsr@yahoo.co.kr / igsr@naver.com

※ 불법복사는 지적재산을 훔치는 범죄행위입니다.